dtv

Fanny, Enkelin des Philosophen Moses Mendelssohn und ältere Schwester des berühmten Komponisten Felix Mendelssohn-Bartholdy, ist ein braves, etwas schief gewachsenes Mädchen mit seelenvollen Augen und einer großen musikalischen Begabung. Aber Fanny wächst in einem großbürgerlichen Haushalt auf, und Komponieren ist nichts für Frauen, befindet der Vater und später auch ihr Bruder. Doch gefördert von ihrem Ehemann komponiert und dirigiert sie und leitet die hauseigenen Sonntagskonzerte. Sie reist gerne und ist mit den großen Künstlern ihrer Zeit in Freundschaft verbunden. Ihr Bruder Felix überlebt sie nach ihrem plötzlichen Tod im Alter von 42 Jahren um nur wenige Monate. Peter Härtling zeichnet ein einfühlsames Porträt ihres Lebens und das einer deutschen Familie des 19. Jahrhunderts.

Peter Härtling, geboren am 13. November 1933 in Chemnitz, besuchte bis 1952 das Gymnasium in Nürtingen. Von 1956 bis 1962 war er Redakteur bei der ›Deutschen Zeitung‹, dann bis 1970 Mitherausgeber der Zeitschrift ›Der Monat‹, außerdem von 1967 bis 1968 Cheflektor und bis 1973 Geschäftsführer des S. Fischer Verlages. Seit 1974 ist Peter Härtling freier Schriftsteller. Für sein Werk erhielt er zahlreiche Preise und Auszeichnungen: u. a. 2003 den Deutschen Bücherpreis und 2007 den Corine Ehrenpreis.

Peter Härtling

Liebste Fenchel!

Das Leben der
Fanny Hensel-Mendelssohn
in Etüden und Intermezzi

Deutscher Taschenbuch Verlag

Von Peter Härtling sind
im Deutschen Taschenbuch Verlag unter anderem erschienen:
Hölderlin (11828)
Ein Abend, eine Nacht, ein Morgen (11837)
Felix Guttmann (11995)
Herzwand (12090)
Božena (12291)
Die dreifache Maria (12527)
Schumanns Schatten (12581)
Große, kleine Schwester (12770)
Eine Frau (12921)
Hoffmann oder Die vielfältige Liebe (13433)
Die Lebenslinie (13535)
Das ausgestellte Kind (13717)

**Ausführliche Informationen über
unsere Autoren und Bücher
finden Sie auf unserer Website
www.dtv.de**

5. Auflage 2014
2013 Deutscher Taschenbuch Verlag GmbH & Co. KG,
München
Lizenzausgabe mit Genehmigung des
Verlags Kiepenheuer & Witsch, Köln
© Verlag Kiepenheuer & Witsch, Köln 2011
Umschlagkonzept: Balk & Brumshagen
Umschlagbild: ullstein bild/Granger Collection
Druck und Bindung: Druckerei C.H.Beck, Nördlingen
Gedruckt auf säurefreiem, chlorfrei gebleichtem Papier
Printed in Germany · ISBN 978-3-423-14195-6

Heinrich Heine an Gustav Droysen,
auf Helgoland am 6.9.1829:

»Grüßen Sie mir in Berlin die Victoria auf dem
Brandenburger Thor, sowie auch den Palazzo Bartholdy; der Stadträthin lasse ich mich ehrfurchts-
voll empfehlen; mit etwas weniger Ehrfurcht
grüße ich Fräulein Fannys schöne Augen, die zu
den schönsten gehören, die ich jemals gesehen. Die
dicke Rebecka, ja, grüßen sie mir auch diese dicke
Person, das liebe Kind, so lieb,
so hübsch, so gut, jedes Pfund ein Engel.«

1.

Etüde über Anfänge

Ich beginne mit einer Reise, unterwegs in einem Ort mit dem eigentümlichen Namen Schillingsfürst; das Schloss gehört den Hohenlohes, dieses allzu mächtige, den Ort erdrückende Gebäude beeindruckt mit einem Park und einem kleinen gepflegten Garten, offen für Besucher und ausgezeichnet durch ein Erinnerungsstück, die Büste Franz Liszts. Ihr stattete ich einen Besuch ab, ehe ich ins Hotel zurückkehrte und dort in einem Telefongespräch erfuhr, dass ich zum siebten Mal Großvater geworden sei und das Enkelkind Fanny heißen werde. Unversehens gehörte ich zu den wenigen Glücklichen dieser Welt, sagte mir den neuen Namen auf, Fanny, hörte Musik, schaute mit einem Blick, der Lust zum Fliegen hatte, ins Taubertal und nahm mir vor, jener Fanny, die von Franz Liszt und mehreren Prinzessinnen besucht wurde, nachzuschreiben – und mit diesen Sätzen, die ich in jenem Reise-Sommer aufschrieb, fange ich an, rufe ich mir Fanny und höre, um ihrer Stimme nah zu sein, eines ihrer Lieder: »Ach, die Augen sind es wieder/Die mich einst so freundlich grüßten.« Zwei Verse von Heine, die das Kind meinen, das ich zu sehen beginne, die junge Mendelssohn, die ältere

Hensel, Fanny: Klein und etwas schief gewachsen –
ein Erbteil vom Großvater Moses Mendelssohn –,
doch die Augen unter der hohen, ebenmäßigen Stirn
und den stark gezeichneten Brauen, die Augen sind
groß und schwarz. Von allen, die ihr begegneten,
gerühmt und nie vergessen. Seelenaugen, welthung-
rig und tiefgründig. Sie beherrschen auch die Zeichnung des jungen, verliebten Wilhelm Hensel. Da ist
sie zwanzig, die große Schwester für Rebekka, Felix
und Paul. Felix, der vier Jahre nach ihr in Hamburg,
in der Michaelisstraße 14 zur Welt kommt, wird sie
in Anspruch nehmen, wenn es um die Musik geht,
um Vertrauen, um Liebe und Leben.

»Ach, die Augen sind es wieder.« In Schillingsfürst
fehlte mir noch die Anschauung, die Zeichnung von
Hensel, »meine« eben auf die Welt gekommene
Fanny bestimmte gleichsam die Erinnerung an die
andere Fanny, an das Vorbild, und ließ mich an den
Anfang denken, an das Kind in Hamburg. Sie ist vier
und Felix eben zu Beginn des Jahres auf die Welt gekommen. »Fanny saß am Fenster, zählte Wolken und
sang ein Lied, das sie noch nicht kannte.«

Das kann nicht stimmen, sage ich mir und traue
diesem Satz nicht mehr. Wie kann eine Vierjährige
Wolken zählen? Konnte Fanny, die ich am Fenster
sitzen lasse, tatsächlich zählen? Es ist anzunehmen.
Sie fasste rasch auf, und wenn ihre Mutter das Bett-
zeug zählte oder den Takt beim Klavierspielen, hörte
Fanny zu und redete nach, bis sie wusste, worum es
ging, eins, zwei, drei, vier, fünf bei den Betttüchern
und eins, zwei, drei bei der Musik. Wolken gab es zu
viele, die klein und groß am Himmel vorüberflogen,

also zählte sie Wäsche und den Takt von Walzern. Sicher ist sie allein gewesen, hat mit Puppen gespielt, Bilder angeschaut, von der Mutter Geschichten erzählt bekommen, vom Vater Ermahnungen gehört, doch jetzt schreit der Bruder, das neue Kind, wie der Vater ihn nennt, weil er noch keinen Namen hat, obwohl die Eltern ihn schon wissen. An einem Tag, an dem der Bruder sich besonders heftig meldete und die Amme die Treppe hochgehastet kam, verrieten sie ihn ihr. Der Vater fand für die Namensgebung einen besonderen Satz, den sie nicht mehr vergaß, sie saßen im Hof und lauschten ins Haus hinein, bis das Geschrei des Knaben abbrach, die Amme ihm das Maul stopfte. Du musst ja wissen, wie er heißt, wann immer du an ihn denkst, sagte Vater und nickte dem Namen nach: Felix. Mama erklärte auch noch die Bedeutung des Namens: Er komme aus einer alten Sprache, dem Lateinischen, und bedeute der Glückliche. Da lachte Fanny und klatschte in die Hände, weil die Eltern sich so sonderbar ausdrückten.

Manchmal fühlte sie sich in dem großen Haus sehr alleingelassen. Da half es auch nicht, wenn Dora, das Kindermädchen, sich bemühte, mit ihr spielte. Fanny lief ihr davon, Dora lief ihr nach. Das war auch ein Spiel. Das Dora allerdings weniger gefiel als Fanny. Wenn sie allein war, schlich sie sich in Mamas Stube, wo Felix in einer Wiege schlief. Nicht immer. Manchmal greinte er, heulte oder spielte mit seinen Fingern und spuckte ein kleines bisschen, sodass ihm der Speichel zwischen den Lippen schäumte. Fanny putzte den mit einem Tüchlein weg. Das durfte sie. Mutter hatte es ihr erlaubt, nur wenn sie vorsichtig sei und Felix nicht wehtue. Wenn sie sicher war, dass niemand zuhörte, redete sie mit dem kleinen Bruder: Du bist ein Schweinchen, Felix, du spuckst. Kannst du mich überhaupt verstehen? Sag endlich mal was und heul nicht immer. Jetzt singe ich dir was vor. Sie summte, trällerte, dachte sich Wörter aus. Bist du mal still, mein Bruder. Nicht weinen, mein Bruder. Sei still. Bei diesen beiden Wörtern, dieser Aufforderung, senkte sie ihre Stimme und wunderte sich, dass der kleine Bruder gehorchte, die Augen schloss und sogar einschlief. Zufrieden rannte sie ins Haus hinein. In ihm gab es eine Menge zu entdecken. Am liebsten öffnete sie Schranktüren oder zog Schubladen heraus. Es konnte passieren, dass sie zu weit ging und die Schubladen auf den Boden fielen. Sie wusste, dass es danach ein Donnerwetter gab. Mutter würde sie schimpfen und Vater ihr am Abend vor dem Schlafengehen eine Geschichte von der Neugier erzählen, die sie zügeln sollte. Aber die Neugier ist eben da und die Neugier ist kein Pferd.

Oft füllte sich das Haus mit Leuten, die von den Eltern beim Namen gerufen wurden – Henriette, Nathan, Josef, Recha, Dorothea –, für sie aber Tanten und Onkels waren. Sie redeten durcheinander, zerrten an ihr, lobten und tätschelten sie, bis sich alles beruhigte. Großmama Bella, Mamas Mutter, war extra aus Berlin zu Besuch gekommen, um den Enkel Felix willkommen zu heißen. Noch ehe sie sich den Bruder anschaute, rief sie: Könnt ihr mir das Fanny-Kind für eine Viertelstunde überlassen? Das machte sie ängstlich, weshalb der Vater ihr einen aufmunternden Schubs gab: Das ist eine Ehre für dich, Fanny, geh schon mit der Großmama. Klein und zierlich ging sie vor ihr her, und ihre Schritte waren nicht länger als die von Fanny. Sie setzte sich an den Teetisch, zeigte auf einen Stuhl und forderte sie auf, ebenfalls Platz zu nehmen. Das war ihr noch nie passiert. Vor lauter Aufregung rutschte sie neben dem Stuhl weg, bis sie mit einem Hüpfer zum Sitzen kam. Sie reckte sich und sah der Großmama erwartungsvoll in die Augen, in denen sie sich spiegelte. Großmama Bella beugte sich ein wenig nach vorn, ein Lächeln wanderte über ihr Gesicht, und Fanny fürchtete sich nicht mehr, sondern dachte, dass sie die Großmama eigentlich gernhabe.

Was denkst du?, fragte die alte Frau.

Fanny erschrak, weil sie annahm, sie könne Gedanken lesen.

Nichts! Sie schüttelte heftig den Kopf.

Großmama Bella kicherte. Entschuldige, ich bin manchmal schrecklich neugierig. Sicher findest du es merkwürdig, dass ich dich, die kleine Fanny, zu einem Gespräch bitte. Aber als Großmama maße ich mir das an, verstehst du?

Fanny nickte, der Großmama zuliebe.

Ich möchte erfahren, wie du über deinen neuen Bruder, den Felix, denkst. Ob du dich freust, dass er nun da ist, was du mit ihm vorhast.

Die Großmama wollte zu viel auf einmal wissen. Als Felix auf die Welt kam, noch winzig und eingewickelt in der Wiege lag, hatte sie sich wirklich gefreut. Jetzt konnte sie nur noch warten, bis sie mit ihm spielen und reden konnte.

Ja, ich hab den Felix lieb, sagte sie leise. Dass sie sich nicht ganz sicher war, merkte auch Großmama

Bella. Sie legte die Hand auf ihren Mund, als halte sie ein Geheimnis fest, und antwortete: Das glaube ich dir, Fanny.

Etwas trotzig, und um die Großmama zu bestätigen, sagte sie: Er ist nämlich mein Bruder.

Zufrieden, so schien es Fanny, lehnte sich Großmama Bella zurück und wiederholte: Ja, er ist dein Bruder. Darum wollte ich mit dir sprechen. Du bist die ältere Schwester, Fanny, und wirst sie immer, ein Leben lang, sein. Du bist ihm voraus. Und manchmal, Kind, wirst du über ihn wachen müssen. So ist es. Sie nickte dem Satz nach.

Ich will aber warten, sagte Fanny und ließ die Beine baumeln.

Worauf? Wieder beugte die Oma sich nach vorn, lächelte. Und Fanny fand, dass sie ziemlich neugierig war.

Dass ich mit ihm spielen kann. Dass er mit mir redet. Dass er nicht bloß in der Wiege liegt, sondern mit mir rumläuft.

Mit einem Seufzer erhob sich Großmama Bella: Ja, warte darauf. Er wird wachsen und er wird dir gewachsen sein. Fanny bekam, als Oma Bella ihr mit einer leichten und duftenden Hand über den Hals fuhr, eine Gänsehaut.

Nebenan im Zimmer wurden sie erwartet, die Mama umarmte sie, als käme sie von einer gefährlichen Reise zurück.

1809 ist Fanny knapp fünf, und ich frage mich, wie ein Mädchen damals aufwuchs, wie es spielte, welche Spiele üblich, welche ihr erlaubt waren, ob sie Puppen besaß, ob sie Spaß daran hatte, sich zu verkleiden. Nach dem, was ich über die ersten Jahre der Mendelssohns in Hamburg las, die in ein Landhaus zogen, das Lea Mendelssohn enthusiastisch schilderte, geräumig, mit einem Balkon, von dem aus man auf die Elbe blicken konnte, nach dem, was ich weiß, fehlte es an nichts. Die Mendelssohns empfingen Gäste und erinnerten sich an die gemeinsame Zeit in Paris. Von den Kindern ist in den Briefen, die erhalten blieben, erst einmal wenig die Rede. Sie sind auf der Welt und gedeihen. Über ihre besonderen Gaben wird in Hinweisen an die Zukunft nachgedacht, wie in Leas Feststellung, Fanny habe »Bach'sche Fugenfinger«. Fanny wird erzogen, indem ihr der Vater die moralischen Begründungen für richtiges Verhalten darlegt, und sie erzieht sich selbst, indem sie Erwachsene nachahmt. Sie läuft der Mutter durchs ganze Haus nach, bewegt sich wie sie, bewegt sich anders, wenn sie Dora, der Kinderfrau, in den Garten oder in die Küche folgt, schlägt wie sie die Hände über dem Kopf zusammen und sagt manchmal Gnädige Frau anstatt Mama. Sie kennt auch viele Personen, über die die Eltern reden, beim Namen, manche sind ihr nicht ganz geheuer, weil der Papa sie so betont, als müsse man sich vor ihnen hüten, zum Beispiel Napoleon oder ein Marschall Mortier oder Senator Schultz, der sie sogar persönlich besucht und Fanny eigens begrüßt. Fast immer geht es um die Kontinentalsperre. Fanny stellt sich vor, dass Napoleon die Kontinentalsperre dem Papa ins Bankhaus geschickt hat, ein schreckliches Ungeziefer, über das er sich ärgern muss und das erst verschwinden wird, wenn die Engländer wieder mit dem Papa Geld tauschen dürfen. Mama ärgert sich über Fannys Aussprache: Das heißt nicht Küntünentsperre, sondern ganz richtig Kontinentalsperre. Fanny lässt sich das nicht ausreden. Sie findet das Wort auf ihre Weise ekliger. Wegen der Kontinentalsperre ziehen sie auch nach Berlin, Onkel Joseph und Tante Hinni ziehen mit. Vorher kommt noch Rebekka auf die Welt. Sie habe sich, findet Mama, beeilt, um noch Hanseatin zu werden.

Nun kann Fanny mit Felix schon reden. Sie hatte ihm, kaum merkte sie, dass er Wörter ausprobierte, das Reden beigebracht. Meine Fanny kann er schon sagen.

Sie trennte sich nur schwer vom Garten und vom Haus und von ihrem Zimmer. Von Dora musste sie sich verabschieden.

Vielleicht war es richtig, von Hamburg wegzugehen. Ständig breitete sich unter den Erwachsenen die Angst vor den Franzosen aus. Mitunter lärmten die auch auf der Chaussee vorm Haus. Dann erschien wieder ein Marschall, er hieß nun Davout, musste noch abscheulicher sein als der Marschall Mortier, und befahl Papa und Onkel Joseph, ihm Geld aus dem Bankgeschäft zu geben. Vater und Onkel Joseph saßen im Wintergarten, rauchten Zigarren, redeten leise in einer Geheimsprache, die nicht einmal Mama und Tante Hinni verstehen konnten, denn beide hatten, wie sie beteuerten, keine Ahnung von dem, was beraten wurde. Doch mit einem Mal waren Papa und Onkel Joseph verschwunden, einfach fort, und sie sollten ihnen nach Berlin nachkommen, um sie dort zu treffen.

Berlin ist meine Stadt, erklärte Mama. Dort gibt

es einen Garten, wie ich keinen schöneren kenne. Freut euch drauf.

Tante Hinni schüttelte zu allem den Kopf, klagte über die grässlichen Franzosen und fürchtete alle Unannehmlichkeiten, die sie auf sich zukommen sah.

Ein Herr aus Vaters Bankhaus, er legte Wert darauf, ein Herr Oberbuchhalter zu sein, war aber gegen diese Anwandlung freundlich und tatkräftig und sorgte für den Umzug. Es wurde unauffällig gepackt, der Helfer aus der Bank schaffte Papiere her, die sie gegenüber Besatzungsbehörden ausweisen sollten, und an einem lauen Junimorgen, an dem die Luft sich nicht bewegte, stiegen und kletterten sie in die Kutsche, nachdem Mama darüber geklagt hatte, das Klavier zurücklassen zu müssen, sich aber selber Trost zusprach: An einem Klavier wird es uns in Berlin bestimmt nicht fehlen. Gerüttelt vom Wagen und kurz nach der ersten Station, auf der Fanny sich vor den vielen Leuten im Warteraum ängstigte, erzählte Mama, dass der Vater eine wunderbare Botschaft nach Berlin an die Singakademie Karl Friedrich Zelters geschickt habe, nämlich Handschriften, geschriebene Noten von Johann Sebastian Bach, die er auf einer Auktion ersteigert habe.

Auf die Fragen Wer ist Bach, Wer ist Zelter, wird sie sich bald selbst antworten können.

2.

Etüde über den Berliner Anfang

Berlin ist laut. Fanny hört andere Stimmen als in Martens Mühle in Altona. Hier, in der Markgrafenstraße, dringt der Lärm von der Straße ins Haus. Es ist ein Geräuschteppich aus Menschenstimmen. Nach der langen Reise, den vielen Kontrollen unterwegs, ist sie ziemlich angestrengt, denn Mama hat ihr die winzige Rebekka anvertraut. Da Dora in Hamburg geblieben ist, muss sie sich um ihre kleine Schwester kümmern.

Nachts, im Wartesaal der Poststation, in dem sie nur mit Mühe Platz bekamen, als ihnen der Kutscher half, fiel Rebekka mit ihrem Geschrei und Gezeter auf, und Fanny fürchtete sich vor dem Zorn der Reisenden in ihrer Umgebung. Frauen bauten sich vor ihr auf und drohten, ihr Rebekka zu entreißen. Aber Mutter und Tante Hinni passten auf. Zur Unruhe, erklärten sie, gehöre die Unordnung. Dass die Uniformierten auf den Straßen, die Franzosen und die Verbündeten des Kaisers, Angst verbreiteten und jeder, der unterwegs war oder für ein paar Schritte seine Wohnung verließ, sich vorsehen musste, dass die Frauen, wenn die Kutsche angehalten wurde und Soldaten nach Papieren fragten, den Kindern vorher meistens die Hand auf den Mund legten und sie baten, kein Wort zu sagen, keinen Pfiff, bitte nicht.

Und nun, nun folgen ihnen Unruhe und Unordnung in die neue Wohnung. Kisten stehen im Weg, Kleider liegen über die Stühle geworfen, Schränke haben noch keine Türen, Kommoden keine Schubladen. Wie immer, wenn sie sich nicht zurechtfindet, erstarrt Fanny, reagiert mit Gleichmut, was ihre Mama aufbringt: Sie solle sich nicht gehen lassen, mit anpacken. Ich bitte dich, Fanny-Kind!

Sie beziehen das Parterre und die Familie von Onkel Joseph die erste Etage. Die von oben schaffen es schneller, denn die beiden großen Söhne von Onkel Joseph, Georg und Alexander, packen mit an, beherrschen, wie Tante Hinni versichert, die Situation. Das sagt sie vielleicht, findet Fanny, um Mama zu ärgern. Nur denkt die nicht daran, Möbel zu schieben, Bilder aufzuhängen und Teppiche auf- und wieder einzurollen.

Nachmittags erscheinen die Väter, gut gelaunt und erschöpft, sie erzählen von Gesprächen und Verhandlungen und davon, dass sie in Berlin ein Bankgeschäft gegründet haben, Joseph & Abraham Mendelssohn, die Hamburger Bank hätten sie schleunigst aufgelöst. Fanny hört angestrengt zu, denn sie fürchtet, vieles könnte sich ändern, die Franzosen könnten ihnen das Glück nehmen, auf das Papa, wie er sagt, immer setzt, auf das Glück, doch die beiden Väter wirken, obwohl sie immer wieder lachen und sich verständnisvoll zunicken, wie gejagt, sie erklären ihre Atemlosigkeit mit den lächerlichen Forderungen der Franzosen. Alles, jeder Wunsch, jede Handreichung koste Taler! Während sie zuhört, bewegt sie sich Schritt für Schritt auf die beiden Männer zu, als zöge ein Magnet sie an, und sie steht klein und schief zwischen ihnen, wird aber nicht bemerkt von den Frauen und Buben, die ebenfalls wissbegierig lauschen, denn es geht ja um die Zukunft aller, sie steht zwischen den Männern und wird, weil sie in sich geht, für alle unsichtbar, bis ein Kind aus einer entlegenen Ecke der Wohnung wütend und hungrig schreit, nicht die winzige Rebekka, sondern der Bruder Felix, er ruft die Mutter, Fanny fährt zusammen, schaut hoch zum Onkel, zum Papa, entschuldigend: Ich muss mich jetzt um Felix kümmern. Womit sie Mama zufriedenstellt und vor Eifer dem Pfarrer Stegemann gegen die Beine läuft, er wolle, erklärt er, sehen, ob sie denn zurechtkämen, schließlich habe er das Haus an die Herren Mendelssohn vermietet, die er nun begrüße, nicht ohne sich zu Fanny niederzubeugen: Nun, mein Fräulein, wohin des Wegs? Zum Felix, posaunt sie pflichtschuldig.

Den findet sie im Nebenzimmer, ganz für sich, umstellt von Kisten und Koffern, einer Herde, die ihn bedrängt, er schreit und wimmert, den Lockenkopf nass von Angstschweiß. Sie bahnt zwischen Kisten eine Gasse, bis sie den kleinen Bruder erreicht hat, ihn umarmen kann, mit dem Rocksaum seine Stirn trocknet: Was ist los? Wer hat dir wehgetan?

Niemand, heult der Knabe, und »Niemand« muss fürchterlich sein.

Niemand, fragt die Schwester so teilnahmsvoll, dass aus Niemand gleich Jemand wird.

Ja, niemand, schluchzt Felix. Er drückt sich an die Schwester, genießt ihre Umarmung. Nicht fortgehen, bittet er, hier gefällt es mir nicht.

Warte nur, verspricht sie, bald hast du dein eigenes Zimmer.

Bei uns in Hamburg war es schöner.

Sie küsst ihn auf die Stirn und kommt sich auf einmal sehr erwachsen vor. Hast du gesehen, im Zimmer zum Garten steht ein neues Klavier, von Bechstein, das wird dir gefallen.

Weiß die Mama es schon, fragt er, und sie antwortet mit einem altklugen Lächeln: Ach du, sie hat dafür gesorgt, dass es gleich da ist. Komm! Sie fasst seine Hand, zieht ihn hinter sich her, er bremst, hängt sich mit seinem ganzen Gewicht an ihren Arm und macht zum Spiel, was ihr ernst ist.

Ich will nicht.

Sei nicht albern, Felix.

Ich möchte aber allein sein.

Er bockt. Sie kann ihn nicht verstehen. Er ist eben doch noch klein, sagt sie sich, obwohl er manchmal vernünftig redet und sogar mit Wörtern spielt.

Du hast geweint, weil du dich allein fühltest.

3.

Etüde über Aufbrüche

Sie kann schon lesen. Mama hat es ihr beigebracht, und auch ihre Neugier auf Bücher sorgte dafür. Sie kann auch Noten lesen. Manchmal fällt es ihr schwer. Wenn sie neben Mama am Klavier sitzt und die Noten umblättern soll. Das gelingt ihr nicht immer. Manchmal spielt Mama viel zu schnell. Es kommt vor, dass sie weitersingt, was sie gehört hat, oder sich ans Klavier setzt und nach Tonfolgen und Melodien sucht.

Oft trippelt Felix hinter ihr her, baut sich neben dem Klavier auf, fährt mit seinen kleinen Händen über die Tasten, dass es klingt, als wehe ein Tönewind. Er schafft es auch, in ihrer Nähe zu bleiben, wenn sie sich unsichtbar machen will, schnell aus einem Zimmer ins andere huscht, sich zwischen Schrank und Kommode kauert und die Kinderfrau nicht rufen hört; immer bleibt ihr der kleine Quälgeist, der allerliebste Lockenkopf, auf den Fersen: Nicht fortlaufen, Fenchel!

Wenn ihn das Bauchweh plagt, brüht Mutter Fencheltee auf. Den muss Fanny ihrem Bruder servieren: Hier kommt dein Fencheltee. Sie saugen beide den duftenden Dampf durch die Nase: Fenchel!

Einmal brachte Felix, wie oft, alles durcheinander: Da bringst du mir ja meinen Tee, Fenchel. Fenchel, das hört sich an wie Fanny, die duftet. Fenchelfanny. Fannyfenchel.

Fanny weiß, dass die Mutter ein Geschwister erwartet, wahrscheinlich einen Bruder für Rebekka, meint sie. Felix jedoch weiß es noch nicht.

Sie läuft in den Garten, der viel kleiner und enger ist als der in Hamburg. In der Gartenhütte hat sie Noten versteckt und ein Buch, in dem sie immer wieder liest: »Robinson«. Ist ihr danach, liest sie Felix vor und er darf ihr Freitag sein.

Auf die Straße soll sie nicht. Wenn, dann nur in Begleitung von Vater und Mutter oder Tante und Onkel. Ergibt sich die Gelegenheit, schließt sich einer der Cousins aus dem oberen Stock ihr an. Ihr gefällt es, auf der Straße zwischen hohen Häusern zu spazieren. Unter den Linden, über den Gendarmenmarkt. Meistens bittet sie ihre Begleiter, rund ums Königliche Schauspielhaus zu gehen. Manchmal kann sie, wenn das Orchester probt, Musik hören, und sie tanzt dazu, zum Ärger der Jungen: Das fällt auf, Fanny. Onkel Joseph habe gebeten, sie sollten sich zurückhalten und auf keinen Fall provozieren, sie seien nämlich Juden.

Sie fragt Vater, was denn Juden seien.

Juden hätten eine Religion wie die Christen und wie die Muselmänner. Sie würden in ihre Religion hineingeboren. Wichtig sei es, die andern nicht zu verachten, zu verspotten, sie verstehen zu wollen. Das nenne man Toleranz. Über die habe sein Vater, Moses Mendelssohn, nachgedacht. Dein Großvater! Wir sind Mendelssohns!

Im Oktober kommt Rebekkas Bruder auf die Welt. Er soll Paul heißen. Die Eltern haben sich vorgenommen, ihn christlich taufen zu lassen, gleich zusammen mit seinen älteren Geschwistern. In einem Aufwasch, sagt Tante Hinni despektierlich.

Sie läuft spielend, lernend und fragend in ihre neue Existenz hinein, und ich frage mich, wie ihr der andere, neue Glauben erklärt wird und ob sie überhaupt viel vom alten Glauben weiß. Vermutlich hat der Vater, Abraham Mendelssohn, sie vorbereitet. Die Mutter, Lea, war mit Konversionen, deren Schwierigkeiten und Erleichterungen, vertraut: Einer ihrer Brüder, Jakob, hatte den evangelischen Glauben angenommen. Moses Mendelssohn lebte nicht mehr. Seine Kinder lasen seine Schriften, ihre Frömmigkeit gründete sich auf der Aufklärung. Die Väter und Großväter hatten sich Privilegien vom König errungen und erkauft, zum Beispiel damit, dass sie, bemessen an ihren Vermögensverhältnissen, der Königlichen Manufaktur Porzellan zu einem guten Preis abnehmen mussten. Oft sind sie und ihre Kinder auf der Straße beschimpft und verspottet worden. »Hepp hepp, Jud verreck!« Mit dem »Hepp hepp« wurden sie gezeichnet. Ihr Vermögen schützte sie. Es trug ihnen freilich auch Neid und Verdächtigungen ein. Wer so unter Druck steht, gesellschaftlich ausgemustert wird, ist bemüht, sich anzupassen. In Hamburg wie in Berlin besuchten die Mendelssohns so gut wie nie eine Synagoge. Die jüdischen Feste wurden nicht gefeiert. Nicht der Sabbat, kein Chanukka, sondern Weihnachten und Ostern. Gebetet wurde bei Tisch und abends vor dem Schlafengehen. Es war der eine Gott der Christen und der Juden, der angesprochen wurde. Es war Jahve und es war der Gott Johann Sebastian Bachs, den Abraham und Lea Mendelssohn verehrten und der das musikalische Denken von Felix und Fanny wesentlich bestimmte.

Muss ich noch klein werden für die Taufe, fragte sie. Der Felix auch? Rebekka und Paul nahm sie aus. Ihr Eifer rührte die Eltern. Ob sie dann richtig evangelisch sei? Ob sie dann die Bibel lesen müsse oder ein Gedicht auswendig lernen? Oder ein Lied? Oder einen Choral? Bin ich dann fromm, fragte sie. Ihr Vater gab ihr auf alles Antworten: Getauft werden könne jede und jeder in jedem Alter, wenn er das nur wünsche, wenn es ihm ernst sei.

Aber Rebekka könne noch gar nicht wissen, wie ernst es ihr sei, evangelisch zu werden. Sie merkte, dass ihr Vater sich freute über ihre Widersprüche.

Die kleinen Kinder werden ungefragt dem Lieben Gott geschenkt, erklärte er nach einem Zögern. Sie saßen sich im mütterlichen Salon an einem Nähtisch gegenüber. Abraham Mendelssohn etwas schwer und ungelenk; das Mädchen auf dem Sprung.

Da du lesen kannst, Fanny, versuch's mit der Bibel, oder lasse sie dir von Mama vorlesen oder von mir.

Ich kann schon lesen, sagte sie sehr bestimmt.

Vielleicht brauchst du aber Erklärungen.

Dann frag ich dich.

Die Schneiderin kam ins Haus. Sie sollte ein Taufkleid bekommen. Mutter rief nach ihr: Fanny! Sie flüchtete in den Garten, verkroch sich in der Laube, hinterm Gerätekorb. Sie fürchtete, mit dem Kleid anders zu werden. Erleichtert hörte sie, dass Felix ebenfalls für die Zeremonie eingekleidet werde. Sie blieb also nicht allein.

Die Vorbereitungen trieben sie um, sie ersann Spiele für Felix und sich, zog Rebekka im Wagen hinter sich her, redete ins Blaue und setzte sich, zum Erstaunen der Mutter, oft ans Klavier, und Vater meinte, wenn er abends aus dem Geschäft kam: Sie spielt von Tag zu Tag besser.

Weihnachten 1815 entdeckte Fanny, dass Jesus, Maria und Josef Juden gewesen seien. Wie wir! Mit diesem knappen Nachsatz, diesen beiden kurzen Wörtern, versetzte sie die festlich gestimmte Gesellschaft – auch die Familie von oben war geladen – in ein nachdenkliches Schweigen.

Sie war noch nicht ganz elf.

Felix war sechs und, unter der Teilnahme der ganzen Familie, gerade in eine Knabenschule gekommen.

Rebekka war fünf.

Paul drei.

Es war noch kühl, Ende März, es könnte aber Frühling werden, wie Tante Hinni, die immer zuversichtlich war, voraussagte. Die Kutsche wartete. Mutter und Kinderfrau halfen ihnen beim Anziehen, immer zerrten große Hände an ihnen, ständig wurden sie beruhigt und zur Ordnung gerufen: Halt still, Fanny! Felix, hast du saubere Hände? Setz dich bitte mal hin, Rebekka. Wer nimmt mir den Paul ab?

Plötzlich rief Vetter Benjamin, dass die Droschke vorgefahren sei. Sie wurden hinausgetrieben vors Haus. Paul war zu kurz, er musste in die Droschke gehoben werden. Fanny und Felix schafften es, sie zu erklimmen. Paul blieb auf den Armen von Mama. Sie hatten Platz auf einer Bank, Fanny und Felix nahmen Rebekka in ihre Mitte. Aufgeregt rieben sie sich aneinander.

Passt auf eure Kleider auf!

Dürfen wir auch singen, fragte Rebekka. Als sie von den Eltern erfuhr, dass selbstverständlich gesungen werde, ein ganzer Chor zu hören sei, fing sie schallend an: »Ein Männlein steht im Walde!« Fanny hielt ihr den Mund zu, und Felix rief sie streng und besserwisserisch zur Ordnung: In der Kirche werden nur Choräle gesungen. Zum Beispiel »Geh aus mein Herz und suche Freud«.

Fanny fing gleich an zu summen.

Sie fuhren quer durch die Stadt. Zuerst kannte Fanny sich aus, schließlich wusste Felix besser Bescheid. Die Kirche, die Jerusalemskirche, erwartete sie, ausladend und ohne Turm. Den gab es schon seit hundert Jahren nicht mehr. Das ist unsere Kirche! Rebekka zog ein ernstes Gesicht, schob die Unterlippe nach vorn und sah auf den Bau, dessen Tor weit geöffnet stand.

Ich bin, ohne es zu ahnen, dort gewesen. Habe das Hochhaus betreten, das nun an der Stelle der alten Kirche steht, die Schinkel, zwanzig Jahre nach der vierfachen Kindertaufe der Mendelssohns, umbaute und mit einem Turm versah. In diesem Hochhaus befindet sich heute der Springer-Verlag und unweit von ihm wurde im Winkel von Markgrafen- und Lindenstraße im März 2001, also im Taufmonat der Mendelssohn-Kinder, eine neue Kirche eingeweiht, die nun, direkt neben dem jüdischen Museum als christlich-jüdische Begegnungsstätte dient – als setzten sich hier die Gedanken und Gespräche der Mendelssohns fort.

»Wir, Deine Mutter und ich, sind von unseren Eltern im Judentum geboren und erzogen worden und haben, ohne diese Form verändern zu müssen, dem Gott in uns und unserem Gewissen zu folgen gewusst. Wir haben Euch, Dich und Deine Geschwister, im Christentum erzogen, weil es die Glaubensform der meisten gesitteten Menschen ist und nichts enthält, was Euch vom Guten ableitet«, schrieb Abraham Mendelssohn an seine Tochter Fanny, ehe sie konfirmiert wurde, also ein paar Jahre nach dem Taufakt in der Jerusalemskirche, doch es hätte ihr Taufspruch sein können, beglaubigt von Großvater Moses und der Gestalt, in die sein Freund Lessing ihn verwandelt hatte: Nathan.

Sie nehmen sich an den Händen. Vater und Onkel Joseph flankieren die junge Meute. Fanny atmet tief ein, wie immer, wenn ihr mulmig oder feierlich zumute ist. Felix tadelt sie wegen des eigentümlichen Geräusches. Im Mittelgang zwischen den Bänken reißt sich Rebekka los, und Felix stellt ihr nach: Nicht weglaufen!, ruft er und zieht die Aufmerksamkeit der ganzen Gemeinde auf sich. Pfarrer Stegemann, der sie in letzter Zeit öfter besuchte, kommt ihnen mit ausgebreiteten Armen in seinem schwarzen Rock, wie eine große Fledermaus, entgegen. Sie dürfen nach vorn in die erste Bank, gegenüber dem Taufbecken.

Da wirst du reingesetzt, Felix fasst Rebekka am Arm und zeigt auf das Becken. Worauf die kleine

Schwester zu heulen beginnt und Mama sie nur mit Mühe beruhigt. Der Chor hilft ihr dabei, denn nun kann Rebekka mitsingen. Sie rutscht von der Bank, drückt die Fäuste an die Brust, öffnet und schließt den Mund, als singe sie tatsächlich.

Als die Orgel ihren Part übernimmt, sagen Fanny und Felix wie aus einem Mund: Bach!

Fanny hat unter Anleitung ihrer Mama die Präludien aus dem »Wohltemperierten Klavier« geübt und sie wiederum Felix gelehrt. Sie hatten sich eingehört. Abends, sobald er für eine Weile zu ihr ins Bett schlüpfen durfte, sangen sie Kanons nach Bach, zum Staunen Papas, der es aufgegeben hatte, ihnen vorzulesen, sobald sie sich vorsangen.

Der Pastor spricht so, als wolle er gleich anfangen zu singen. Die Wörter liegen schwer auf ungesungenen Noten. Unerwartet ruft er die Eltern und die Paten auf, sie möchten nach vorn zum Altar kommen. Dort stehen sie, in schwarzen Futteralen steckend, nebeneinander und müssen auswendig das Glaubensbekenntnis sprechen. Fanny hat es mit ihrer Mutter gelernt, sich die Sätze schließlich gemerkt. Leise redet sie mit: »Ich glaube an Gott den Vater, den allmächtigen Schöpfer des Himmels und der Erden. Und an Jesum Christum, Gottes eingebornen Sohn.«

Diesen Satz kann sie nicht zu Ende sprechen, ohne zu fragen: Warum Jesum? Das ist doch Jesus. Die Erklärung, es handle sich bei der Endung um den lateinischen Akkusativ, den Martin Luther bei der Übersetzung übernommen habe, akzeptierte sie noch, doch das »eingeboren« wollte ihr nicht einleuchten. War Jesus ein Eingeborener? Die gab es nur in fremden Ländern.

Schon sind sie weiter, beim Heiligen Geist und der Vergebung der Sünden, der »Auferstehung des Fleisches«, bei der es sie jedes Mal schaudert, und beim Amen.

Amen. Das sagt sogar Rebekka mit.

Die Gemeinde singt von Neuem. Hier kennt sie die Worte nicht. Bach, sagt sie, um sich zu bestätigen. Paul Gerhardt, berichtigt Felix. Sie boxt ihn in die Seite: Woher weißt du das, fragt sie empört und darum laut, und Papa vorn vor dem Pastor wirft einen mahnenden Blick über die Schulter, den Fanny aufnimmt. Sei leis, flüstert sie sich zu.

Der Pastor fragt, und seine Stimme hallt noch stärker im Kirchenraum: Familie Mendelssohn, sind Sie bereit, Ihre Kinder taufen zu lassen, dann antworten Sie mit einem deutlichen Ja. Fanny findet, dass das Ja des Vaters deutlicher ausfällt als das von Mama. Ja.

Obwohl der Pastor die Eltern nicht auffordert, die Kinder von der Bank zum Taufstein zu holen, gehen sie zu ihm. Das war mit ihm besprochen. Paul beginnt zu schluchzen. Fanny geht Schritt für Schritt neben der Patentante her. Sie trägt Paul in ihren Armen und bläst ihm ins Gesicht. Das mochte er sonst, doch die Kirche scheint ihm wohl zu groß.

Sie weiß vom Vater, dass ihr Taufname Cäcilie sein wird. So heiße die katholische Schutzheilige der Musik.

Felix bekommt die Taufnamen Jakob Ludwig. Er steht neben ihr, sie spürt, dass er zittert, wie sie auch. Ihr kleiner Bruder. Eigentlich ist er ihr voraus. Er darf zur Schule gehen. Sie nicht. Mama hat ihm einen Musiklehrer versprochen. Sie nimmt sich vor, auf den zu bestehen, auch wenn sie sich auf jede Stunde bei Mama freut.

»Im Namen des Vaters, des Sohnes und des Heiligen Geistes« gießt der Pastor aus einem Krügchen ihr Wasser übers Haar. Es rinnt in den Hals, in einem dünnen Rinnsal den Rücken hinunter. Jetzt heißt sie Fanny Cäcilie. Paul kreischt noch mehr, als ihm das Taufwasser übers Gesicht läuft, und Rebekka hopst, schüttelt sich und sagt laut: Danke! Worauf Mama den Kopf schüttelt. Der Pastor lächelt und sagt ebenso laut, anscheinend zum Vergnügen der ganzen Gemeinde: Bitte!

Sie dürfen, nach einem Wink des Pastors, zurück in die Bank. Noch einmal dröhnt die Orgel Bach. Der Pastor hebt die Hände, segnet die Gemeinde, und während die Orgel Läufe ausprobiert, gehen sie eng nebeneinander, als brauchten sie Halt, durch den Mittelgang, angestarrt von den Leuten, hinaus aus der Kirche. Dort wartet die Droschke auf sie, und Paul beginnt wieder zu schluchzen.

4.

Intermezzo: Buchstaben wie Noten

Pass auf Felix auf, bittet Lea, und Fanny ruft nach ihm. Er ist schon wieder unterwegs. Felix!, ruft sie. Er versteht ihr Rufen als den Anfang eines Spiels, wie immer. Von irgendwo, aus dem Flur, aus dem Treppenhaus, zwischen den Schränken im Salon, gibt's einen Laut, ein Quietschen, ein Brummen, ein Tröten. Er schafft es, die Geräusche zu vervielfältigen, an mehreren Orten zu sein. So lernt sie das Haus in der Markgrafenstraße kennen. Die Ecken, in denen das Licht sich sammelt, und die Ecken, die im Schatten auskühlen. Felix ist viel schneller auf den Beinen gewesen als du, stellt Mama fest. Jungen suchen die Bewegung. Seit sie in Berlin sind und Felix auf der Welt ist, hat sich ihre Welt verändert. Der kleine Felix verlangt alle Aufmerksamkeit der Familie, und damit auch sie zur Kenntnis genommen wird, muss sie sich des Bruders annehmen.

Sie sucht ihn, und er meldet sich mit überraschenden Geräuschen. Sie folgt ihnen und findet ihn nicht. Dann, so will es die Regel, die sich im Lauf der Spiele gefestigt hat, dann setzt sie sich im Musikzimmer ans Klavier und spielt, was ihr einfällt. Nichts zieht ihn mehr an als die Musik. Sie horcht, spielt, macht den Rücken rund und wartet, bis die Flügeltür knarrt und das Parkett knirscht. Er schleicht sich an. Gleich wird er seine Arme um sie schlingen, fest, und sein Gesicht in ihren Nacken drücken. Sein Atem kitzelt. Lass es, kichert sie. Sie windet sich aus seiner Umarmung, dreht sich zu ihm und hält ihn von sich weg. Jetzt hab ich dich!, muss sie, so endet das Spiel, sagen. Womit sie ihm erlaubt, was die Eltern längst erlaubt haben, dass er Klavier spielt. So, wie sie es ihm beigebracht hat. Die Tonleiter, Sekunden und Terzen. Jetzt spiel ich das Franzosenlied, erklärt er und wiederholt, womit er schon die Eltern und Erzieher in Erstaunen versetzte, ein Liedchen, das die französischen Soldaten oft sangen, von dem er nur ein Wort kennt: Bong schur. Das ist meine Musik für den Kaiser Napoleon.

Über den Kaiser wurde in letzter Zeit viel geredet, vor allem von Onkel Joseph. Ein Vermögen habe der Kaiser ihnen abgerungen, vor allem um seinen Feldzug nach Russland zu finanzieren. Zehntausend Taler. Das Geld würden sie nie zurückbekommen. Der Kaiser jedoch kam geschlagen zurück, und seine Soldaten ziehen noch immer durch die Stadt, verhungert und verprügelt. Felix hat auch gelernt, einen Marsch zu spielen. Wenn er ihn spielt, pflegt er laut vor sich hin zu reden: Der Kaiser, der Kaiser Napoleon.

Er sitzt auf Fannys Schoß, und sein Körper strafft sich. Er schlägt mit den Füßen im Takt gegen ihre Beine, die sie vorsichtig zurückzieht: Nicht so toll, Felix!

Einmal hat Lea sie im Spiel gestört, am Schluss, als Felix den Kasten traktierte. Ich muss euch bitten, das Zimmer zu verlassen, denn Runge kommt zu Besuch. Sie wussten, wer gemeint war, ein Maler, den der Vater sehr schätzte. Der Runge kommt zu Besuch. Felix versuchte eine Variation des Franzosenlieds. Er gab dem auffordernden Satz der Mutter ein vertracktes Echo: Der Bunge kommt zu Geruch!

Sei nicht albern, schimpfte Lea. Er wehrte sich. Ich bin nicht albern. Der Runge kommt zu Besuch, der Bunge kommt zu Geruch! Verblüfft musterte Lea ihren Sohn und meinte: Das muss ich deinem Vater erzählen.

5.

Etüde über Gnade

Sie spielte gern vor. Ihr Papa wünschte es sich. Mama brachte ihr das Klavierspiel bei. Manchmal stritten sie sich, wer Haydn richtig verstanden habe, wie Mozart gespielt werden solle, dann wusste Felix es besser, setzte sich ans Klavier und duldete keinen Widerspruch, im Gegenteil, er versprach, eine Fantasie für sechs Hände sich auszudenken und sie müssten zu dritt auf einer Bank sitzen. Aber bitte, so gut wie keine Übergriffe, forderte er, sich vor den beiden Damen verbeugend, ein Artist von sieben Jahren.

Obwohl Felix nach Meinung des Vaters in der Musik große Aussichten habe, obwohl er, wie Fanny fand, allzu sehr gehätschelt und gefördert wurde, obwohl sie inzwischen nicht mehr besser Klavier spielte als er, durfte sie beinahe jede Woche zu Oma Bella Salomon, Mutters Mutter, in das große Haus an der Spree (und manchmal in den Garten, den Lea immer wieder als ihr Kinderparadies beschwor), um vorzuspielen. Vorzugsweise Bach, denn Oma Bella, die Klavier mit Laune und Finessen beherrschte, und bei der Lea das Klavierspiel lernte, denn Oma Bella gehörte zu einem Kreis von Musikfreunden, die, wie sie Fanny oft und gerne erzählte, die Erinnerung an das Werk des großen Meisters wach hielten. Mama begleitete sie stets in der Kutsche zur Großmama. Unterwegs unterwies sie Fanny, wie sie sich verhalten und wie sie Großmama Bella schonen solle, denn sie rege sich leicht auf. So erfuhr sie, dass die Großmutter noch – unbeirrt!, wie Mama betonte – an dem Glauben der Väter festhalte, ganz aus dem Geiste Samuel Hitzigs und Moses Mendelssohns, beider Großväter, und dass sie Onkel Jacob, ihren dritten Sohn, verflucht habe, weil er sich mit sechsundzwanzig Jahren evangelisch taufen ließ und sich nach der Meierei Bartholdy, die zum Hitzigschen Besitz zähle, nannte. Fanny hörte aufmerksam zu und sagte erschrocken: Aber wir sind doch auch evangelisch getauft. Lea zog sie an sich: Deswegen solltest du jedes Gespräch über die Taufen vermeiden, Kind.

Nein, sie wollte nicht unbedingt von Oma Bella, die sie sehr gern hatte, verflucht werden. Aber Bach, den die Oma so schätzte, war eben auch evangelisch gewesen. Über den konnten sie reden, ohne dass sich die Großmutter aufregte.

Sie wurden von einer Bedienerin empfangen, dann erschien Oma Bella, klein und dunkel, das Häubchen etwas verrutscht auf dem Haar und ein Buch in der Hand. Sie umarmte Lea, hielt sie von sich weg, schaute sie prüfend an. Das tat sie jedes Mal, und jedes Mal beschloss sie die Handlung mit dem Satz: Etwas müd schaust du aus, Tochter.

Sie zog Fanny an sich, drückte ihren Kopf gegen die Brust. Der Stoff duftete nach Lavendel. Fanny musste ihr erst vorlesen, danach vorspielen.

Der Nachmittag, der sich mitunter dehnte, wurde

im Wintergarten beschlossen mit Tee und Gebäck für Oma Bella und Saft und Keksen für Fanny. Wenn noch Zeit war, nahm sie die Oma mit in den Garten, zu ihrem Lieblingsplatz. Hand in Hand spazierten sie auf der Pappelallee von Schatten zu Schatten bis zu dem Freilichttheater, in dem steinerne Figuren ein Stück spielten, wahrscheinlich von Euripides, sagte Oma Bella, wobei sie die Arme hob und einen ellenlangen Satz in einer fremden Sprache deklamierte.

Bei schlechtem Wetter schlug Oma Bella nach dem Vorspielen eine Kostümierung vor. Sie suchten das Ankleidezimmer auf, einen Raum, dessen Mitte eine rot gepolsterte Bank einnahm, auf die Oma sich setzte, nachdem sie die Schränke geöffnet und auf einem Stuhl ein paar Kleider – die trug deine Mama, als sie so alt war wie du – und zwei oder drei Hüte – die müssen dir doch stehen! – ausgelegt hatte. Sobald Fanny sich kostümiert hatte, stellte sie sich vor den großen, prächtig gerahmten Spiegel und sah sich als Bild, in einem etwas zu engen, doch sehr ansehnlichen Kleidchen und mit einem enormen Damenhut auf dem Kopf. Sie machte einen Knicks und rührte sich danach nicht mehr, damit sie das Bild bleibe und Oma Bella die Gelegenheit hatte, zu applaudieren und sich »sattzusehen«.

Während sie sich betrachtete, über Omas Freude sich freute, die Reglosigkeit nur mit einigen wenigen Grimassen unterbrach, die Großmutter hinter sich im Spiegel sah, einen Menschen, den sie besonders liebte und auf den sie sich vor jedem Besuch freute, fragte sie sich, weshalb gerade Oma Bella sich so schrecklich über die evangelischen Taufen ärgerte und warum sie nicht darüber sprechen durfte. Und warum sie auf Omas Frage, ob sie sich auf die Bat Mizwa vorbereite, nicht antworten konnte, und weshalb das Schweigen, das dann zwischen ihnen ausbrach, sie peinigte und die Großmutter sichtlich traurig machte.

Fanny war dem Onkel Jacob Bartholdy nur einmal begegnet. Er hatte ihr Eindruck gemacht, denn er kannte sich in der Musik und in der Malerei gut aus, trug in mehreren Sprachen Gedichte vor und war, wie er von sich sagte, »in der Welt zu Hause«. Vielleicht, weil ihn Großmutter Bella verflucht und verstoßen hatte. Fanny fand es furchtbar, verstoßen zu werden, und verstoßen wurden, nach ihrer Kenntnis, nur Menschen in der Bibel, im Alten Testament.

Seit einiger Zeit brillierte Fanny mit Präludien aus Bachs »Wohltemperiertem Klavier«. Sie hatte sie zuerst mit ihrer Mama, ihrem Klavierlehrer Ludwig Berger und dann mit dem neuen Hauslehrer Stenzel eingeübt und ihren Papa an seinem Geburtstag damit überrascht. Einige jüngere und ältere Personen aus der Verwandtschaft hörten zu. Cousine Rebekka Meyer fand Felix, der nach Fanny auftrat, »engelschön«, Fanny hingegen »etwas stark altklug«, was den Tiefsinn ihres Spiels nicht minderte.

Oma Bella hatte von ihrem gloriosen Erfolg gehört und wünschte, dass sie ihr ebenfalls den Bach vorspielte. »Auswendig«, versicherte Fanny und führte es der Großmutter vor. Wie jedes Mal, wenn sie mit dem ersten Präludium begann, hatte sie den Eindruck, sich auf eine lange und wunderbare Reise zu begeben. Wieder war sie unterwegs und in einer ganz anderen Stimmung. Oma Bellas Klavier sprach anders mit ihr als das zu Haus. Die Zeit zog sich zusammen. Einmal, in der Pause zwischen der 16. Fuge und dem 17. Präludium, rief die Großmutter: Ich habe Lea einen Boten geschickt, dass sie dich etwas später abhole. Fanny nickte und setzte ihren Vortrag fort. Zum Schluss spielte sie die Fuge zur Nummer 24. In h-Moll. Es war ihr Abschiedslied. Mit Schwung drehte sie sich auf dem Klavierschemel zu ihrer Großmutter um. Die saß da, den breitkrempigen Hut auf dem Schoß, den Fanny vorher mit Lust aufprobiert hatte und der ihr so gut stand. Wahrscheinlich möchte sie ihn ihr schenken. In ihren perlgrauen Augen standen Tränen, die sie mit einem Tüchlein abfing. Stockend sagte sie: Es ist ein Wunder, Fanny. Sie erhob sich, legte den Hut achtlos auf den Tisch und kam auf Fanny zu, umarmte sie. Fanny legte den Kopf an ihre Brust und hörte ein aus der Tiefe steigendes Schluchzen.

Weil du mich glücklich gemacht hast, Kind, darfst du dir etwas von mir wünschen, sagte sie über Fannys Kopf weg. Sie drückte sich noch fester an die Großmutter, dachte: Bloß nicht den Hut. Und wünschte, was sie schon eine Weile plagte: Kannst du wieder gut mit Onkel Jacob sein, Großmutter Bella? Kannst du ihm verzeihen und verstößt du ihn nicht mehr?

Das Schluchzen ging in einen Seufzer auf. Die Oma drückte sie noch fester, und Fanny hatte den Eindruck, ihr Wunsch habe die alte Frau erlöst.

6.

Etüde mit Gefühlen

Sie können streiten, dass die Fetzen fliegen. Fanny soll, hat Mutter ihr nahegelegt, auf Felix aufpassen. Er sei mitunter unvorsichtig und vorlaut und im Spiel auch ungebärdig.

Fanny passt auf, er widersetzt sich, foppt sie, und wenn er es zu arg getrieben hat, gibt er klein bei, nimmt sie in die Arme und fesselt sie auf diese Weise. Er denkt schnell, lernt schnell, spricht schnell, alles um eine Spur schneller als sie. Und er hat den Vorteil, als Junge die Aufmerksamkeit des Vaters bei jeder Gelegenheit auf sich zu ziehen, gefördert zu werden, obwohl Lea Mendelssohn es durchgesetzt hat, dass beide gleichzeitig und im gleichen Stoff von ihr und auch vom Vater unterrichtet werden.

Felix hat nach zwei Jahren die »Lehr-, Pensions- und Erziehungsanstalt von Dr. Messow« hinter sich, kann, stolz auf Erfolge und pädagogisches Lob, die Anstalt verlassen und sogar einen seiner Lehrer, den Universitätsdozenten Gustav Stenzel, mitbringen: Der wird Hofmeister, Hauslehrer. Ein blonder, dürrer, bleichhäutiger Besserwisser, der bald allen auf die Nerven geht. Nur Felix nicht. Er betet Stenzel an. Fanny schimpft ihn, wenn er seine Zuneigung zu seinem Lehrer übertreibt, Stenzels Papagei. Stenzel sagt, Stenzel meint.

Sagt er und meint er nicht allzu lang. Lea Mendelssohn erträgt die Abhängigkeit ihres Sohnes von Stenzel nicht, ihrem Mann hingegen gefällt es, wenn Felix mit Stenzels Hilfe Wissen häuft. Fanny wehrt sich. Wenn der Lehrer, der sie ja beide unterrichten soll, sich mit Felix in eine Unterhaltung über Reiz und Eigensinn der Tonarten vertieft, schließt er das Mädchen aus. Schon darum ergreift Lea für ihre Tochter Partei und überredet ihren Mann, dass Gustav Stenzel gegen das Geschrei von Felix aus seiner Aufgabe entlassen werde. Ihm folgt, etwas gebeugt und zu einem Bauch neigend, leise sprechend, Carl Wilhelm Ludwig Heyse, firm in Latein und Griechisch, kundig auch in der Musik. Er erkennt die Intelligenz und Begabung beider Kinder und verteilt sein Wissen gerecht.

In der großen Mendelssohnfamilie wird über Fanny und Felix geredet, werden Briefe geschrieben, Voraussagen getroffen, Ahnungen beschworen. Wahrscheinlich wird aus Felix ein berühmter Musiker. Was hingegen aus Fanny werden soll, ist allen Tanten und Onkeln, auch Großmama Bella und den Eltern, klar: Sie wird, wenn auch ein bisschen schief und öfter störrisch, einen Mann finden, der ihr gewachsen ist.

Fanny ist zwölf und Felix acht. Sie gehen miteinander um wie kleine Erwachsene. Es sind erwachsene Erwartungen, die sie sich und anderen erfüllen sollen. Lese ich in den Briefen beider, höre ich sie reden, altklug in Floskeln, nur dann hitzig und unverhohlen, wenn es um ihre Vorlieben geht, um die Spiele im Garten, im Baumhaus, um die Besuche in der Singakademie, um die Frage, wer im Bass oder im Diskant sitzt beim Vierhändigspielen.

Er hat Locken, sie hat keine. Er darf sich mit ihr balgen, sie sich nicht mit ihm.

Hör doch auf, Felix.

Du magst mich nicht.

Doch.

Nein.

In solchen Wortwechseln kommen sie einander nah, spielen mit ihren Ängsten, spielen ihre Gefühle aus.

Oma Bella nennt Fanny manchmal, sogar im Sommer, »mein Novemberkind«. Nicht nur, weil Fanny im November, am 14., auf die Welt gekommen ist, sondern auch wegen ihrer gelegentlichen Melancholien. Da kann sie am besten Mozart spielen. Mit der c-Moll-Sonate hat sie an einem Abend, als der Herbst für eine frühe Dämmerung sorgte, Oma Bellas Meinung bestätigt: Ich sag dir's doch, in dieser Stimmung gelingt dir der Mozart am besten. Diesen Triumph bei der Großmutter erzählt sie auch Felix, der ihr, was sie gleich verdrießt, weitschweifig erklärt, was er unter Melancholie versteht: Also, das ist so was wie Traurigkeit. Ich hab das auch manchmal, wenn ich ausgeschimpft werde, wenn der Papa mich nicht beachtet, ja, dann kommt die Traurigkeit, und ich spiele am Klavier, was mir einfällt, vielleicht Variationen über Variationen von Mozart, das macht mich dann wütend, ich krieg die Wut, presto in Moll, schwuppdich und ich bin raus, Schluss mit der blöden Melancholie.

Sie lässt ihn reden.

Der kleine Bruder hat Mozart nicht vergessen. An Fannys zwölftem Geburtstag tritt er aus der Reihe der Gratulierenden, strahlend, ein fein eingewickeltes Päckchen vor sich her tragend: Das ist extra für dich, Fanny.

Er hat, wie sie von Mama erfuhr, von dem Druck dieser Ausgabe gehört, dem Vater keine Ruhe mehr gelassen, bis er sie kaufte: die Ouvertüre zu Mozarts »Hochzeit des Figaro«, arrangiert für Klavier.

Sie packt, von ihm gedrängt, aus.

In seinem Eifer drückt er sie auf einen Stuhl, der hinter ihr steht. Was sagst du? Das konntest du nicht wissen, was? Er reißt ihr das Heft aus den Händen: Ich hab dir was reingeschrieben, damit du nicht vergisst, dass ich dir den Klavierauszug geschenkt habe. Ich hab ihn auch schon gespielt. Die Eltern haben zugehört. Und jetzt du, verlangt er.

Ich muss erst probieren.

Jetzt kneifst du.

Ein Glück für Fanny, dass es noch andere Geschenke gibt. Zum Beispiel ein wunderschönes Trinkglas von denen aus dem ersten Stock.

Fanny spielt: Ich bin die Gräfin aus dem »Figaro«. Sie steht vor dem Spiegel. Sie steht in ihm. Aus Mutters Schrank hat sie sich einen Hut ausgesucht und eine seidene Pelerine. Dazu trägt sie ihr Taufkleid.

Sie denkt an die Traurigkeit der Gräfin und sieht zu, wie sie im Spiegel traurig wird.

Am Ende des Zimmers taucht Rebekka auf,

hübsch herausgeputzt. Sie ist der Liebling des Kindermädchens, so klein und gelehrig und possierlich.

Komm mir nicht nah, sagt Fanny in den Spiegel. Die kleine Schwester bleibt stehen und wartet. Sie steht so regungslos, als gehöre sie für immer neben die große Schwester in den Spiegel.

Fanny tritt aus dem Spiegel heraus, über den Rand. Und tritt, sich überraschend, wieder in ihn hinein. Sie verbeugt sich. Und sieht, wie Rebekka im Hintergrund sich ebenfalls verneigt. Und danach, als müsse sie sich korrigieren, einen Knicks macht.

Ich bin die Gräfin, sagt sie sich.

Oh, hört sie Rebekka mit einer eigentümlich alten Stimme. Oh!

Sie singt. Sie hat den Stenzel gebeten, ihr die Wörter zu übersetzen. Sie will sowieso Italienisch lernen. Nun lernt sie die Wörter der Gräfin auswendig. Mozarts Musik hilft ihr dabei. Sie hebt die Hände vor die Brust, sieht, wie ein Schleier über ihre dunklen Augen gleitet. Aus deinen Augen spricht deine Seele, hat einmal Oma Bella gesagt. Das hat sie Papa erzählt, stolz und etwas verlegen, so wie sie sich jetzt im Spiegel sieht. Er hat ihr lang in die Augen gesehen und danach gesagt: Bella hat recht.

Die Gräfin singt. Mozarts Orchester wird in ihrem Gedächtnis laut.

Sie singt. Der Spiegel nimmt sie auf und sie vergisst sich.

Mit einem Mal rutscht der Gräfin der Hut in die Stirn. Das ist ihr natürlich peinlich. Sie stockt. Hört auf. Doch im Spiegel vor ihr und in ihrem Rücken singt das Echo weiter, die Wörter verzerrend, falsch wiederholend – Rebekka!

Fanny lächelt sich und das Kind im Hintergrund aufmunternd an und nimmt summend das Echo auf, Vokale, Wörter, die, wie bei Rebekka, dem Italienischen nachklingen. Dann nimmt sie keine Rücksicht mehr und singt laut gegen die Kinderstimme an.

Später erzählt sie: Das war ein zerfasertes Duett.

Felix betritt, wie sie erhofft, die Szene: Figaro, nicht der Graf.

Spielst du, fragt er.

Lass sie, ruft Rebekka und zerrt an ihm. Lass sie. Sie singt.

Was, fragt er.

Die Gräfin, antwortet Fanny.

Sing doch, bittet er.

Sie singt. Sie hebt die Hände vor die Brust und könnte schon im Spiegel sein, denkt sie, und damit es stimmt, hört sie auch wieder das Echo von Rebekka, mit den Wörtern, die nur noch eine Ahnung von sich haben.

Sie lässt die Arme sinken, endet, atmet tief ein, findet sich schön, im Spiegel.

Er singt, lachend, ein kraftmeiernder Bub:
   Se vuol ballare, signor contino,
   il chitarrino le suonerò, si,
   se vuol venire nella mia scuola,
   la capriola le insegnerò, si.

Er kommt im Spiegel singend auf sie zu, Rebekka im Schlepptau.

Sie dreht sich, sobald die Entfernung im Spiegel aufgehoben ist, zu ihm um.

Ich will allein sein, sagt sie und achtet darauf,

nicht aus der Rolle zu fallen. Noch will sie die Gräfin Almaviva bleiben.

Felix hält sich nicht daran: Nimm den Hut ab, sagt er, er passt dir nicht.

Sie lässt ihn auf.

Rebekka stellt sich neben den Bruder und kichert.

Felix stützt sich gespielt auf ihrer Schulter ab und lobt sie: Rebekka singt, finde ich, viel schöner als du.

Wahrscheinlich will er sie ärgern. Sie schiebt den Hut auf den Hinterkopf, sieht, das weiß sie, verwegen aus: Sag es doch Rebekka, sag ihr: Du singst viel besser als deine Schwester Fanny.

Worauf Felix sich zu Rebekka niederbeugt: Hast du's gehört? Er richtet sich auf und wird endlich los, weswegen er die Schwestern gestört hat: Ich soll in einem Konzert auftreten, als Klavierspieler, zusammen mit zwei Hornisten.

7.

Intermezzo mit einem öffentlichen Knaben

Großmama Bella kam mit der Droschke. Sie holte Felix ab zu seinem ersten Konzert. Vorher hatte er eine Verwandlung durchzustehen. Er wurde für diesen Auftritt um- und eingekleidet. Seine Locken wurden gekämmt und gebürstet. Er musste Schuhe anprobieren, entschied sich für bereits gebrauchte, die erst einmal geputzt werden mussten. Am Ende drückten sie. Oder er bildete sich ein, sie drückten. Die Schuhe sind zu klein geworden, klagte er. Oder deine Füße zu groß, sagte Fanny, die ihn nicht aus den Augen ließ, die ihm, wie es die Eltern wünschten, helfen und mit ihm zum Konzert fahren sollte. Denn sie hatte eine Aufgabe, dem »kleinen Meister«, wie er in der Familie neuerdings genannt wurde, die Noten umzublättern, da es eine neue Erfahrung für ihn war, mit anderen Musikern vor die Öffentlichkeit zu treten. Die große Familie und deren Freunde würden ihm und den beiden Hornisten zuhören, und in den nächsten Tagen würde über den Jungen geredet werden, seinen Charme und sein Können, die Musikkenner und die Salonlöwinnen würden sich brüsten, bei den Mendelssohns aus- und einzugehen.

Stell dich vor den Spiegel, Felix, forderte ihn die

Mutter auf. Fanny blieb an seiner Seite. So schauten sich beide an. Der kurze, doch eigentümlich leuchtende Felix mit seinem prächtigen Lockenkopf und Fanny, in deren großen Augen sich das Spiegelbild spiegelte. Sie war vierzehn und der kleine Meister neun. Er trug einen Anzug, der ihn erwachsen machte, und sie ein Kleid, als wäre sie ein Fräulein. Großmama Bella, die hereinstürmte, erwischte die beiden vorm Spiegel und half ihnen mit dem Kutscher in den Wagen.

Eure Eltern kommen nach. Und du, du musst noch probieren. Entschieden drückte sie Felix ins Polster. Fanny rutschte neben ihn.

Oft, wenn eine Droschke sie überholte, grüßte Oma Bella. Manchmal winkte sie auch Fußgängern zu. Felix fragte sie: Kommen die alle zu meinem Konzert?

Oma Bella lachte auf: Da müsstet ihr im Garten konzertieren. Außerdem ist es nicht nur dein Konzert, du größenwahnsinniger Knabe. Ihr seid zu dritt.

Er legte seinen Kopf an Fannys Schulter: Das bin ich überhaupt nicht, größenwahnsinnig.

Oma Bella ließ sich nicht überzeugen: Wir werden dafür sorgen, dass du es nicht wirst. Bei aller Liebe, Jungchen.

Ein langer Dünner und ein kurzer Dicker erwarteten sie im Wintergarten des großväterlichen Hauses. Der Hornvirtuose Gugel und sein elfjähriger Sohn Rudolph. Fanny kannte ihren ausgezeichneten Ruf. Von ihren Auftritten war oft die Rede. Nun standen sie bekümmert da, bliesen nicht ins Horn und gaben keinen Pieps von sich. Der Vater schob den Sohn auf sie zu: Begrüße die Herrschaften.

Was geschah. Sie begrüßten einander, lobten sich gegenseitig, vor allem Felix erfuhr, was von ihm erwartet wurde. Oma Bella fuhr dazwischen: Wir haben nicht viel Zeit. Die Türen zu den Zimmern müssen noch geöffnet und die Stühle aufgestellt werden. Sie sollten sich nicht aufhalten lassen zu probieren. Sie rief: Es ist so weit! ins Haus und eine Handvoll dienstbarer Geister hervor, die die Zimmer mit Stühlen und Sesseln in einen Konzertsaal verwandelten.

Die Künstler wurden von einem Diener in den kleinen Salon geleitet. Dort sollten sie warten, bis sie zum Auftritt gerufen würden. Hier, in diesem Raum, hatte ihnen Oma Bella schon vorgelesen. Jetzt war ihr anders zumute, dachte Fanny, jetzt waren sie keine Kinder, sondern auserwählt als Künstler. Felix saß für sich allein auf dem ausladenden Sofa, die Noten von Joseph Wölfl auf dem Schoß, »Trio für zwei Hörner und Klavier«, und sie saß auf einem Stuhl neben den beiden Bläsern als Begleiterin, als Umblätterin, als keineswegs Nötige, die immerhin den Bruder zu bestärken hatte.

Sie sah auf die Schuhe von Joseph Gugel, außerordentlich gewienerte und glänzende Lackstiefelchen, und ihr ging durch den Kopf, dass sie ihn, wenn er blase, drücken könnten, ein Gedanke, den sie mit einem leisen Kichern begleitete.

Was hast du? Felix setzte sich gerade, was ihm auf den dicken Polstern nur mit Mühe gelang. Warum lachst du?

Nur so, antwortete sie und ließ die Schuh des jüngeren Hornisten nicht aus dem Blick.

Nur so? Felix schüttelte zweifelnd den Kopf. Manchmal bist du albern, Fenchel.

Fenchel, fragte Rudolph mit den Lackschuhen.

»Fräulein Mendelssohn«, erklärte Felix und kicherte nun auch.

Der Diener, der sie gebracht hatte, riss die Tür auf, bat sie zu kommen und ging vor ihnen die Treppe hinunter. Im Wintergarten brummte und schnatterte das Publikum. Gugel schob die beiden Jungen durch die geöffnete Tür, folgte ihnen, und Fanny, die zögerte, wurde von Oma Bella, die unversehens auftauchte, auf den Weg geschickt. Sie lief hinterher, hinein in den schütter werdenden Applaus, der, mit Gelächter, stärker wurde. Felix rügte sie danach: Das hast du extra gemacht, Fenchel.

Dir wäre so etwas eingefallen, gab sie zurück.

Sie nahm Platz neben Felix, der die Noten aufschlug. Die Stille, die Erwartung vor dem Spiel, das ungeduldige Räuspern, das das gespannte Schweigen durchbrach, das alles genoss sie, und das alles sollte sie süchtig machen. Nein, nicht die umblätternde Nebensitzerin, sondern die Solistin, die Dirigentin, die Komponistin.

Gugel nickte Felix auffordernd zu, setzte das Horn an. Jetzt, flüsterte sie. Das Klavier begann. Es war ein Augenblick, in dem sie Gänsehaut bekam. Dennoch hörte sie genau: Zwei Viertel, flüsterte sie. Dann mischten sich die beiden Hörner ein.

Der kleine Gugel überrumpelte sie mit seiner Kunst. Beinahe vergaß sie, umzublättern. Doch Felix wusste, wie es weiterging. Einmal musste sie aufstehen, weil er die Noten zu weit nach rechts schob. Sie beugte sich über ihn, und er kniff sie in den Schenkel. Wahrscheinlich erwartete er, dass sie einen klagenden Laut von sich gebe. Sie dachte nicht daran, setzte sich, überblätterte eine Seite. Er sollte stocken, in Panik geraten. Auch er dachte nicht daran. Als er aufstand, um den Applaus entgegenzunehmen, und sie im Hintergrund verschwand, sagte sie leise: Wir sind jetzt quitt, Felix. Er strahlte übers ganze Gesicht: Ich hab dich lieb, Fenchel.

Ehe das Publikum den Wintergarten und die angrenzenden Zimmer verließ und Oma Bella sie verabschieden konnte, kamen sie ihr mit einem gemeinsamen Dank zuvor. Die beiden Hornisten nahmen Platz in der ersten Reihe, ihre Instrumente auf den Knien. Die beiden Kinder wiederum spielten Bach zu vier Händen, und Fanny maß ihren Abstand zu dem kleinen Bruder: Sie war ihm gewachsen.

Gerührt trieb die Großmutter sie durch und vor das Haus: Adieu, ihr zwei Musikanten!

8.

Intermezzo mit Fluchtgedanken

Felix wacht auf und ruft schon nach ihr: Fanny! Komm!

Seine helle, durchdringende Stimme weckt sie, fährt ihr in die Glieder, und sie ist schon bei ihm.

Er redet, erzählt, was er geträumt hat, meistens von Musik, vom Komponieren, Klavierspielen, von einem Publikum, in dem er immer die Eltern und mehrere Tanten und Onkel entdeckt. Er redet und redet. Sie hilft ihm, sich anzuziehen, spielt die kleine Mama, tätschelt, küsst ihn, gibt Ratschläge, nicht die Kinderfrau zu ärgern und nicht die Köchin, bitte, mit einem neuen Lied zu verwöhnen und den Berger, den Musiklehrer, nicht mit allzu vielen Fragen anzustrengen.

Jetzt nicht, meint Felix, jetzt gibt es Frühstück, jetzt gehen wir die Eltern begrüßen.

Fenchel-Schwester, Schwester Fenchel, ich bitte dich, bring mich zum Klavier und bring mir eine Tasse Schokolade und ein Hörnchen dazu.

Das geht zu weit!

Er wirft sich ihr an den Hals, dass es ihr schwerfällt, Balance zu halten. Er riecht, findet sie, nach »kleiner Bruder«.

Sie gibt nach, denn sie weiß, die Mutter wird, sobald das Klavier zu hören ist, im Musikzimmer auftauchen, den Versuch einer Komposition oder einer Meditation auf dem Klavier stören und unterbrechen: Nicht vor dem Frühstück! Der Tag ist noch lang.

Felix mault. Die Schwester seufzt ihr Bedauern.

Euer Vater wartet, sagt die Mama, ich frage mich, warum euch Kinder die Musik so fesselt und beseelt.

Und ich frage mich, wie sie zu dieser Lust, zu diesem Laster kamen. Sicher ist in beiden Familien, in der der Mutter, den Itzigs, und der des Vaters, den Mendelssohns, mit Leidenschaft musiziert und Musik gehört worden. Es wurde über Musik, über Musiker gesprochen, nicht zuletzt über Bach. Die Kontakte zu Zelter und seiner Singakademie wurden gepflegt. Am 1. Oktober 1820 wurden die fünfzehnjährige Fanny und ihr elfjähriger Bruder Felix deren Mitglieder. Fräulein Frühreif und Knabe Altklug. Wunderkinder. Die Musik verband und schützte sie, die Notenschrift, die sie besser und genauer zu lesen verstanden als die meisten Erwachsenen. Bald merkten sie, dass sie »anders« waren. Und dass sie die Aura ihrer Begabung brauchten. Ihr Vater sorgte für die Ausbildung, wachte über die Fortschritte, wusste, wie rasch und leicht die Kinder verletzt werden konnten und wie sie die Gespräche zwischen den Eltern und den Verwandten beschäftigten. Die Erinnerungen an die Großväter Moses Mendelssohn und Daniel Itzig und die jüdische Geschichte von Großmutter Bella Salomon, die sich über die »Getauften« alterierte, die mit dem angenommenen Namen, die Bartholdys, »Andere« werden wollten. Da ging es wieder ums Anderssein. Jene, die sie »anders« machten, plagten sie und stellten ihnen auch nach. Wann immer auf der Straße ein doppeltes Hepp laut wurde, duckten sie sich weg und wurden schneller, egal, wer sie anpöbelte: Kleine Gören, Straßenbuben. »Hepp, hepp, Judenjunge«, »Hepp, hepp, Judenfräulein«. Sie wurden markiert, beschmutzt, beleidigt. Den Vater Abraham Mendelssohn quälte der unverhohlene Antisemitismus so, dass er später seine Arbeit in der Bank aufgab, um sich, wie er betonte, der Ausbildung und dem geistigen Fortkommen seiner vier Kinder zu widmen, und dass er plante, nach Frankreich umzuziehen. Sie sind in dem Jahr, 1816, in dem die Kinder getauft wurden, im Sommer nach Paris gereist – und ich frage mich, ob Abraham Mendelssohn nicht erwog, mit seiner Familie für immer dort zu bleiben.

9.

Etüde übers Komponieren

Berlin friert. Die Stadt schnurrt zusammen im Frost. Fanny besucht häufig Großmama Bella in ihrem vielräumigen Haus an der Spree. Manchmal begleitet sie Vater, denn er liebe, wie er Fanny gestand, das schöne geheimnisvolle Haus mit seinem offenen, zur Spree sich weitenden Garten. Der Weg durch die Stadt war auch nicht ungefährlich. Soldaten aus Napoleons geschlagener Armee stellten Passanten nach, bettelten. Aus ihren Schlupfwinkeln für die Nacht wurden sie von aufgebrachten Bürgern vertrieben. Abraham Mendelssohn gab ihnen, wenn ihr Anblick ihm allzu nahe ging, einen Notgroschen. Er sprach sie französisch an, und sie freuten sich darüber. Seine alte Liebe zu Frankreich war noch immer wach.

Fanny trottete neben dem Vater her. Ihr gingen die Gespräche der Erwachsenen durch den Kopf, Gespräche, die sie beunruhigten. Über Taufen, über neue Namen, über Großmama Bellas Zorn auf Onkel Bartholdy, über die Judenfeindschaft, über das grässliche Hepp, hepp, Jud, verreck! Die Angst, die in die Flucht treibt, kannte sie noch nicht. Papa beruhigte sie und sich, schwieg. Onkel Joseph erzählte beim Abendessen, dass ein Berliner, Herr Friedrich Rüks, in der Zeitung verlangt habe, die Juden als »Fremde« zu kennzeichnen. Abraham Mendelssohn fragte leise: Wird uns nun »Fremder« auf die Stirn gebrannt, und legte dabei die Hand auf den Mund, als habe er eine verbotene Frage gestellt. Felix wehrte sich, ein Fremder zu sein. Aber wenn wir es alle sein sollen, warf Fanny ein. Ich bin in Hamburg geboren, rief er, und mein Großpapa ist der berühmte Philosoph Moses Mendelssohn, der mit dem König befreundet war. Und der stolz darauf war, ein Jude zu sein, setzte Abraham Mendelssohn das Bekenntnis seines Sohnes fort. Hat er sich denn nicht auch taufen lassen, fragte Rebekka. Ihre schöne Kinderstimme bekam dabei einen Glockenklang. Lea Mendelssohn lachte und hörte nicht auf zu lachen, bis ihr Mann sie mit einem »Ich bitte dich« zur Ordnung rief.

Fanny wird für mich deutlich und fassbar, wenn sie gemeinsam mit Felix auftritt. Felix bekommt in den Plänen und Aktionen beider mehr Gewicht, und sie muss darauf achten, sich gegen ihren vier Jahre jüngeren Bruder durchzusetzen. Sie hat früher angefangen als er, Noten zu lernen, überhaupt zu lesen, Klavier zu spielen, außerdem muss sie dem elterlichen Auftrag nachkommen, auf ihn aufzupassen, dafür zu sorgen, dass er nicht vorlaut ist, mit ihr zusammen lernt. In den Klavierstunden mit Berger, den Felix nicht sonderlich mag, erschöpft sie sich vor lauter Aufmerksamkeit. Da sehe ich sie, wie sie frühe Bildnisse zeigen, blass, angespannt, mit einem Fräulein-Köpfchen, die Augen jedoch nie müde, groß, tief und voller Schmelz.

Jetzt treibt Felix sie schon wieder an. Ständig möchte er jemanden überraschen, den Vater, die Mutter, Großmama Bella, die Mendelssohns aus der ersten Etage, überraschen mit Kunststücken auf dem Klavier oder mit dem Puppentheater. Papa will er beispielsweise zu seinem 43. Geburtstag mit einer eigenen Komposition überraschen, mit einem Lied, das Rebekka, deren Stimmchen den Vater so entzückt, unbedingt vortragen soll. Den Text hat er schon zur Hand, ein Gedicht, das er in einem Album von Mama fand:

> Ihr Töne schwingt euch fröhlich durch die Saiten,
> Erklinget heller heut',
> Ihr sollt ein lautes Freudenlied bedeuten,
> Das fromme Kinderliebe beut.
>
> Dort draußen deckt ein trüber Schleier
> Der Felder bunte Pracht.
> Doch uns erblüht die Freudenfeier
> Recht in des Winters dunkler Nacht.
>
> Wie er so grimm in unserem Kreise waltet,
> Des Hauses werter Hort,
> Und täglich neue Liebe uns entfaltet
> Und sinnt und wirket fort und fort.
>
> Drum leucht euch ferner noch dem teu'ren Leben
> Ein freundlich heller Stern.
> Lang möge ihn sein Genius umgeben
> Und aller Zweifel bleibe fern.

Ihr Töne aber schwingt euch durch die Saiten,
Erklinget lauter heut.
Ihr möget ihm ein Jubellied bedeuten,
Das seiner Kinder Liebe beut.

Sie sind sich nicht sicher, wer die Strophen gedichtet haben könnte, reden sich Vermutungen aus – die Tante Rachel, der Onkel Mendel; nein, der bestimmt nicht; die Tante Hinni; vielleicht. Sie einigen sich auf Großmama Bella, die sich das Gedicht zu einem Fest ausgedacht haben könnte, vielleicht zu einem Geburtstag von Großpapa, Jakob Salomon, und die Mama hat es vortragen müssen, deswegen stehe es in dem Album. Dem Papa werde die Wahl des Gedichtes sicher gefallen.

Schreibst du mir die Noten ins Reine, für Stimme und Klavier, bittet er brav.

Die Vorbereitungen erklärt er zum Geheimnis. Fanny ist darin eingeschlossen. Sie darf kein Wort sagen. Er bittet die Mutter und Herrn Berger, das Musikzimmer zu meiden. Was für den Lehrer einen Ausfall der Stunden bedeutet. Felix steht in der Tür zum Musikzimmer, breitet als Sperre die Arme aus, den Kopf von Locken gerahmt, mit vom Eifer feuernden Backen. Die Schwester steht hinter ihm, ihn um einen Kopf überragend, an diesen Umtrieben zweifelnd, doch von ihm mitgerissen.

Die Fenchel hilft mir!

Die Tür schließt sich. Sie verschwinden dahinter. Aber erst einmal schickt er Fanny aus, ihm Notenpapier zu besorgen, er habe es in der Eile vergessen.

Längst weiß er, wie das Lied gehen wird.

Sie auch.

Sie schreibt, wie er es ihr aufgetragen, sein Notengekrakel ins Reine, erklärt ihm aber mit hörbarem Trotz, dass sie ebenfalls das Gedicht vertonen werde, weil sie noch kein Geschenk für den Vater habe.

Das geht nicht. Seine Stimme ist fest.

Doch, antwortet sie.

Um sie zu überreden, spielt er den Anfang seines Lieds.

Meins wird sich anders anhören.

Er wendet sich mit Schwung auf dem Klavierschemel: Das kannst du überhaupt nicht, Fenchel.

Sei lieber still.

Sie setzt sich an den kleinen Tisch an der Längswand zum Garten, dort, wo sonst Berger seinen Platz hat.

Felix sieht ihr zu beim Schreiben.

Sie schaut von den Noten auf, misst ihn mit einem glühenden, aber auch verlorenen Blick: Warte, bittet sie.

Er dreht sich mit dem Rücken zu ihr und fragt nach einer Weile: Fertig?

Gleich. Sie beugt sich noch tiefer übers Papier.

Das geht nicht, sagt er plötzlich nachdenklich, ein Mädchen kann nie ein Komponist sein.

Da hast du nicht recht, widerspricht sie sanft, nimmt die Noten und führt ihm vor, was ihr einfiel.

Er findet, was er hört, gelungen, legt jedoch fest, dass er beim Geburtstag als Erster spielen werde.

Sie gibt nach.

Die zwei Tage vorm Geburtstag des Vaters ist Felix kaum mehr zu zähmen. Jedem, der ihm über den Weg läuft, teilt er mit, dass er eine wichtige Überraschung für den Vater habe. Fanny kann ihn gar nicht mehr bremsen. Sie nimmt ihn mit auf ihr Zimmer und liest ihm das Märchen vom Fischer und seiner Frau vor. Das hat er schon einmal gehört, von Runge, dem Maler, als er an einem Nachmittag bei den Eltern zu Gast war und die Kinder unterhalten sollte.

Der Verlauf des Geburtstages setzt den Kindern derart zu, dass Felix die Mutter, die Köchin, Pauls Kinderfrau ständig fragt, wann denn der Vater gefeiert werde, und Fanny, von seiner Unruhe angesteckt, es übel und schwindlig wird.

Am frühen Abend erscheinen die Gäste, Vaters und Mutters Verwandtschaft. Sie gratulieren, reden aufeinander ein, tätscheln den Kindern die Backen, stellen fest, was für ein süßer Junge Paulchen geworden sei, aber auch Rebekka. Die beiden Älteren haben nicht süß zu sein.

Als sie sich im Speisezimmer treffen, um Kaffee zu trinken, Gebäck zu vertilgen, droht Felix zu platzen. Er drückt Fanny am Klavier zur Seite, lässt sie und Bach bleiben und spielt mit wahrem Theaterdonner eine Weiterentwicklung von Mozarts türkischer Musik. Diesen musikalischen Notruf quittiert Onkel Isaak Bartholdy mit der erstaunten Feststellung: Das Kerlchen hat ja Feuer im Leib! Großmama Bella widerspricht ihm: Feuer ist das nicht, Isaak, es ist der Geist. Im Moment ist er, wie mir scheint, aufgewühlt.

Dann bittet Lea allesamt im Musikzimmer sich einen Platz zu suchen. Fanny und Felix wollten sich am Klavier produzieren, es sei eine Überraschung für Abraham.

Sie haben Rebekka in all der Aufregung vergessen.

Wo ist Rebekka?, fragt Felix erschrocken in die Runde.
Muss sie da sein?, möchte Mutter wissen.
Ja, sagt Fanny. Ich geh nach ihr suchen.
Mit der kleinen Schwester kehrt sie zurück. Sie haben mit ihr geübt, sie bestochen mit Zuckerzeug, wenn es ihr langweilig wurde und sie sich weigerte, den Kram, wie sie das Liedgut der Geschwister nannte, zu lernen.
Felix läuft zum Klavier, zieht Rebekka hinter sich her, ebenso Fanny, die das Kind nicht loslässt. Das Gelächter der Erwachsenen begleitet sie.
Rebekka stellt sich auf, die Hände überm Bauch gefaltet. Felix nickt ihr zu. Fanny gibt einen dumpfen Laut von sich. Rebekka beginnt mit ihrer reinen Kinderstimme zu singen: »Ihr Töne schwingt euch fröhlich durch die Saiten.«
Am Ende saß der Vater gerührt auf seinem Geburtstagsstuhl mit der hohen Lehne, die Augen feucht. Er konnte erst einmal nichts sagen. Schließlich dankte er mit einem: Ach ihr. Er stand auf, umarmte Felix und Rebecca. Bis Fanny laut und entschieden mitteilte: Es kommt noch was, Papa.
Rebekka stöhnte auf, faltete von Neuem die Hände, stellte sich auf, wartete darauf, dass Fanny ihr zunickte, und begann zu singen.
Abraham Mendelssohn, der wieder, wie die Gäste, Platz genommen hatte, war von Neuem gerührt, nahm Fanny in die Arme, fand als Dank für die doppelte Komposition eine Erklärung, die Fanny ein wenig wehtat: Das ist der Felix, die Kinder stecken sich gegenseitig mit ihren Einfällen an.
Am nächsten Tag überraschte Felix sie mit einer

Version des Liedes für Klavier zu vier Händen: So können wir immer zusammen mein Lied spielen.
Und meines?, fragte sie.
Er zog überrascht und überlegen eine Grimasse.

10.

Etüde über Etüden

Wovor soll sie sich fürchten? Vor dem Hass, der ihr manchmal auf der Straße entgegenschlägt, unbegründet, nie von ihr herausgefordert? Vor der Zukunft, die ihr die Eltern und Oma Bella in leuchtenden Farben schildern, eine Zukunft als Ehefrau und Mutter, als Frau eines vermögenden und gebildeten Bürgers? Vor den Ängsten des Bruders, der manchmal zu viel wagt, Gedanken in den Himmel wirft? Oder soll sie Angst haben vor der Angst? Die Angst, das weiß sie, hat, obwohl kein Mensch sie sehen kann, eine Gestalt, einen Körper, der nach Atem ringt. Die Angst wirft einen abgründigen Schatten in ihre Träume.

Seit sie umgezogen sind aus der Markgrafenstraße in die Neue Promenade, hat sie mit Ängsten zu tun, denkt über sie nach, denkt sie aus sich hinaus, überwältigt sie mit Musik, sitzt am Klavier, fühlt sich dabei sicher und kräftig, schöpft Zuversicht aus den Kompositionen Bachs. Ist sie allein, sind die Türen geschlossen, sagt sie sich: Ich bin furchtlos. Ich muss niemanden und nichts fürchten. Muss mich nicht fürchten vor den Hasserfüllten, den Schreiern auf der Straße, nicht vor dem Spott von Tante Henriette, den Zurechtweisungen Papas und den Aufregungen Mamas, nicht vor dem Besserwissen der Lehrer, der schneidenden Eleganz Bergers, der Abfragelust Heyses und nicht vor den Grobheiten Zelters.

Sie hat sich mit Felix verbündet. Dass sie ihm viel beigebracht hat, gibt sie ungern zu. Denn inzwischen bringt er ihr viel bei. Er liest schnell, fasst spielerisch auf und misst sich gern an ihr. Wenn du's nicht machst, dann mach ich's, lautet der Grundsatz, nach dem er mit ihr umgeht.

Herr Zelter kommt neuerdings öfter ins Haus, um sie und Felix in Komposition zu unterrichten, auf Wunsch Abrahams, der ihn schon seit Ewigkeiten kennt, denn er hat die Singakademie mitbegründet, ehe Zelter die Leitung übernahm. Außerdem hat er ihn mit Goethe bekannt gemacht, worauf er besonders stolz ist, denn Goethe gehört neben Bach zu seinen Hausheiligen. Und Zelter ist seither einer der Vertrauten des Dichters. Abraham Mendelssohn, der merkt, dass sich Fanny im Gegensatz zu dem vertrauensseligen Felix von dem schweren, schnaufenden, immer sarkastischen Mann abgestoßen fühlt, bittet sie, sich dem bedeutenden Künstler anzuvertrauen, von ihm bereitwillig zu lernen, denn ihre musikalische Fortbildung sei von ihm abhängig. Sie gibt auf und nach.

Ehe die Stunde pünktlich um neun, dienstags und donnerstags, beginnt, nimmt Lea Mendelssohn ab, was die Kinder geübt, sich ausgedacht haben, was sie fragen wollen. Wir proben Zelter, wie es Felix nennt.

Manchmal geht es während der »Stunden« drunter und drüber. Ein Besucher folgt dem andern, zum

Beispiel Rahel Varnhagen oder Papas Schwester Henriette, die Neuigkeiten aus der Stadt bringen und damit Felix zornig stimmen, er schimpft über die alten Schwatzbasen, fällt mit dem Klavier ihnen ins Wort, was Lea beschämt und sie dazu bringt, ihn ungezogen zu schelten.

Sie kamen Zelter häufig zuvor, wussten bereits, was er ihnen beibringen wollte, hatten es bei Mozart und Bach abgeschaut, hatten nachgespielt und probiert, Fanny hatte sich dabei widerwillig dem kleinen Bruder untergeordnet, wenn es darum ging, die Stimmen zu führen, Themen deutlich zu machen, eine Gegenbewegung auszubilden, mit der Prime zu bleiben, mit der Sekunde voranzuschreiten, mit der Terz zu springen.

Hörte Lea sie debattieren, stahl sie sich ins Musikzimmer, lauschte, nahm teil, freute sich, wenn Zelter Felix einen Teufelskerl nannte und Fannys Klavierspiel lobte.

Sie traten, wie besprochen und geplant, doch in die Singakademie ein. Abraham begleitete sie beim ersten Besuch, stolz auf seine beiden Kinder. Zelter hielt große Stücke auf Felix, nahm sich seiner bei den Chorproben mit besonderer Aufmerksamkeit an. Das ärgerte Fanny. Immerhin machte sie sich, wenn sie zu Hause miteinander musizierten, Luft: Du kannst so falsch singen wie ein Wasserfrosch, und der Zelter wird dich loben. Worauf er so falsch sang, was, wie sie wusste, eine Kunst war. Sie lachte, hielt ihm dem Mund zu, doch es dröhnte und brummte in seiner Brust weiter, bis sie ihn bat, aufzuhören.

Er drückte sie, dass ihr die Luft ausging.

Nicht, Felix. Lass es. Sie stöhnte und wand sich.

Er lachte, genoss seine Kraft. Ach, meine Fenchel. Plötzlich wurden seine Arme weich, er ließ sie frei, und sie sank wie eine Gummipuppe zu Boden.

Fanny legt, da sie von einer Tante ein Notenalbum geschenkt bekam, ein Kompositionsbuch an. Da allerdings ist sie Felix nur einige Wochen voraus. Im Komponieren ist er schneller und weiter als sie. Also könnte er ein ganzes Album mühelos füllen. Auf ein Blatt, das sie in ihr Album einklebt, hat sie sich eine Widmung Zelters schreiben lassen, einen fördernden Spruch für den Anfang: »An Fanny. – Freue Dich Deiner Jugend und laß Dein Herz guter Dinge seyn, denn solches gefället Gott! und unter Menschen und Freunden Deinem glücklichen Lehrer Zelter.«

Sie eröffnet das Album mit einem Lied, »Romance de Galatée«, das sie in einem Roman von Jean Pierre Claris de Florian gefunden hatte. Im Französischen steckte, fand sie, eine eigene Musik, die die ihre schneller machte und leichter. Als Felix sein Album beginnt, wehrt sie sich, sie wolle sich auf keinen Wettkampf einlassen: Das wäre ganz nach deinem Geschmack, Bruderherz. Die »Romance de Galatée« verschaffte ihr sogar einen familiären Triumph über den sich an ihr messenden Bruder: Sie studiert das Stück mit Rebekka ein, und sie führen es an einem Sonntag im Wintergarten Abraham vor, als Publikum haben sich Lea und die Mendelssohns von oben hinzugesellt und natürlich Oma Bella.

Im Wintergarten treten vor der Familie ein Schäfer, Elicio, und eine Schäferin, Galatée, auf, sie hat Blumen im Haar, er ein Wollschäfchen unterm Arm.

Elicio wirbt um Galatée, und seine Heftigkeit lässt sie abwehrend singen. Von der Liebe will sie nichts wissen, nein, sie fürchtet sich eher vor ihr, die Schafe sind ihr wichtiger, die Herde, ihr Herz braucht Ruhe. Solange die Wölfe und die Liebe sie in Frieden lassen, gehe es ihr gut. Ihr Hund vertreibe die Wölfe und Amor verscheuche sie mit dem Hirtenstab. Rebekka singt con espressivo Fannys Lied, und sie singt gleichsam Fanny aus der Seele. In dieser Szene erscheint auch Paul, der jüngste Bruder, er begleitet auf der Gitarre. Sie beherrscht er auch, doch das Cello ist sein Instrument. Er ist mittlerweile acht.

Felix hört zu, beobachtet, und Fanny möchte danach, wie immer, sein Urteil wissen. Wenn Rebekka die Lieder singt, erklärt er, nicht ohne zu grimassieren und zu zögern, wenn Rebekka singt, bekommen die Lieder einen besonderen Schmelz. Und, fragt sie erbost, wie findest du sie ohne Schmelz?

Er lacht, ein ertappter Besserwisser, den sie kennt und liebt. Schon gelungen, sagt er.

Unter den Zuhörern befanden sich auch Zelter mit seiner Tochter Doris, der Fanny aus dem Weg ging. Lea wünschte sich sehr, dass sie und Fanny sich anfreundeten.

11.

INTERMEZZO: KONFIRMATION ODER STILLE EINSEGNUNG

Wenige Tage vor dem Fest verabschiedete sich Abraham Mendelssohn. Er müsse unverzüglich nach Paris reisen, die Geschäfte verlangten es. Doch das weiße strenge Kleid konnte er noch an ihr sehen. Sie führte es vor, dachte dabei aber nicht, wie sie sich im Stillen vorwarf, an die Einsegnung, sondern nur, ob sie dem Vater gefalle. Sie gefiel ihm sehr. Er freue sich, wie würdig sie auftreten werde neben allen den anderen Kindern, als sei sie ausgezeichnet. Sie lief ihm unvermittelt fort, durch die ganze Wohnung, hinaus in den Garten. Dort blieb sie mit hängenden Armen stehen.

Es wird nach ihr gerufen. Sie dreht sich mehrfach um die eigene Achse, um die Gedanken loszuwerden, und sieht sich mit einem Mal im Frühlingsgarten. Die Rosenknospen springen auf, in den Rabatten stehen die Tulpen stramm, geordnet nach Farben. Rebekka kommt sie holen. Sie hat einen Kranz im Haar wie die große Schwester. Fanny denkt: Sie ist schöner als ich. Und wundert sich, so wenig neidisch zu sein. Rebekka fasst sie an der Hand, zieht sie hinter sich her, ins Haus, zu der wartenden Festgesellschaft. Felix läuft zum Klavier und spielt leise, wie in Gedanken, »Geh aus mein Herz«. Sie könnte mitsingen. Aber sie überlässt es Rebekka, die neben ihr steht, sich an sie lehnt, schwesterlich, und summt. Die Töne springen über. Sie spürt das Lied Wort für Wort. Alle schauen sie an, und sie weiß nicht, mit wem sie die Blicke tauschen soll, mit Mama, mit dem kleinen staunenden Paul, mit Onkel Joseph, mit Doris Zelter, die nicht aufhört zu lächeln.

Felix springt auf, kommt auf sie zu, stellt fest, dass es Zeit sei, hakt sich bei ihr unter und macht sich auf den Weg. Komm, Fenchel. In wechselnden Gruppen spazieren sie durch die Straßen bis zur Spree, zum Mühlendamm und quer über den Molkenmarkt und über den Friedhof bis zur Kirche. In der Eingangshalle sammeln sie sich um den Pfarrer, der sie erwartet. Sie ziehen in den runden Kirchenraum mit den vier Ausbuchtungen, in denen hohe Fenster das Licht bündeln, und Fanny, die in dieser Kirche auf eigene Weise fromm wird, wie sie findet, scheint es, als gerate sie ins Innere eines Kristalls. Der Pfarrer geleitet sie zu den Plätzen. Fanny wird zwischen die Konfirmanden in der ersten Reihe gesetzt. Sie nicken einander zu. Felix muss bei der Familie bleiben. Der Pastor spricht den Segen. Sie antworten ihm, jede und jeder für sich auf seine Fragen: Was ist das? Der Kantor traktiert die neue Orgel miserabel. Da ist sie sich danach mit Felix gleich einig. Sie sei nun, hört sie, mit den anderen aufgenommen in die Gemeinschaft der Christenheit. Unterm kurzatmigen Gemurmel der Orgel geht sie mit der Gemeinde zum Abendmahl. Als sie Brot und Wein zu sich nimmt, läutet aus dem Turm vielstimmig das Glockenspiel.

Zu Hause wird sie ebenso gefeiert. Ihr Platz an

der großen Tafel im Esszimmer ist mit Blumen geschmückt. Die Leuchter wetteifern ohne großen Erfolg mit dem strahlenden Maitag, und die Hausmädchen tragen auf, Kuchen in allen Formen und Farben, Felix spielt zur Unterhaltung Walzer, Rebekka und Paul tanzen in der offenen Tür wie ein Spieluhrpärchen.

Fanny lehnt sich zurück. Lea kommt mit einem Blatt Papier in der Hand aus ihrem Salon. Sie wird, das weiß Fanny, keine Rede halten, sondern dem abwesenden Vater das Wort geben. Er hat ihr zum Fest einen Brief geschrieben. Es würde, wie sie erwartet, ein Traktat über den Glauben sein und wie sie sich in ihm einzurichten habe. Sie hört Mama und Papa in einer Art Geisterduett:

»Paris, im Mai 1820

Du hast, meine liebe Tochter, einen wichtigen Schritt ins Leben getan, und indem ich Dir dazu und zu Deinem ferneren Lebenslauf mit väterlichem Herzen Glück wünsche, fühle ich mich gedrungen, über manches, was bis jetzt zwischen uns nicht zur Sprache gekommen ist, ernsthaft zu reden:

Ob Gott ist? Was Gott sei? Ob ein Teil unseres Selbst ewig sei, und nachdem der andere Teil fortgegangen, fortlebe? Und wo? Und wie? Alles das weiß ich nicht und habe dich deswegen nie etwas darüber gelehrt. Allein ich weiß, dass es in mir und in Dir und in allen Menschen einen ewigen Hang zu allem Guten, Wahren und Rechten und ein Gewissen gibt, welches uns mahnt und leitet, wenn wir uns davon entfernen. Ich weiß es, glaube dran, lebe in diesem

Glauben und es ist meine Religion. Die konnte ich Dich nicht lehren und es kann sie niemand erlernen, es hat sie ein jeder, der sie nicht absichtlich und wissentlich verleugnet; und dass Du das nicht würdest, dafür bürgt mir das Beispiel Deiner Mutter, deren ganzes Leben Pflichterfüllung, Liebe, Wohltun ist, dieser Religion in Menschengestalt. Du wuchsest heran unter ihrem Schutz, in stetem Anschauen und bewusster Nachahmung und Gewohnheit dessen, was dem Menschen einen Wert gibt … Wenn Du sie betrachtest, wenn Du das unermesslich Gute, das sie Dir, solange Du lebst, mit steter Aufopferung und Hingebung erwiesen, erwägst und dann in Dankbarkeit, Liebe und Ehrfurcht Dir das Herz auf- und die Augen übergehen, so fühlst Du Gott und bist fromm … Du hast durch Ablegung Deines Glaubensbekenntnisses erfüllt, was die Gesellschaft von Dir fordert, und heißest eine Christin. Jetzt aber sei, was Deine Menschenpflicht von Dir fordert, sei wahr, treu, gut, Deiner Mutter, und ich darf wohl auch fordern, Deinem Vater bis in den Tod gehorsam und ergeben, unausgesetzt auf die Stimme Deines Gewissens, das sich betäuben, aber nicht berücken lässt, zu hören, und so wirst Du Dir das höchste Glück erwerben, das Dir auf Erden zuteilwerden kann, Einigkeit und Zufriedenheit mit dir selbst.«

An den Stellen, an denen die Mutter apostrophiert wird, verengt sich Leas Stimme beim Vorlesen und klingt wie eine Trompete.

Nachdem sie wieder Platz genommen haben, bittet sie Fanny zu sich, übergibt ihr den Brief samt einer Schatulle, in der sie das Papier aufbewahren möge.

»Jetzt musst du fromm sein wie Bach«, sagt Felix mit tiefem Ernst.

Vor der Kirche war sie stehen geblieben. Die Luft schien sich um sie zu schließen wie klarer Bernstein. Die Festgesellschaft hatte sich langsam weiterbewegt, ohne ihre Abwesenheit zu bemerken. Sie sah Felix die Gasse entlang rennen und war wieder verblüfft über die Heftigkeit und Schönheit seiner Bewegungen. Jetzt machte er jäh kehrt, als spüre er ihre Stille, ihre Ohnmacht, und sauste mit derselben Geschwindigkeit, ein den Wind herausfordernder Läufer, auf sie zu.

Was ist mit dir, Fenchel?

Sie konnte nicht antworten. Das Schweigen stieg in ihrer Brust und nahm ihr die Sprache.

Fenchel?, fragte er noch einmal, legte den Kopf schief, stellte sich auf die Zehenspitzen, machte sich groß und umarmte sie, sodass sie ein weiteres Mal um Luft ringen musste.

In seinen Armen begann sie zu weinen.

Es ist doch, weil du jetzt fromm bist, murmelte er gegen ihre Schulter, das ist die Freude, Fenchel.

Fanny ist fünfzehn, als sie konfirmiert wird. Felix, der Elfjährige, kann sich jedoch mehr herausnehmen als sie und mehr erwarten. Er hat sie spielend und ohne zu triumphieren eingeholt. Bei Berger hatten sie noch gemeinsam gelernt, studiert, selbst bei den Hauskonzerten war es selbstverständlich, dass sie zusammen auftraten und sich nicht aneinander maßen, was aber die Zuhörer taten. Doch Zelter nahm nun Felix, obwohl er Fannys Begabung schätzte, »anders dran«. Über ein Jahr durfte er sich ins Fugieren vertiefen, und da er des Öfteren seine Kunst und seine Kompositionen vorführte, wurde in der Stadt über ihn geredet. Er galt als Wunderkind. Schon zu diesem Zeitpunkt entschloss sie sich, nicht mit ihm zu wetteifern, sondern für sich zu lernen und Felix den Aufbruch, obwohl die Gedanken daran ihr wehtaten, nicht zu erschweren.

12.

Etüde über Träume

Fanny kann träumen, wann immer sie Lust dazu verspürt, bei Tag und bei Nacht. In den Tagträumen verliert sie sich. Felix ahnt es. Manchmal fragt er sie, wenn sie in Gedanken scheint: Wo bist du, Fenchel? Mit wem?

Sie träumt Wünsche. Sie wünscht sich Helden in ihre Träume. Beethoven, zum Beispiel, der überraschend aus Wien nach Berlin gekommen ist, weil er sich mit ihr bei Zelter treffen und ihre Lieder anhören möchte. Wüsste Felix von diesen Wunschträumen, er würde sich über sie lustig machen, sie für verrückt halten, würde ihre geträumten Wünsche in alle Welt hinausposaunen. Auch den, dass sie bald Konzerte geben wird, in Berlin und anderswo.

Einmal im Schlaf wird sie von einem Diener, den sie nicht kennt und der ihr unheimlich ist, zu Großvater Moses geführt. Er sitzt winzig klein auf einem sehr hohen Stuhl, und sie muss auf einer Leiter zu ihm hochklettern. Er sitzt schief mit einem Buckel auf der Schulter und sagt zu ihr mit einer Stimme, die sie schon immer kannte und hörte: Du ähnelst mir, Fanny, du mit deinem Bückelchen. Und wie zum Trost spürt sie die übergroße Hand von Großvater Moses auf ihrer Schulter, weich und warm. Wir sind uns sehr ähnlich, wiederholt er und sein altes Gesicht kommt ihrem ganz nah und droht mit ihm zu verwachsen.

Im Tagtraum fürchtet sie, wenn sie ihn nicht steuern kann, das grässliche Hepp hepp der Judenverfolger.

Felix hatte gehofft, dass Mama und Heyse die häuslichen Schulstunden zugunsten der Kompositionslehre bei Zelter kürzen würden. Fanny hatte ihm das ausgeredet und recht behalten. Sie nahm rascher auf als der kleine Bruder, wusste jedoch, dass er bald aufholen würde. Zelter lobte ihre Gaben, nahm aber Felix zu einem Besuch bei Goethe nach Weimar mit. Ohne sie, und das auf ausdrücklichen Wunsch von Mama. Sie zog sich, als ihr das erklärt worden war, in den Garten zurück, redete mit sich und Papa, der nun schon seit einem halben Jahr in Paris weilt und ihr bestimmt gestattet hätte, mit Felix und Zelter zum großen Goethe zu reisen. Der Felix darf alles! Als sie sich so klagen hörte und sah, wie Mama abwehrend die Hände hob, nahm sie sich vor, nie mehr diesen Satz zu denken oder auszusprechen.

Nun war Felix bei Goethe. Auf den Spuren Papas. Der hatte Goethe sechs Jahre vor ihrer Geburt in Frankfurt kennengelernt, auf der Reise nach Frankreich. Und durch ihn, weil er so eindringlich von Zelter und der Singakademie erzählte, sind Goethe und Zelter Freunde geworden. Nun begleitete ihn Felix. Als Trost und Ersatz für die Reise nach Weimar las sie einen Brief, den ihr Abraham aus Paris geschrieben hatte: »Sie haben gestern in Viry Deine Romanzen durchgenommen, es wird Dich freuen, zu wissen, dass Fanny Sebastiani mir die ›Les soins de mon troupeau‹ recht niedlich und rein vorgesungen hat und vielen Geschmack daran findet. Ich gestehe Dir, dass dies Lied mir das liebste ist.«

Die Lektüre des Briefes machte sie fitzig, sie hatte mit der anderen Fanny, der Sebastiani, vor Jahren, als sie sich mit Papa ein paar Wochen in Paris aufhielten, gespielt. Damals hatten sie nicht miteinander gesungen, sondern ständig gestritten.

Rebekka, rief sie, kannst du kommen?

Rebekka antwortete aus dem Haus: Warum?

Ich sitze am Klavier.

Rebekka stand schon im Zimmer.

Ich möchte, dass du mein Lied singst.

Rebekka riss ihr die Noten aus der Hand, nickte.

Fang schon an.

Sie sang, wie sie es in sich hörte.

Um ihr zu erklären, weshalb sie sie zu singen bat, gab ihr Fanny den Brief des Vaters zu lesen.

Diese Fanny, wie singt die? Rebekka kniff die Augen zusammen.

Wahrscheinlich nicht so gut wie du.

Aber Papa lobt sie.

Er hat eine Schwäche für sie.

Kennst du sie?

Schon lange. Du kennst sie auch.

Rebekka riss die Augen auf, als sähe sie den Geist der andern Fanny vor sich.

Doch. Als wir miteinander in Paris waren, besuchten wir oft diese Sebastianis. Da war sie bloß noch sehr klein.

Sie saß am Klavier, rieb die Hände am Rock. Rebekka stand neben ihr. Fanny lehnte sich zurück, und

Rebekka drückte sich an ihren Rücken: Du kippst noch weg.

Fanny mochte solche Gespräche in kurzen Sätzen, in Andeutungen, mit Schwingungen, ganz nahe an der Musik.

Fehlt dir der Felix, fragte Rebekka.

Ja.

Mir auch.

Fanny fing das Geständnis der Schwester mit einem Kichern ab, sie rief aber noch den Vierten ins Gedächtnis: Paul fehlt auch.

Sie lachten beide, Rebekka holte sich einen Stuhl, zog ihn neben Fanny ans Klavier. Sie spielten, was sie geübt hatten.

Der November war ohne Felix noch trüber, selbst im Garten setzte sich Tag für Tag der Nebel fest. Als Felix dann endlich, von Zelter begleitet, erschien, kam es ihr vor, als könnte sie leichter atmen. Er musste gleich erzählen.

Erzähl! Die Frauen, die Kinder setzten sich gespannt in die Runde. Erzähl! Als Zelter beginnen wollte, winkte Felix ab, was der Mutter unstatthaft erschien: ein Knabe von elf, der einem älteren Mann das Wort verbot.

Wir hören Ihnen gern zu, wandte sie sich an Zelter. Der gab lächelnd nach: Der Junge ist so erfüllt von dem Besuch, dass ich ihm den Vortritt im Bericht gern erlaube. Erzähl, Felix.

Atemlos brach es aus ihm heraus. Fanny, die neben ihm auf dem Sofa Platz genommen hatte, spürte, wie die Erinnerung durch ihn tobte. Seine Augen leuchteten: Er hat mich geküsst. Er hat mich seinen David genannt. Er hat gesagt: Du bist mein David, sollte ich krank und traurig werden, so banne die bösen Träume durch dein Spiel, ich werde auch nie wie Saul den Speer nach dir werfen. Er hat mich immer wieder gebeten, ihm vorzuspielen, vor allem, wenn Herr Zelter dabei war. Und manchmal haben wir Haschen gespielt, im ganzen Haus und im Garten. Abends – er lachte und hielt sich dabei die Hand vor den Mund, als müsse er sich für das, was er nun zum Besten gab, schämen – abends setzten wir, der Herr Geheimrat und seine Schwiegertochter Ottilie, sein Sohn August und Herr Zelter, uns rund um den Tisch zum Schlussreimespiel. Eins weiß ich noch: Kommt, Leute, kommt zu meinem Tisch/Wir haben Wein und Salz/Vergessen sei nun jeder Wisch/Doch bringet mir den Kopf und Hals. Worauf er sich den Mund zuhielt und noch näher an Fanny rückte. Ottilie Goethe sang meine Lieder und vier Lieder von Fanny, die vier Goethe-Lieder, und ich habe ihm gesagt, Fanny kennt noch mehr Gedichte von Ihnen als ich, Herr Geheimrat, und er hat Ottilie gebeten, noch einmal zu singen. Das hat ihm gefallen, nicht wahr, Herr Zelter?

Lea Mendelssohn klatschte in die Hände und bedauerte sehr, dass Abraham seinen Sohn nicht habe hören können.

Zelter, der die enthusiastische Erzählung des Jungen gelegentlich mit großen Gesten unterstrich, ein ins Private geratener Dirigent, Zelter gab beim nächsten Besuch in Weimar die Erzählung seines begabten Schülers wieder, entzückte damit Goethe, der noch einmal enthusiastisch sich diesen kleinen David, der seine Seele rührte, in Erinnerung rief, nach dessen öfter apostrophierter Schwester fragte, die wohl ähnlich talentiert sei, und Zelter mit einem Briefchen, einer poetischen Botschaft für die jugendliche Kennerin seines Werks, nach Berlin entließ. Am 13. Oktober 1827 hatte er, nachmittags, den Besuch Zelters erwartend, ein kleines »Gedicht für Fanny Mendelssohn« geschrieben:

> Wenn ich mir in stiller Seele
> Singe leise Lieder vor,
> Wie ich fühle dass sie fehle,
> Die ich einzig mir erkor;
> Möcht ich hoffen dass sie sänge,
> Was ich ihr so gern vertraut.
> Ach! aus dieser Brust und Enge
> Drängen frohe Lieder laut.

Zelter schickte Doris, seine Tochter, als Botin, Fanny die Post des Dichters zu überreichen. Sie las, der Puls schlug ihr im Hals. Sie fragte Lea, die sich mit über das Blatt beugte, ob er sie denn meine, die er einzig sich erkor. Lea half ihr rasch aus der eingebildeten Rolle: Aber nein, Fanny, es ist die Kunst, es ist eine Kunstfigur, es sind die Geliebten, alle, an die er denkt. Und dieses große Gefühl schenkt er nun dir, damit du ein Lied daraus machst.

Anfang 1828 schrieb sie die Musik zu Goethes Zeilen, und im dritten wie auch vierten Vers schwingt mit, dass sie das große Gefühl für sich beansprucht, es aber im Lied aufgehoben wissen will.

Sechs Jahre später erscheint der Briefwechsel zwischen Zelter und Goethe. Wahrscheinlich hat nicht nur Fanny, sondern die ganze Familie ihn mit Spannung erwartet. Die Lektüre schmerzte sie und brachte sie auf. In Zelters Sätzen erschien sie anders, als sie erinnert werden wollte, sie, die Eltern, die Geschwister. Als der Judenknabe, der Judensohn wird Felix bezeichnet, und sie, Rebekka und Mama, zählen zu den gelehrten, schönen und poetischen Töchtern Israels, die ihre Lavendelbouteillen nützen, weil ihr »eigentümlicher Geruch nicht der angenehmste« ist. Die Briefe Goethes entschädigen sie aber, und dass sie ihren Zorn ausschreiben kann über ihren Lehrer, der ihr nie ganz geheuer war, seine unangenehme fatale Gesinnung, »die wir zwar immer bei ihm vermuten konnten, die wir uns aber auch immer wegraisonniert haben, hier aber ist sie unabweislich ausgesprochen«. Dennoch spricht sie in ihren Briefen, diesen Wutausbrüchen gegen einen verkappten Spießer, nie das Wort Jude aus, bekennt sich nicht, wie Felix. Vielleicht hat sie an das Stammbuchblatt gedacht, das Zelter ihr widmete.

13.

Etüde für eine Mannsperson

Nein, sie spielt sich nicht auf, wie ihr Rebekka vorwirft, sie spielt mit, darf neuerdings Lea in die Stadt begleiten, zu Konzerten, zu Verabredungen mit Freunden, darf nach dem Unterricht bei Zelter noch zu einem Empfang oder zu einer Ausstellung.

Sie werde abgeholt, so hat Lea es mit ihr verabredet, um Schinkels Atelier zu besuchen, worauf sie sich freute, denn Schinkel, den Maler und Architekten, kannte sie, er gehörte zu den Gästen im Mendelssohn'schen Haus. Doch Lea hatte sich in der Adresse geirrt, es gehe nicht zu Schinkel, sondern zu dessen Freund und Helfer Wilhelm Hensel, einem Maler, der, wie sie Fanny erklärte, Schinkel beim Wiederaufbau des abgebrannten Schauspielhauses helfe, nicht in der Planung, sondern als Ausstatter, als Freskenmaler. Es heißt, der sei ein ausgezeichneter Porträtist und selbst die königliche Familie sei von ihm gezeichnet worden und andere Notablen ebenso.

Fanny mochte diese Atemlosigkeit, bevor sie eintauchten in ein Geweb von Wärme, Licht, Düften und Stimmen.

Sie begrüßte Bekannte, auch Karl Klingemann,

den lieben Freund des Hauses, ein paar Madames, die Herz, den Staatsrat von Stägemann, Schritt für Schritt, wie in einem Ballett, sie begrüßte und wendete sich ab, hörte Mama einen Namen sagen. Sie macht einen Knicks, wie von ihr erwartet wird. Und als genügten nun alle Pirouetten, Wendungen, Knickse, erstaunten Rufe, steht sie vor Wilhelm Hensel.

Sie muss, so schief und klein sie ist, zu ihm aufschauen, was ihr nicht passt. Der innere Widerstand verblüfft sie. Er lächelt, sie hört ihn zum ersten Mal und hört, dass er bereits viel von ihr gehört habe. Aber nein, widerspricht sie. Doch Lea unterstreicht Hensels Feststellung: Ja, Fanny spielt hervorragend Klavier und komponiert auch. Dass Lea sie so rühmt, beschämt Fanny erneut. Sie sieht ihn vor sich: Das blonde Haar fällt ihm in Locken über die Schläfen. Unter der hohen Stirn strahlen helle Augen, Kinderaugen, denkt sie, und auch der Mund ist der eines Knaben.

Lea fasst sie am Arm: Komm, hört sie, aber sie hätte Lust, ihn weiter anzuschauen und weiter von ihm angeschaut zu werden. Wir sollten uns Herrn Hensels Bilder betrachten.

Ob er sie führen dürfe, fragt er. Womit er Lea einen Strich durch die Rechnung macht. Also bleibt er bei ihr, dem schiefen Mädchen mit den seelenvollen Augen, erklärt und benennt die Porträtierten. Fanny gefallen die Zeichnungen, ihr behutsamer und dennoch sicherer Strich. Und wie von selbst, gleichsam als Summe des Gesehenen, kommt ihr ein Wunsch auf die Lippen: Ob Sie mich bei Gelegenheit auch einmal zeichnen, Herr Hensel? Lea setzte ein unwirsches Aber dagegen. Dazu bedürfe es einiger Sitzungen, erklärt der junge Mann. Er ist elf Jahre älter als sie, erfährt sie später. Das stört sie nicht.

Hensels Vater, erfährt sie, sei Prediger auf dem Land gewesen. Und nach einer Zeit als Eleve an der Akademie der Künste habe Hensel an den Freiheitskriegen teilgenommen, wie auch sein Freund, der Dichter Wilhelm Müller. Der preußische Kultusminister, Freiherr vom Stein, den sie als Gast der Eltern schon kennengelernt hatte, bewilligte Hensel einen zweijährigen Aufenthalt in Rom. Den habe er noch vor sich. Viele wissen vieles über den Mann, dessen Kinderaugen sie, wann immer sie zu ihm hochschaut, anstrahlen, bis genügend Bilder betrachtet sind und sie sich verabschieden müssen. Sie geht mit einem Gefühl davon, als habe sie sich für kurze Zeit in einer anderen, höchst stimulierenden Jahreszeit aufgehalten.

Ohne Lea zu fragen, hat sie ihn eingeladen: Kommen Sie uns doch besuchen. Lea kommentiert, als sie über den Gendarmenmarkt spazieren, auf ihre Weise: Ich bin mir sicher, den jungen Mann bald wiederzusehen. Darauf antwortet Fanny nicht. Warum sollte er sich nicht melden?

Beim Abendessen erzählte Lea von dem Atelierbesuch, von Wilhelm Hensel, der ein Auge auf Fanny geworfen habe. Die sagte kein Wort dazu, obwohl Felix sie herausforderte: Da hast du doch einen Verehrer, Schwesterherz. Sie verbot es sich, nach dem »doch« zu fragen. Das Gelächter rund um den Tisch ärgerte sie. Rebekka sprang für sie ein, sie rief, während ihr das Blut ins Gesicht schoss: Lasst die Fanny in Frieden!

Hensel machte, wie Fanny gegen alle Widerstände hoffte, seine Aufwartung bald, erschien mit Blumenstrauß und wurde von Lea Mendelssohn abgefangen, ohne dass jene, die er zu sehen wünschte, von seinem Besuch erfuhr. Lea verwickelte ihn in Gespräche über seine Zukunft als Künstler, ob er die Mittel haben werde, eine Familie zu unterhalten, wobei sie doch, in Gedanken wenigstens, Fanny eine Rolle spielen ließ, die sie ihr im Grunde nicht zugestand. Felix steckte es Fanny, dass ihr Verehrer im Haus gewesen sei und mit Mama bei Tee und Plätzchen eine Stunde verbracht habe. Wer weiß, worüber oder über wen sie sich unterhalten haben! Er schürte ihre Verlegenheit, aber auch ihren Wunsch, Hensel zu sehen. Gestern hat sich Herr Hensel sehen lassen. Das wird zur stehenden Wendung.

Endlich wurde sie in den Salon gerufen. Sie hatte schon seine Stimme gehört. Felix gehörte längst dazu, er redete mit Wilhelm Hensel so vertraut, als kenne er ihn schon lang. Karl Klingemann, den Lea besonders schätzte, er habe im Gegensatz zu den meisten jungen Männern Manieren, war ohnehin dabei.

Sie musizierten, Fanny spielte »ihren Beethoven«, nur konnte sie Hensel damit nicht gewinnen. Ich habe keinen Sinn für Musik, die beiden anderen Künste aber übe ich aus, die Malerei und die Poesie. Er schrieb tatsächlich Gedichte. An einem Nachmittag erzählte er, dass er es liebe, wenn Dichtkunst und Musik zusammenträfen, und Karl Klingemann redete ihm erinnernd hinein, denn er sei ebenfalls beteiligt gewesen an diesem schönen Spiel. Euer Lehrer, Felix und Fanny, Euer Lehrer Ludwig Berger hat damals schon für uns komponiert. Hensels Freund, Wilhelm

Müller aus Dessau, der bekannte Dichter, hatte während einer Gesellschaft im Haus des Staatsrats Stägemann angeregt, ein Spiel um eine schöne Müllerin auszudenken, die Rolle der Müllerin solle Hensels Schwester Luise übernehmen, die allgemein verehrt und von einigen der Männer angebetet wurde.

Luise, fragte Fanny, sah eine Schönheit vor sich und hörte ein Lied.

Sie hat Berlin verlassen, lebt in Paderborn, geliebt von ihren Lesern, eine Dame Dichterin, katholisch bis in den Seelenkern.

Fanny kannte die Namen fast alle, sie waren berühmt, viel besprochen: Brentano, Müller, Arnim.

Müller habe um Luises Hand angehalten. Sie seien alle ein wenig außer sich gewesen, Brentano allen voran.

Sie wussten noch nicht, dass die »Schöne Müllerin« weit fort von Berlin von einem anderen entdeckt und geliebt wurde, von Franz Schubert. Die Lieder waren schon unterwegs, wurden gesungen.

Die jungen Leute rätselten, was Luise, die Tochter eines evangelischen Pfarrers, bewogen haben könnte zu konvertieren.

Vielleicht ihre Tugend, fragte Rebekka.

Oder der Teufel, schlug Felix vor.

Und Klingemann fand, dass in diesem Fall beide womöglich zusammengehörten, was Fanny für abwegig hielt und deshalb vorschlug, einen gescheiten Aufsatz in der Gartenzeitung zu veröffentlichen.

Wann immer etwas sie beschäftigte, schlug sich das in dem von ihnen gegründeten, von ihnen mit Gedichten, Marginalien und Aufsätzen, auch Notenbeispielen bestrittenen Hausblatt nieder.

Zu einer Abwägung zwischen der Tugend und dem Teufel kam es jedoch nicht.

Zwei Jahre zuvor schon begannen die Sonntagsmusiken für ein gebildetes Publikum, von Abraham Mendelssohn ausgedacht und propagiert, sodass Felix endlich seine neuesten Kompositionen vorführen und Fanny ihre Kunst auf dem Klavier demonstrieren konnte. Wobei Fanny sich produzieren durfte, weil es zu Hause, en famille, geschah und nicht in aller Öffentlichkeit. Die stellte sich freilich durch das geladene Publikum her. Es war ein aufwendiger Selbstbetrug, der den Geschwistern gefiel und ihnen auf die Sprünge half.

Viel war passiert, bevor das Mendelssohn'sche Haus sich öffnete, denn Abraham Mendelssohn, der seine Zeit ohne Bankierspflichten nützte, plante schon den Umzug in die Zukunft, deren Glanz er für sich behielt.

Viel war passiert: Lea hatte ihnen beinahe jeden Tag ein Geschwister versprochen, einen Bruder, eine Schwester, doch das Geschöpf starb, kaum war es auf der Welt. Es schien, als wolle sich das Unglück ausbreiten wie eine böse Krankheit.

Die Sonntagsmusiken sollten ablenken und trösten zugleich. Später wollten sie das Haus an der Neuen Promenade verlassen, den Wintergarten, seine Stimmen, und die Kinder sollten alle, nach der frühen Frankreichreise, das Unterwegs kennenlernen und genießen.

14.

Intermezzo mit Reisegesellschaft

Abraham bereitete gekonnt und gewandt die Reise in die Schweiz vor und stellte nach seinem Geschmack die große Reisegesellschaft zusammen: Die Familie und dazu den Hauslehrer Heyse, einen Bekannten namens Doktor Neunurg, Kindermädchen und Diener, mehrere Kutschen (und Kutscher) umfasste der Tross. Henriette Mendelssohn, die Pariser Henriette, bemerkte, nachdem ihr der Aufwand von Lea geschildert worden war, in einem Brief, sie reisten nicht wie Zigeuner, sondern wie Fürsten.

Die fürstliche Fahrt begann dramatisch, und Felix sorgte dafür, dass sie sich im Gelächter fortsetzte. In Potsdam wurde kurz pausiert, und die Gesellschaft brach bald wieder auf. In der Familienkalesche fand sich Felix nicht ein, doch, ohne besorgt zu sein, vermutete man ihn in der folgenden Kutsche. Ein paar Kilometer später wurde wieder angehalten, in Großkreuz, und es stellte sich heraus, dass Felix fehlte. Sie mussten ihn in Potsdam gelassen haben. Die Aufregung vereinte Familie und Mitreisende, Lea wurde von Abraham getröstet mit dem Hinweis, dass Felix sich wohl einer weiteren Reisegesellschaft anschließen werde und sie sich auf eine längere Wartezeit einrichten müssten. Fanny lief mit Rebekka noch in Sichtweite für die Familie auf der Straße zurück, in der Hoffnung, Felix komme ihnen entgegen. Er müsste wie ein Rennpferd galoppiert sein, meinte Abraham trocken. Ein Grund für Rebekka, in Tränen auszubrechen, und für Fanny, die kleine Schwester in die Arme zu schließen. Da Lea sich nicht beruhigte, sich ausmalte, wie der Junge verzweifelt auf der Potsdamer Station nach Reisemöglichkeiten suche, ohne einen Taler, und schließlich vorschlug, die Reise früh genug, wie sie betonte, abzubrechen, da ihre Unruhe und Sorge um sich griffen, schickte Abraham den Hauslehrer Heyse in einer Kutsche los, dem möglicherweise zu Fuß kommenden Felix entgegen. Er kehrte zurück. Ohne Felix. Lea verstärkte ihre Forderung, umzukehren nach Berlin, aber Abraham lehnte entschieden ab, eine solch vorzeitige Heimkehr brächte alle seine Pläne durcheinander. Die werde er nicht preisgeben.

Sie wurden ruhiger, müder, sie warteten.

Dann erschien der Junge. Der Felix! Das muss er sein! Klein, stecknadelgroß erst am Horizont. Und nicht allein.

Er hat jemanden bei sich!

Die beiden Gestalten näherten sich und wurden zum Bild: zwei wandernde Kinder, ein kleines Herrchen und eine kleine Bauerntrine. Der fahrende Geselle und eine zeitweilige Reisegefährtin.

Er triumphierte, er wurde gehätschelt. Fanny konnte ihn in diesem Augenblick nicht leiden. Er spielte eine falsche Rolle. Lea ließ ihn nicht mehr los, und Abraham klopfte ihm anerkennend auf die Schulter: Das hast du gut gemacht.

Er erzählte mit erhobener Stimme, dass alle zuhörten, auch Fanny, die sich in den Hintergrund verkrochen hatte: Also. Ich habe erst gefragt, ob ich irgendwo mitfahren könnte. Keiner hat geholfen, keiner. Ich habe mir gedacht, euch nachzulaufen, zu wandern. Und dieses Mädchen, Charlotte, hat sich mir angeschlossen. Sie wohnt hier in Großkreuz. Wir haben uns Wanderstöcke geschnitten, wie es sich gehört.

Das wollte er, unterbrach Charlotte ihn, nicht ich, ich brauche keinen.

Aber ich, entgegnete er.

Das Mädchen wurde verabschiedet. Es bekam von Abraham einen Obolus und verschwand. Die Gesellschaft konnte nun weiter nach Kassel reisen.

Dort haben sie sich bei Louis Spohr angesagt, dessen Kompositionen die Familie schätzt. Ein in seiner Bescheidenheit nobles Haus empfängt und eine Schar neugieriger Musiker erwartet sie. Felix wird vorgestellt, sein Ruf sei bis Kassel gedrungen. Er habe unlängst ein Klavierquartett komponiert, erzählt Abraham Mendelssohn nicht ohne Stolz, und Fanny, die neben ihm steht, ist nahe dran, ihn zu ergänzen: Auch ich habe, im Wettstreit mit dem Bruder, ein Klavierquartett geschrieben.

Spohr weist auf seine Freunde, hier warte ein Quartett nur noch auf die Noten, und der Komponist, fügt Spohr hinzu – wie Fanny findet: maliziös lächelnd –, könne den Pianopart übernehmen. Heyse nickt zustimmend und beeilt sich, die Noten aus dem Wagen zu holen. Sie stecken in meiner Tasche, ruft ihm Felix nach. Rebekka setzt sich erwartungsvoll auf einen der an der Wand gereihten Stühle und wird von Lea leise gerügt: Es gehört sich nicht, Platz zu nehmen, ehe die Erwachsenen sitzen. Sie steht wieder auf und Fanny setzt sich, nimmt sie auf den Schoß. Abraham ruft sie auf seine Weise, freundlich und bestimmt, zur Ordnung: Meine Tochter Fanny wird das Klavier übernehmen, nicht der Kompositeur, der dafür bestimmt Verständnis hat, denn seine Schwester saß auch bei der Premiere am Klavier.

Rebekka rutscht von ihrem Schoß, dreht sich zu ihr um, klatscht in die Hände und steckt alle anderen damit an.

Unter Applaus geht Fanny durch das Zimmer. Hinter ihr werden bereits die Stühle in die Reihe gerückt, Heyse verteilt die Noten, Felix flüstert mit dem Violinisten, setzt sich neben das Klavier und breitet kundig die Blätter aus. Allegro vivace. Sie wechselt mit den Musikern Blicke, nickt den Einsatz an und denkt, während sie spielt, in Parallelen – den ersten Satz ihres Stücks – und gerät für einen Moment durcheinander. Felix bläst vorwurfsvoll zwischen den Lippen, und als er aufsteht, die Noten umblättert, vergisst sie sich und verliert sich in der brüderlichen Musik.

Abraham ist stolz, als die Musiker sich mit einer Verbeugung bedanken. Lea strahlt, Rebekka klatscht mit kleinen festen Händen dem Applaus nach. Und Felix wird von Spohr und seinen Freunden gelobt, befragt, bis er genug hat.

Spohr bittet Felix, ihn nach nebenan zu begleiten, sie brauchen kein Klavier, um über sein Klavierquartett zu sprechen. Er könnte ihm ein paar kritische Hinweise geben. Die Gesellschaft könnte eine Weile auf sie beide verzichten. Spohr verbeugt sich entschuldigend in die Runde. Fanny spricht den Wunsch laut aus, den sie sich eigentlich verboten hat: Ich möchte auch dabei sein.

Wer, hört sie jemanden fragen.

Fräulein Fanny, erklärt Spohr. Meine Schwester, sagt Felix.

Spohr sagt so selbstverständlich, als wäre er ohnehin darauf gekommen: Bitte, Fräulein Fanny. Sie wissen ja, wie Felix denkt und arbeitet.

Sie setzen sich nebeneinander auf ein Sofa, Felix zwischen Fanny und Spohr. Spohr lässt seine langen, bleichen Finger über die Noten wandern, freut sich über reizende Einfälle, rügt, dass der Viola zu wenig Raum gegeben werde, und Felix stimmt ihm zu Fannys Überraschung zu.

Hören Sie doch! Ihr kleiner Zeigefinger legt sich dem wandernden Finger Spohrs in den Weg. Hören Sie doch, Maestro Spohr, wie arios die Bratsche hier mitredet. Sie singt es ihm vor. Er singt ihr nach.

Gut, gut! Felix lässt sich gegen die Lehne sinken und lacht: Sie kann's! Er stemmt sich aus den weichen Polstern, entschuldigt sich, verlässt das Zimmer und kehrt dann zu Spohr und Fanny zurück, die sich ohne ihn mit seinem Quartett beschäftigten. Das hat Fanny geschrieben! Er hebt die Noten über seinen Kopf. Zur gleichen Zeit wie ich.

Spohr blättert in den Noten, Fanny rückt etwas von ihm weg, als fürchte sie, ihre Nähe könne sein Urteil beeinflussen. Felix bleibt stehen, erwartungsvoll, und wechselt grimassierend mit Fanny Blicke. Spohr liest, kostet die Spannung seiner jungen Gäste aus. Nach einer Weile reicht er die Blätter Fanny, nickt ihr zu: Wir hätten die beiden Klavierquartette nacheinander hören sollen.

Ach nein! Sie schüttelt heftig den Kopf, steht auf und läuft zum Fenster. Sie freut sich über die Anerkennung Spohrs, und sie ist enttäuscht, dass die doppelte Aufführung eine Möglichkeit geblieben ist. Mit dem Handrücken wischt sie sich die Tränen unter den Augen fort. Felix, der neben sie getreten ist, flüstert ihr ins Ohr: Warum weinst du, Fenchel? Du hast keinen Grund. Sie verblüfft ihn mit einem heftigen: Doch! Und sagte es so laut, dass es Spohr noch hören konnte. Das verstehst du nicht.

Am andern Tag in der Kutsche fragte der Vater sie nach der Unterhaltung mit Spohr aus. Er hat sich euch beiden erstaunlich lang gewidmet. Felix erzählte von Spohrs Vorschlag, beide Klavierquartette nacheinander aufzuführen, beide.

Das wäre, fand Abraham, doch etwas zu viel vom Publikum verlangt.

Da kamen ihr die Tränen nicht mehr.

Die Reisegesellschaft stellte sich auf die Frankfurter Turbulenzen ein. Dort erwartete sie Aloys Schmitt, ein unsteter Musiklehrer, der sie bereits in Berlin heimgesucht und beiläufig, wie er bekannte, unterrichtet hatte. Felix hatte sich halbwegs mit ihm vertragen, Fanny fand ihn unausstehlich. Sie hielt ihn für aufgeblasen und außerdem schwitze er wie ein Berserker. Vor Eifer, erklärte Felix das Phänomen.

Der Vater hatte jedoch vor, ehe sie die Schmitt'schen Erwartungen erfüllten, mit Heyse und dem Doktor die Route in die Schweiz festzulegen, sich in

Frankfurt nach den bequemsten Wegen zu erkundigen und die Pferde zu wechseln.

Offenbach, sagte der Kutscher an. Und Heyse nickte: Ich weiß, ich weiß. Sie ließen das Städtchen hinter sich und fuhren den Main entlang. Sie müssten, vermutete Felix, auf die andere Seite des Flusses und es sei noch eine Brücke zu erwarten. Fanny hatte schon den Dom erspäht, und Abraham sagte mit Betonung: Goethes Stadt. Die Kinder reagierten lachend und steckten die ganze Reisegesellschaft, selbst ihren Vater, damit an.

Wenn sie sich an Frankfurt erinnerten, sprach Felix stets vom Frankfurter Wirbel, und Fanny rief sich »diesen Schmitt« unwillig ins Gedächtnis. Der Wirbel wurde eröffnet von dem Bruder Schmitts, dem jüngeren Bruder, der sich grundsätzlich mit dem Satz vorstellte: Ich bin der Bruder, der jüngere Bruder. Auf die Frage, wie er heiße, aber durchaus logisch antwortete: Schmitt. Der Bruder hielt sie zur Eile an. Mehrere Matineen seien bereits geplant und ein berühmter Geiger aus Paris bestellt, der sei auch gekommen, die Freude des Freundeskreises auszudrücken, er werde sich um sie kümmern, nur ließ Abraham das nicht zu, er kümmere sich selbst um die jungen Leute, und Lea wedelte den Bruder aus dem Empfangssaal hinaus auf die Gasse: Wir kommen nach, sagen Sie Herrn Schmitt, Ihrem Bruder, Bescheid.

Er ist der Bruder, kommentierte Felix mit dumpfer Stimme dessen Verschwinden, und Fanny sorgte sich hellsichtig: Der andere Bruder wartet draußen auf uns und wenn wir uns nicht beeilen, meldet er sich gleich wieder, mit seinem Bruder.

Die Familie gab nach. Jeder Morgen war verplant, jeder Morgen wurde zur Matinee im Hause Schmitt, wozu sich eine Kamarilla der Schmitt'schen Freunde einfand, allesamt Musiker, die, wie Fanny wutschnaubend feststellte, nichts taugten, Fehlbesetzungen oder solche, die das falsche Instrument gewählt hatten, wie der berühmte Geiger Demy. Sie spielten mit. Frankfurt stimmte sie eigentümlich heiter. Der Bruder, der jüngere, wuchs sich zur Figur einer Komödie aus, die Fanny und Felix in Szene setzten, und ihr Hotel, der »Weiße Schwan«, wurde zur vieltürigen Kulisse. Sie lachten, sie kicherten, äfften nach, bis die Eltern sie zur Ordnung riefen. Einer der Schmitt'schen Trabanten, ein zehnjähriger Junge, Ferdinand Hiller, überzeugte sie dennoch mit seinem Klavierspiel, seiner Musikalität. Er wandert aus einer Geschichte in die andere, wird älter und einflussreicher, wird *der* Hiller, den Schumann kannte und schätzte, mit dem Felix später befreundet war.

Das »ewige Gelächter«, das Lea beklagte, schürten von Frankfurt an zwei ihrer Verwandten, Marianne und Julie Saaling, die sich nicht nachstanden in verrückten Einfällen und einer ansteckenden Lebhaftigkeit: Marianne, ein schönes, heftiges Geschöpf, und Julie, die Leisere, Ironische, deren hübsches Gesicht entstellt war durch eine Augenoperation. Wenn einer von den beiden einen Satz begann mit dem Seufzer: Ach, Base Lea!, endeten die Albernheiten, zum Vergnügen von Fanny und Felix, die mitmischten, keineswegs.

Unterwegs stritten sie sich über Demys Spielweise,

Felix ahmte im Falsett das furchtbar süßliche Piano nach, dieses verruchte Hauchen, doch Abraham widersprach ihm, es sei ein ausgezeichneter Violinist, was Lea mit wiegendem Kopf kommentierte und Fanny einfach nicht nach ihrem Geschmack fand.

Während eines Halts zwischen Darmstadt und Stuttgart vertraten die Saaling'schen Damen sich die Füße, und die neugierigen Kinder nahmen sofort die Gelegenheit, die Eltern nach ihnen auszufragen. Wie sie mit dem Namen Saaling dazu kämen, Mamas Cousinen zu sein, richtige Basen. Sie seien, erklärte Lea, nicht ohne nachdenkliche Pausen, mit ihr verwandt über Salomon, Jacob Salomon, den Hofjuwelier. Also Salomon wie du?

Nicht wie Mama, unterbrach Felix mit Schärfe die Unterhaltung.

Nein, nicht wie ich, erwiderte Lea freundlich gerührt. Die Eltern ließen sich taufen und entschieden sich für den Namen Saaling.

Auf der Fahrt von Stuttgart über die Schwäbische Alb, das »Oberland«, wie die Leute sagten, wetteiferten Fanny und Felix in der Beschreibung von Erhebungen, dass die Erde eben keine Kugel mit glatter Oberfläche sei, sondern mit Bergen und Gewässern, umgekehrten Bergen, Trichtern in die Erde. Das gefiel den Schwestern, wie auch Paul und Rebekka, die sich ängstlich zwischen Fanny und Felix zwängten, als die Kutsche in Serpentinen den Berg hochholperte. Paul drohte, es könne ihm sofort schlecht werden. Vor jedem Ort, in dem sie Station machten, die ganze Wagenkolonne hielt, unterwies Abraham seine älteren und jungen Zuhörer in dessen Besonderheiten und Geschichte. Fanny nutzte die Pausen. Allein oder mit Felix oder den Schwestern, denen sich Heyse meistens anschloss, erkundete sie den Ort und seine Umgebung, folgte Fluss- und Bachläufen mit einem Enthusiasmus, der auch ihre Eltern verblüffte. Wann immer sie abends sich hinsetzte, Briefe zu schreiben (und nahezu alle Verwandten und Freunde bekamen sie), nahm Felix neben ihr Platz und schrieb ebenfalls.

Die Landschaft, die Schneeberge und Seen nahm sie in strahlenden Bildern mit in den Schlaf und jubelte, wenn sie sich an sie erinnerte oder wenn sie vor ihren Augen sich wiederholt strahlend und gewaltig aufbauten: »Ich habe einen Tag erlebt«, schreibt sie an ihre Cousine Marianne, »einen Tag, der ewig unauslöschlich in meinem Innern steht, dessen Andenken für lange hinaus auf mich wirken wird. In Gottes größte Natur bin ich getreten, das Herz hat mir gebebt von Schauer und Ehrfurcht, und als ich, wieder beruhigt, das anmutig Lieblichste erblickte, als ich an der Grenze von Italien stehe: da ruft mein Schicksal: bis dahin und nicht weiter.«

Sie hielt den Atem an, hielt die Wünsche fest und bereitete, das Land ihrer Sehnsucht streifend, die spätere große Reise nach Süden vor. Weiter nach Süden!

Auf dem verstimmten Klavier eines Gastgebers in Vevey spielte sie das Rondeau brillant in A-Dur von Hummel mit solcher Laune und Verve, dass die Schwestern, eine nach der andern, sie begeistert in ihre Arme rissen.

Auf Wanderungen stellten Fanny und Felix fest, dass ihr Lehrer Heyse sich um die einäugige Julie bemühte, die immer munterer wurde und sichtlich glühte, was Felix zu der lakonischen Feststellung verführte: Die poussieren ganz mächtig! Paul fühlte sich eingeweiht in die Heimlichkeiten und musste sie auch gleich loswerden: Herr Heyse posiert, teilte er Vater und Mutter mit, die wissen wollten, wie er zu dieser Ansicht käme. Wie denn Herr Doktor Heyse posiere? Mit Julie!, gab Paul zur Antwort und erntete zu seinem Erstaunen Gelächter. In das auch die beiden Schwestern einfielen.

Die Heiterkeit, die die Gruppe von Neuem erfasste, eine Art andauernder Reiseeuphorie, nutzte Heyse zu dem Geständnis, er habe sich mit Julie heimlich verlobt. Das sei nun nicht mehr heimlich, bemerkte Abraham, und alle gratulierten. Paul fand, nun sei ihnen das Posieren gestattet, und Fanny beseelte die Neugier für Liebesleute, wie Menschen zueinander fanden, mit Blicken und Berührungen. Posieren und poussieren.

Einmal lief Fanny in Gedanken aus einem Dorf im Berner Oberland hinaus und hinein in eine sich auftürmende Gegend, begrenzt von Felsenmauern, und fand nicht zurück, bis sie »Felix« rief und der, »wie gerufen, ihr entgegenkam«. Atemlos fiel sie ihm in die Arme.

Ach, Fenchel!

Ich hab nach Italien gesehen, sagte sie.

»Kennst du das Land?«, deklamierte Felix und zeigte mit ausgestreckten Armen in die Gegend.

Da ist Norden, korrigierte Fanny.

Auf dem Weg zur Herberge sagte sie, als fielen ihr die Zeilen eben ein, ein Gedicht vor sich hin:

> Ein Liedlein hör ich rauschen,
> Das folgt mir überall,
> Die Englein selber lauschen.
> Es horcht die Nachtigall.
>
> Und wie der Mond die feuchten,
> Tiefbraunen Schatten bricht,
> Ergeht ein stilles Leuchten
> Vom lieben Angesicht.

Felix sah sie, während sie sprach, von der Seite an und legte den Arm um ihre Schulter. Goethe?, fragte er.

Nein, sie machte eine Pause und sagte dann knapp und trocken: Hensel.

Er zog sie fester an sich: Er schwärmt für dich, Fanny. Ihr poussiert womöglich.

Sie lachte auf: Das könnte sein, Bruderherz.

Abraham hatte ihnen Zeit gelassen und geschenkt. Sie waren drei Monate unterwegs gewesen, als sie wieder in Frankfurt einfuhren. Alles verlief offenbar nach Abrahams Plan. Felix wurde in der Stadt von zwei einflussreichen Musikern in Anspruch genommen, sie wollten den Wunderknaben prüfen nach allen Regeln ihrer Kunst, der Musikverleger Anton André, der neuerdings das Werk Mozarts verwaltete, und der Leiter des Cäcilienvereins, Johann Nepomuk Schelble. Felix bestand auf der Anwesenheit seiner Schwester, als Schelble ihn zum gemeinsamen Improvisieren einlud. Der schwesterliche Zuspruch half ihm bei einer Improvisation über Bachs Motetten. Die Frankfurter gaben sich, den Burschen bewundernd, geschlagen. Mit einer A-cappella-Komposition bedankte sich Felix bei Schelble, dessen genaues Gehör er schätzen gelernt hatte: »Juve Domine für zwei vierstimmige Chöre« schrieb er, kaum in Berlin zurück, ein Dankeschön für den neu gewonnenen Freund.

Auf der Fahrt nach Weimar versicherten sie sich gegenseitig der Vorfreude auf Goethe, und Felix erzählte zum wiederholten Male, wie Goethe, als er ihn mit Zelter besuchte, ihm seine Liebe erklärt habe. Er liebt mich wirklich!

Goethe empfing sie erfreut, begrüßte Felix herzlich und Fanny nicht ohne Neugier: Nun lerne er das begabte Fräulein auch kennen. Angeregt und die Zukunft in Gedanken vorwegnehmend, unterhielten sich Abraham und der verehrte Dichter über die Entwicklung von Felix, seine Möglichkeiten. Schließlich durfte Fanny, die mit kleinen Schritten in dem von Felix gerühmten Garten spazierte, ans Klavier und unterhielt den großen Alten mit ihren Vertonungen seiner Gedichte und ein paar Proben aus dem »Wohltemperierten Klavier«. Er applaudierte, streichelte ihr übers Haar. Ihr Klavierspiel sei ganz außerordentlich, lobte er, und Felix ergänzte vorlaut: Das hat sie von mir.

Du könntest auch von ihrem Klavierspiel profitiert haben, widersprach ihm der Vater. Goethe, stimuliert von der Hoffnung, die er den Kindern auflud, bat Felix, ihn bald wieder zu besuchen und ihn mit seinem Spiel zu erfreuen. Mein David, nannte ihn Goethe.

Fanny, die stolz und ohne jeden Anflug von Neid

die Auszeichnung des Bruders genoss, fand eine einfache Wendung für das tiefsinnige Bild: Du bist jetzt der Psalmenkönig Goethes, sagte sie. Felix wehrte sich gegen ihre rhetorische Krönung.

So blieb geheim, was Abraham geplant hatte: seine und Leas Taufe in Frankfurt, der Übertritt zum evangelischen Glauben, die endgültige Annahme des schon in der Familie gängigen zweiten Familiennamens Bartholdy.

Es wurde kaum über die Tragweite des Schritts geredet, allenfalls über den Bindestrich, der die beiden Namen verbinden sollte – oder nicht.

Mitte Oktober kamen sie in Berlin an, die Reise hatte sie mit ungezählten und unerwarteten Eindrücken beschenkt; sie waren älter geworden, auch ein wenig weltläufiger, was Rebekka damit unterstrich, dass sie behauptete, außer Französisch auch Schweizerisch zu verstehen.

Die Monate danach, die Stadt fror noch immer, bekam Abraham die Genehmigung, dass alle Mitglieder seiner Familie Bartholdy als zusätzlichen Familiennamen führen durften.

15.

Intermezzo mit einem gefälschten Brief

Das alles ist vor Fannys Geburtstag passiert, lässt sich erinnern und erzählen, es spricht sich inzwischen herum, dass sie neuerdings Mendelssohn-Bartholdy heißen, mit oder ohne Bindestrich, auch Großmutter Bella bekommt die Neuigkeit gesteckt, sie bleibt still und lässt ihre Verstimmung nicht an den Kindern aus, fördert Felix, genießt die Gegenwart Fannys, und ehe das Erscheinen der Gartenzeitung eingestellt wurde, konnten die Familie und ihre Freunde einen Brief Ludwig van Beethovens an Fanny zu ihrem zwanzigsten Geburtstag lesen:

»Mein werthestes Fräulein! Der Ruf Ihrer Verdienste um mich ist bis nach Wien gedrungen, – ein dicker Herr mit einem Schnurrbart, und ein dünner mit einem Pariser Accent, deren Namen ich nicht behalten konnte, haben mir berichtet, wie Sie es bis dahin gebracht haben, daß ein gebildetes Publicum meine Concerte aus Es und G und mein Trio aus B mit Anstand gehört hat, und daß nur Wenige davongelaufen sind; so viel beifall könnte mich beinahe kränken und mich an meinen Werken irre machen, aber der Antheil, den Ihr liebenswürdiges Spiel u.s.w. daran haben wird, bringt Alles wieder

ins Gleiche (...). Wenn ich nun Personen finde, die dieser meiner Musik und also auch meiner innersten Gemüthslage entgegenkommen, und mich alten einsamen Mann darin freundlich tractiren, so ist dies ein Verdienst und sehr dankenswerth, solche Leute sind meine eigentlichen Freunde und keine andern habe ich nicht. Von wegen dieser Freundschaft bin ich so frei Ihnen meine Sonate aus Bdur opus 106 zu Ihrem Geburtstage, nebst herzlicher Gratulation zu übersenden, ich habe sie halt nicht des blauen Dunstes willen verfaßt; spielen Sie sie nur wenn Sie mal recht Zeit haben, denn die gehört dazu, denn sie ist nicht von den kürzesten, aber ich hatte auch viel zu sagen. (...) Uebrigens ist es mir noch besonders angenehm, daß ich einer so Deutschen Dame, wie man Sie mir geschildert hat, eine Sonate nicht für das Pianoforte, sondern für das Hammerklavier überreichen kann. Schließlich füge ich mein schlechtes bildniß bei, ich bin so gut ein Potentat wie mancher andere, der sein bildniß verschenkt, ich halte mich für gar keinen schlechten Kerl. Und somit behalten Sie in gütigem Andenken
Ihren ergebensten Beethoven.«
Die gefälschte Überraschung zu Fannys zwanzigstem Geburtstag am 14. November 1825 wird von den Geschwistern und von Karl Klingemann bis in alle Kleinigkeiten vorbereitet. Klingemann gibt den Brief einem Bekannten mit, der nach Wien reist und den Brief dort rechtzeitig, also Anfang November, der Post übergeben soll, samt der Partitur der Hammerklavier-Sonate. Dem war ein spielerischer Streit zwischen Felix und Klingemann vorausgegangen, ob es nicht überzeugender sei, die Noten mit der hand-

schriftlichen Signatur des Meisters zu versehen. Felix behauptete steif und fest, sie nachschreiben zu können, so, dass selbst Beethoven sie nicht als falsch erkennen könne. Rebekka redete ihnen den Unsinn aus. Aber der Brief, den Klingemann mit schwungvoller Hand zu Papier gebracht hatte, gefiel ihnen ausserordentlich. Felix las ihn – Fanny war von diesem Unternehmen selbstverständlich ausgeschlossen – mit Emphase vor. Vor allem gefiel ihm die Wendung »... und nur wenige davongelaufen sind«. Was Paul gemein fand. Klingemann beteuerte, es sei im Sinne Beethovens in einem Wechsel von Ironie und Zufriedenheit gemeint.

Der Brief kam rechtzeitig an.

Als wisse der große Meister in Wien Bescheid über die Ereignisse der Familie Mendelssohn im entfernten Berlin, schwingen die Veränderungen und Erweiterungen, die alten Vertrautheiten und die neuen Erfahrungen in seinen Zeilen mit.

Mit dieser freundschaftlichen Fälschung endet die Geschichte der »Gartenzeitung« vorzeitig, die Geschichte eines Blattes, das die Familie informierte und unterhielt, eine Zeitung, die oft vom Übermut inspiriert war und von Erinnerungen diktiert: An den Garten an der neuen Promenade, den Wintergarten, dort nisteten noch die Kinderträume der Geschwister, dort begann Abraham mit den Sonntagskonzerten, dort hatte die erste »Oper« von Felix, die »Soldatenliebschaft«, ihre Premiere. Bevor Abraham zusammen mit seinem Bruder Joseph das vielräumige Haus an der Leipziger Straße erstand, in dem es für die Konzerte einen Gartensaal gab und einen Park, der sich beinahe bis zum Tiergarten weitete.

16.

Etüde für den Bräutigam

Hensel hat auf sie gewartet, er hat sich Briefe an sie ausgedacht, da er sich nicht erlaubte, an sie zu schreiben, weil Lea es ihm untersagt hatte, Fanny postalisch zu beunruhigen.

Ich bitte Sie, Herr Hensel, bringen Sie mir das Mädel nicht durcheinander. Sie wissen, ich meine es ernst. Sonst bekommen Sie das Kind gar nicht mehr zu sehen.

»Das Kind« gefiel ihm, zog ihn an.

Das Kind war eine junge Frau, die er sich – auch wenn das nicht passen sollte: zu vermögend, eine Jüdin – neben sich wünschte.

Jetzt kam sie, noch atemlos von der Reise, von einem rätselhaften, nicht vorhandenen Gelächter angesteckt und erzählte: Denken Sie, ich habe nach Italien hineingesehen, über die Grenze, über die Seen, die Berge; diese Wanderungen, diese Namen: Andermatt, Brieg, Biel, Küsnacht, märchenhafte Namen! Und Felix hat komponiert, immer wieder, abends. Ich nicht. Mich hat die Gegend mitgenommen, ich bin gewandert. Und Goethe haben wir besucht, ich habe ihm mein, nein, sein Lied vorgespielt und Rebekka hat es gesungen. Es hat ihm gefallen, immerhin. Auch wenn er mehr auf Felix hört, im Ganzen.

Über dieses »im Ganzen« musste er lachen. Er wollte sie umarmen, diese neidlose Schwester, die seine Liebste sein könnte, sie wich ihm aus, der Mutter zuliebe. Sie suchte seine Nähe, sich zuliebe. Manchmal berührte er sie, sein Arm ihren Arm, seine Hand die ihre. Oder sie spürte seinen Atem, wenn sie Klavier spielte und er sich über sie beugte. Er machte ihr Komplimente, schenkte ihr Blumen, die sie auf dem Fensterbrett in ihrem Zimmer in einer Vase sammelte, so als habe sie sie selbst gepflückt. Die Heimlichkeit, die ihnen auferlegt war, strengte und regte sie an.

Der frühe Winter erlaubte ihnen nicht, sich im Garten zu treffen, im Schutz der Hecken Nähe auszuprobieren. Sie erwartete ihn im Haus, ärgerte sich, wenn Lea ihn abfing und ihn mit einer langwierigen Unterhaltung aufhielt. War er bei ihr, spielte sie ihm vor, obwohl er ihr erklärt hatte, er fange mit Musik nichts an, er sei im Sehen geübt, nicht im Hören. Er hatte sie darauf gebracht, tastend, sich oft unterbrechend, über Religion zu sprechen. Ihn, der in einem evangelischen Pfarrhaus aufgewachsen war, in der gläubigen Schmucklosigkeit, ziehe Glanz und Ritual der römischen Kirche an, wie auch seine Schwester Luise, die zum katholischen Glauben übergetreten sei. Sie mochte seine umständlichen Erklärungen nicht.

Ich verstehe, sagte sie trotzig, warum meine Eltern evangelisch geworden sind. Wir Juden sind nicht besonders angesehen und die Missgunst der anderen verfolgt uns. Verstehen Sie mich doch, bat sie. Es ist doch nicht einfach, den Namen einer Berliner Molkerei als Schutz anzunehmen. Felix wehrt sich dagegen und Rebekka schreibt den Namen ungern. Ich, sagte sie so zögernd, als erinnere sie sich an ein entferntes Ich, ich denke den Namen nicht, ich denke mich nicht als eine Mendelssohn Bartholdy, aber ich schreibe den Namen hin.

Lea Mendelssohn verfolgte misstrauisch, wie Fanny zunehmend vertrauter mit Hensel umging. Sie fand ihn durchaus angenehm im Umgang, zweifelte jedoch an seiner Zukunft als Künstler. Abraham sprach ihm das Talent als Porträtist nicht ab, er habe ein Auge und eine sichere Hand. Überdies habe er ein königliches Stipendium für Rom, zwei Jahre lang werde er fernbleiben.

Lea verbot dem Paar, in dieser Zeit einander zu schreiben. Zur Prüfung, ob die gegenseitige Zuneigung halte. Hensel versprach sie, ihn ab und zu über die familiären Ereignisse zu unterrichten.

Vor seinem Abschied kam es zu einem Eklat, ausgelöst durch sein Geschenk für Fanny. Um ihr in Erinnerung zu bleiben, schenkte er ihr einen Gedichtband seines Freundes Wilhelm Müller, in dem er ein Bildnis von sich eingeklebt hatte. Er war zum Weihnachtsfest eingeladen, die große Familie war nicht, wie sonst, festlich gestimmt, sondern heimgesucht von kleinen Wirbeln der Unruhe. Fanny nahm die Gabe entgegen, dankte, entdeckte die Zeichnung, nickte Hensel zu und wurde dabei aufmerksam von Lea beobachtet. Am nächsten Morgen war das Buch vom Gabentisch verschwunden. Fanny fragte danach.

Ich werde das Geschenk Hensel zurückgeben.

Das darfst du nicht, Mama.

Ich werde Hensel erklären, weshalb.

Dann erkläre es, bitte, auch mir.

Lea zog ein Kärtchen aus der Kleidertasche, reichte es Fanny: Lies, was dein Wilhelm, sobald der Bote ihm die Sachen übergeben hat, lesen wird.

Sie las, langsam stieg ihr das Blut ins Gesicht: »Ich wollte die Freude des gestrigen Abends nicht durch die Bemerkung stören, dass ich es nicht passend fände, wenn ein junger Mann einem jungen Mädchen sein Bildnis schenkt, es sei, in welcher Einkleidung es wolle. Verzeihen Sie, der zarte, ehrfurchtsvolle Ritter der Damen, diese vielleicht allzu matronenhafte Mütterlichkeit. Ich sende Ihnen die Gedichte Ihres Freundes zurück, damit Fanny sie, jenes Schmuckes beraubt, gern und frei von Ihnen wieder empfangen möge.«

Der zarte Ritter der Damen folgte der Aufforderung, brachte Fanny am nächsten Tag den Gedichtband – ohne sein Bildnis.

Als er sich von ihr verabschiedete – sie spazierten wieder im Garten –, versprachen sie sich, auch ohne Briefe wechseln zu können, einander treu zu bleiben, und verlobten sich »heimlich«.

Briefe kommen an und werden ausgesandt. Die Mendelssohns schreiben unermüdlich. Sie hinterlassen einen Berg von Briefen, der noch immer nicht ganz erkundet, ganz wieder gelesen ist. Sie schreiben von Kind auf, erzählen von sich, fragen den Adressaten aus, wünschen ihm das Beste. Sie sammeln in Sätzen Mühsal und Erfolge, Glücksfälle und Pechsträhnen. Ich sehe sie alle, Lea und Abraham, Felix, Fanny,

Rebekka, Paul, die Großmütter Bella und Frommet, die Tanten Brendel, Rachel, Hinni, Henriette, Marianne, Miriam und eine weitere Henriette, die von Arnstein, die Onkel Jakob, Isaac, Joseph, Nathan, die Cousins und Cousinen dazu, ich sehe sie gebeugt über Tische, Sekretäre in Salons, in Kammern, Zimmern, in der Küche, unterwegs im Hotel, in der Poststation, konzentriert oder unruhig, gebeugt über ein Blatt, eine Karte, ein Billett. Ihre Schriften versammeln sich zu einem riesigen Bild, einem ABC aus Individuen, sie geben Liebe, Verachtung, Zustimmung und Abneigung wieder, sie sind, von den Kindern auf frisch gezogenen Linien geschrieben, gerade, die Zeilen steigen von unten nach oben, wandern steile Gedanken hoch, tragen davon und tragen nach. »Achte auf Dich«, schreibt die Mama. »Es geht mir unbeschreiblich gut«, schreibt die Tochter, könnte aber fortsetzen mit einem abschwächenden Satz, überlässt dem Postboten die sichere Auskunft. »Es war ein Riesenerfolg«, schreibt der Sohn, ein Billett reicht für die stolze Mitteilung, aber auf einem Blatt könnte er die Zweifel darunter setzen und den Wunsch, sich die Zustimmung des Publikums zu bewahren. »Du fehlst mir sehr«, schreibt die Schwester dem Bruder in einem Brief, in dem sie ihren Tag schildert, wie sie mit Mama Madame Varnhagen empfangen und wie sie danach ein Lied komponiert habe. »Du fehlst mir sehr, liebste Fenchel«, antwortet der Bruder und bettet seine Sehnsucht in geschäftiges Gerede. Briefe, Karten, Billetts, Berge davon. Sätze, die geschrieben und vorgelesen, täuschen die Gegenwart des Absenders vor. Bitte, komm!, flehen sie oft. Bitte, sei hier! Nur an den einen darf Fanny jahrelang nicht schreiben, kein Wort, keinen Satz, kein »mein lieber Wilhelm«.

Sie denkt sich Briefe an Wilhelm aus. Mama darf an ihn schreiben, und was sie geschrieben hat, gibt sie Fanny zum Lesen. Sie ruft: Fanny, willst du hören, was ich dem Hensel geschrieben habe? Sie wird nie Wilhelm sagen, wenn sie von ihm spricht, nur später, wenn sie mit ihm spricht.

Fanny hört an, was Mama schreibt. Und sie denkt weiter. Sie denkt verbotene Sätze, denkt sich die Atemlosigkeit nach einem langen Kuss und die aufgeregte Haut.

Was lächelst du so töricht, fragt Lea. Sie sitzen nebeneinander auf der Chaiselongue im Wintergarten. Findest du meinen Brief lächerlich, sag?

Nein, Mama. Ich habe mir Wilhelm vorgestellt, wie er in Rom deinen Brief liest und vielleicht an mich denkt.

Das Leben in Rom wird ihn ablenken, sagt Lea.

Fanny nickt, womit sie ihrer Mutter nicht zustimmt, sondern einem anderen Gedanken nachgeht: Sie meint die Römerinnen, denkt sie, und ich wundere mich, dass es mich nicht eifersüchtig macht.

Sie ist sich seit der Rückkehr aus der Schweiz ohnehin nicht geheuer. Auf der Reise hat sie ihre Kraft gespürt und im Gespräch ausgespielt. Sie hat, was sie sah, was auf sie zukam, neugierig genossen. Jetzt muss sie gegen Müdigkeit und Trägheit ankämpfen. Und das Sonntagskonzert, das der Vater nur drei Wochen nach der Heimkehr anberaumt hatte – damit Berlin weiß, dass wir wieder hier sind! – versetzt sie eher in Angst und machte ihr keine Laune. Rebekka könne einige Lieder von Felix und von ihr singen und vielleicht fänden sich Musiker, das Quartett von Felix und eines von Mozart zu spielen. Warum nicht das von dir?, fragt Abraham und überrascht sie.

Das wolltest du doch nicht, Papa.

Unsere Konzerte sind nicht die Öffentlichkeit. So erklärte er ihr das für sie Unerklärbare. Du bleibst mit deiner Musik im Haus.

Ich möchte in die Welt, denkt sie, nach Rom, nach Paris, fort von hier. Jaja, sagt sie.

17.

Etüde mit Geschwistern

Paul, der sich fürs Cello entschlossen hat, also bald zur Sonntagsmusik gehören wird, entdeckt gegen Leas Einspruch die Stadt, stromert, fürchtet sich nicht vor Straßenjungen, hat Freunde, die er nicht ins Haus lädt, da er weiß, dass sie nicht von der Familie, nicht einmal von den Kindermädchen, den Dienstboten akzeptiert würden, Paul bringt die Nachricht vom Kremser nach Hause. Eine Kutsche, sag ich euch, in die zwanzig oder dreißig Personen reinpassen, die wird von Pferden gezogen und fährt dauernd durch die ganze Stadt, und an Haltepunkten kannst du ein- und aussteigen. Vom Brandenburger Tor kannst du bis nach Charlottenburg fahren. Und wieder zurück.

Wie kommst du darauf, diesen Wagen Kremser zu nennen?

Er heißt eben so.

Solche Wortwechsel bei Tisch können Fanny verfolgen, Sätze, die kurz sind und schnell gesprochen werden, Fragen, die die Stimme heben, Antworten, die im Lautlosen enden. Das ist eine Musik, die ihre Fantasie festlegt und sie dennoch nicht in Ruhe lässt.

Weil er eben so heißt.

Vielleicht hat das mit der Pferderasse zu tun. Krems ist eine Stadt in Österreich. Von dort könnten die Zugpferde kommen.

Aber nein.

Weißt du es besser?

Sicher. Der Geschäftsmann, der die Pferdebahn einrichtete und dafür eine Lizenz bekam, heißt Simon Kremser. Er ist Kunde unseres Bankhauses, weiß Abraham.

Und wir stecken vermutlich mit in dem Geschäft, vermutet Lea.

Nein, meine Liebe, das nicht.

Ich möchte auch mal mit dem Kremser fahren!

Junge Damen wie du befinden sich selten unter den Passagieren.

Rebekka und Fanny habe ich da noch nie gesehen, sagt Paul.

Sie wechseln Blicke über den Tisch. Lea zu Fanny. Fanny zu Felix. Felix zu Rebekka. Rebekka zu Paul. Abraham schickt der Antwort Pauls ein Lächeln hinterher, als wolle er die beiden jungen Damen zufriedenstellen.

Doch Fanny, die darauf aus ist, wenigstens in Begleitung von Felix oder von Papa im Kremser zu fahren, vom Pariser Platz bis zum Kurfürstendamm, aber Fanny macht sich schon ihre Musik. Leise spricht sie Paul nach und zieht die Wörter zusammen, wie sie es braucht: Ohne Bekchen, ohne Fanny, ohne, ohne Bekchen ...

Unterwegs ins Musikzimmer läuft sie mit einem Mal durch eine graue Wand, es fällt ihr schwer zu atmen. Sie lehnt sich gegen einen Schrank auf dem Flur und hofft, dass Felix nachkommen wird.

Du wolltest zum Klavier, hört sie.

Mir ist die Lust vergangen. Sie nimmt – wie oft, wenn sie verlegen oder ratlos ist – ihr Gesicht zwischen die Hände.

Komm in den Garten, Fenchel.

Im Garten sagt er ihr, was sie von Neuem schockiert: Gestern habe ich meine Symphonie beendet.

Und ich weiß nichts davon.

Jetzt weißt du's. Er legt seine Hände auf ihre, sodass sie beide jetzt ihr Gesicht rahmen.

Wem hast du es schon verraten?

Papa, Mama und Rebekka, weil sie dazukam.

Sie schüttelt den Kopf, lässt die Hände sinken. So stehen sie sich mit hängenden Armen gegenüber, sie atmet tief durch: Also die ganze Mischpoke, bloß ich nicht.

So solltest du nicht reden, du weißt, Papa mag solche Ausdrücke nicht.

Er hängt sich bei ihr ein und zieht sie neben sich her: Komm.

Jetzt, wenn sie mit ihrer Stimmung so grässlich abstürzt, braucht sie den Bruder. Sie spürt seine Energie wie einen Wärmestrom.

Sie gehen ein paar Schritte in den Garten hinein. Er dreht sie zu sich: Dir kommen die Tränen? Warum, Fenchel?

Sie zieht eine Schulter hoch, die andere bleibt hängen: Wenn ich wüsste. Die kommen von selbst.

Die Reise hat ihn verändert. Außerdem ist er ihr über den Kopf gewachsen. Der kleine Bruder. Er hat sich die Locken abschneiden lassen, um erwachsen zu werden. Einer, der eine Symphonie komponiert hat, der von Goethe bewundert wird, der von seinen

Eltern die Partitur der Matthäus-Passion geschenkt bekam. Kein Kind mehr. Kein kleiner Bruder. Fremd und dennoch vertraut.

Papa hat Pläne. Er legt den Arm um ihre Schulter. Wieder spürt sie den Zustrom von Energie.

Papa hat Pläne? Will er schon wieder verreisen?

Vielleicht. Sie scheinen aber schwerwiegender zu sein. Wir werden uns schon damit abfinden. Du hörst dich mutlos an, Fenchel.

Nein! Sie hält an, hält ihn fest, legt ihren Kopf an seine Brust, atmet wieder gegen ein Hindernis, mit Mühe.

Was fehlt dir?

Nichts. Manchmal geht mir die Luft aus.

Das solltest du Mama sagen.

Mama freut sich auf den Besuch von Moscheles, dem großen Moscheles und hat das Klavier schon stimmen und polieren lassen. Wir sollten uns ebenfalls produzieren. Er erwarte es, sagt sie, und sie erwartet es natürlich auch. Sie lacht etwas keuchend.

Er küsst sie, atmet ihr in den Mund. Sie entfernt sich von ihm, die Arme ausgebreitet, hörbar atmend, bis sie abbricht, die Arme wie Flügel sinken lässt, sich zu ihm umdreht, vor sich hinspricht: Warum fehlt mir, was du hast?

Sollte ich das nicht auch dich fragen?

Sie hört ihn wie ein Echo, wie eine selbstverständlich erwartete Antwort auf ihre Frage.

Rebekka geht singend durch das Haus. Ihre Stimme kommt näher, entfernt sich.

Sie spazieren tiefer in den Garten hinein. Felix nimmt Fannys Hand: Lauf mir bloß nicht weg, Fenchel.

Manchmal hätte ich Lust, nach Italien. Als wir auf unserer Reise die Grenze zu Italien erreichten, anhielten, wäre ich am liebsten losgerannt. Solche Gefühle haben Goethe auch beseelt, denke ich an den Wilhelm Meister.

Du bist aber keine Mignon, du bist meine Fenchel. Und Rebekka könnte uns jetzt einen Gefallen tun und das Lied singen, deins, das sich aber feiner anhört als Zelters Version.

Fanny bleibt stehen, horcht: Das singt sie jetzt nicht. Das wäre mir auch unheimlich, sänge sie es, ohne zu wissen, warum und wofür.

Sie deklamiert, immer wieder stockend, als fiele ihr ein Satz nach dem andern ein:

> Kennst du das Land, wo die Zitronen blühen,
> Im dunkeln Laub die Goldorangen blühen,
> Ein sanfter Wind vom blauen Himmel weht,
> Die Myrte still und hoch der Lorbeer steht:
> Kennst du es wohl?

Sie bricht ab, kehrt entschlossen um, Felix folgt ihr, summt die G-Dur-Kantilene: Kennst du das Land.

Während der Reise in Andermatt hatte sie ihm die Melodie vorgesungen: Kennst du das Land?, hatte sie gefragt.

Nein, noch nicht. Er hatte in einer Weise geantwortet, als müsste er es schleunigst kennenlernen.

18.

INTERMEZZO IN BAD DOBERAN

Manchmal gerieten Fanny und Lea aneinander. Sie habe einen sturen Kopf, warf ihr Lea vor, sei nicht bereit nachzugeben, von einer vorgefassten Meinung abzurücken. Die Wortwechsel wurden, ging es um Ansichten über Personen, schnell und endeten nicht selten komisch. Fanny hatte von klein auf die Erwachsenen beobachtet und beurteilt, den Mund nicht gehalten, selbst wenn er ihr verboten wurde. Dazu kam ihre Fähigkeit, bestimmte Gesten, Grimassen oder Ticks nachzuahmen. Das gelang ihr besonders eindrucksvoll, wenn ihr die Personen, deren Eigenheiten ihr aufgefallen waren und die sie mit Lust und Laune wiedergab, nicht gefielen, die ihr sogar Angst machten, wie zum Beispiel Heinrich Heine, der große Heine, wie ihn Papa ehrfürchtig nannte, was Fanny nicht mochte. Denn er hatte sie einmal bei einem Empfang vor einem Sonntagskonzert zur Seite gestoßen, als er jemanden begrüßen wollte, wie einen hinderlichen Gegenstand. Danach ließ sie ihn nicht aus den Augen, hielt sich ständig in seiner Nähe auf. Die Fanny ist heut schon wieder interessiert und sehr gesprächig, meinte Tante Hinni. Nur Felix ahnte, was in seiner Schwester vorging. Die Fanny hat mal wieder einen auf dem Kieker gehabt, sagte er nach dem Empfang, dem Sonntagskonzert, sobald die Familie unter sich war.

Um Himmels willen wen, fragte Abraham, dem Fannys mimische und gestische Kritik an den Gästen seiner Veranstaltungen ohnehin nicht passte.

Wen? Das kleine Geschöpf mit den schiefen Schultern und den glühenden schwarzen Augen verwandelte sich im Nu, wuchs sich aus, schaffte es, das Kinn so hängen zu lassen, dass es spitz wurde, fuchtelte und begann nach vorn zu stürzen, schob Rebekka zur Seite.

Heine, rief Oma Bella, die aus dem Speisezimmer in den Wintergarten getreten war, schlug die Hände zusammen, lachte quietschend auf: Heine! Du bist ein Kobold, Kind.

Der Kobold wurde ernst, fiel zurück in die ursprüngliche Rolle und sagte trotzig: Der große Heine hat mich beinahe umgerannt.

Da war sie sieben.

Und nun hatte sie ihre schauspielerische Fähigkeit gesteigert, machte das Versteckte, Unauffällige auffällig, karikierte aufgesetzte Bescheidenheit in Gesten und Benehmen, horchte auf Wörter, die sich zwanghaft wiederholen.

Wenn Moscheles sich ansagt, warf sie Lea vor, dann verlierst du die Fassung:

Der Moscheles! Der Moscheles, bekommen wir unausgesetzt zu hören. Der Moscheles muss der ganzen Familie wichtig sein, der Moscheles ist Haupt- und Staatsgast.

Er ist ein großer Künstler und ein lieber alter Bekannter der Familie.

Das ist er, Mama, aber zugleich eine anspruchsvolle Nervensäge.

So kannst du, darfst du nicht von Moscheles reden.

Ich kann! Sie stellte sich vor Lea auf, rang die Hände, bekam, als halte sie den Atem an, einen roten Kopf, fragte schnaubend: Wo finde ich das Instrument, mein Klavier?

Lea konnte sich dem Witz der drastischen Darstellung nicht entziehen, unterdrückte ein Lachen: Du bist unverbesserlich, Kind.

Ignaz Moscheles begleitete sie ein Stück weit, bis zur Poststation Rostock, auf ihrer Urlaubsfahrt nach Bad Doberan. Diese Fahrten wiederholten sich. Abraham Mendelssohn hatte eine Schwäche für das bescheiden gebliebene Bad an der Ostsee. Er mochte das Meer, er mochte es, Atem zu holen. Lea war nicht immer dabei. Sie schützte ihre Empfindlichkeit gegen das Seeklima vor. Die vier Kinder und der Vater quartierten sich in ein und derselben Pension ein, im Schwarzen Bären, schwärmten aus, die einen an den Strand, die andern in den Ort, Bekannte zu überraschen, Einheimische, mit denen sie seit Jahren vertraut umgingen, sich mit ihnen duzten, mit der Line, dem Oskar, einer Fischerstochter, einem Bäckersohn. Ihnen fiel gar nicht auf, dass fast immer der Wind wehte, ein Sommerwind, wie Felix den Wind, den die Hiesigen nicht spürten, zu nennen pflegte: Sommerwind.

Die weißen Villen regten die Fantasie der jungen Leute an, sie erzählten sich Geschichten über deren Bewohner, Geschichten, die sie bald von anderen wieder hörten. Sie fanden es wunderbar, Doberan zu erfinden. In der Abenddämmerung liefen sie am Meer entlang, besuchten die Badehäuschen, setzten sich auf die Holzstufen und zählten die Sterne. Abends vereinten sie sich zu einem Konzert, das Abraham genoss. Doch mit einem Mal und unerwartet krochen aus der Vergangenheit böse Geister in die Gegenwart, Kinderverfolger, die die schönen Ansichten besudelten, dafür sorgten, dass aus dem geliebten Doberan ein Ort zum Fürchten wurde: Felix und Fanny kamen auf der Promenade von einem Besuch bei der Fischer-Lina, die mit ihnen erwachsen geworden war, zurück zur Pension. Im Dunkel um sie herum wurden Geräusche laut, ein stöhnender Atem, der sie begleitete. Sie fassten sich an den Händen, schauten sich um, gingen schneller. Bis der Schrecken von damals sich in den hechelnden, jagenden Rufen wiederholte: Hepp, hepp! Judenpack, verreck! Es kam ganz nah, eine Gewalt, die sich in der Luft verdichtete, sie antrieb, vor sich hertrieb: Hepp, hepp! Am Ende rannten sie. Als sie das Haus erreichten, durchs Vestibül stürmten, nach dem Vater riefen, konnten sie nicht reden, nur stammeln. Abraham bat sie, sich zu beruhigen. Er setzte sie auf den Diwan, kauerte sich vor sie, streichelte ihre Gesichter. Was war denn, fragte er, was ist euch passiert?

Sie schüttelten den Kopf, sagten nichts, bis aus dem Vater ein gequältes mitwissendes Ach brach: Ach, ihr! Er wusste, was er hören würde.

Bis in die Nacht redeten sie über die Gemeinheit der Verfolger und wieso sie den Juden nachstellten, woher sie wüssten, dass sie Juden seien, ob man es ihnen ansähe, ob es nur Neid sei, aber sie fielen doch nicht auf, sie blieben alle bescheiden.

Sie – nur wer sind sie? – sie wollen uns nicht haben.

Sie verließen vor der Zeit das Bad, und Abraham sagte beim Abschied der Wirtin, ohne sich näher zu erklären: Schade um mein Doberan.

Sie überraschten Lea mit ihrer vorzeitigen Heimkehr. Sie sah zu, wie die Diener die Reisetruhen vom Dach der Kutsche holten, schüttelte den Kopf, wendete sich an Abraham, der die Arme hob, um seine momentane Sprachlosigkeit deutlich zu machen – doch als sie erfuhr, weshalb die Familie überstürzt und, ohne eine Botschaft vorauszuschicken, aufgebrochen war, brach ein lang angestauter Zorn aus ihr heraus: Wir sind und bleiben immer die Anderen, die nicht passen, die verhöhnt und vertrieben werden können.

Abraham unterbrach sie, als er merkte, dass die jungen Leute sich gleichsam unter ihrem verzweifelten Satz wegduckten: Wer könnte uns vertreiben, Lea? Wir haben unsere Privilegien.

Aber nein! Sie ließ sich auf einen der Stühle im Vorsaal fallen: Aber nein! An die hält sich doch keiner. Jeder Straßenköter kann uns vor sich hertreiben, in die Waden beißen. Und sobald wir uns wehren, wird es heißen: Die sind Juden. Und gelänge es uns, recht zu bekommen, würde uns nachgesagt: Es ist ihr Geld. Die haben sich Freundlichkeit erzahlt. Stimmt es? Ihre Stimme überschlug sich fragend.

Rebekka wagte es, ihr beizustehen: Es stimmt, Mama. Was hilft es, dass wir ihre Religion annehmen und unsere vergessen, was hilft es? Was hilft es?

Felix hatte sich hinter seine Mutter gestellt, seine Hände auf ihre Schulter gelegt: Es ist die Religion, die Bach zu seiner Musik bewegte. Zu einer Musik, die du liebst und die dich erfüllt.

Sie schluchzte, schlug die Hände vors Gesicht. Felix beugte sich über sie. Die drei anderen Kinder umgaben sie, als müssten sie die Mutter vor aller Gemeinheit auf der Welt schützen.

19.

Abschiedsetüde

Fanny lernte, mit Abschieden umzugehen. Jeder Abschied hatte seine eigene Sprache, seine eigene Stimmung und seine eigene Musik. Dem konnte sie nachreden, der konnte sie nachweinen, denen konnte sie nachsingen. Manchmal mischte es sich. Als Hensel abreiste, fand ein Anfang sein Ende. Sie durfte, nach dem Willen der Eltern, ihm nicht nachreden, nicht nachschreiben, nicht sich nach ihm sehnen. Sie blieb mit allen Abschieden von ihm allein. Nun kam noch ein Abschied dazu, der ihre Fantasie und ihre Erinnerung herausforderte: alle Geräusche und Bewegungen, die sie erfüllten, wenn sie an das Haus an der Promenade dachte, den Wintergarten, die Sonntagsmusiken, an die Stunden mit dem Bruder am Klavier, an Leas Lateinübungen, ihre Übungen im Französischen, im Englischen und in ihrer Lieblingssprache, in Bach. Es war ein Abschied von ihrem Zimmer und Felix in der Nachbarschaft, von seinen Rufen: Fenchel! Kannst du mal kommen?

Es bleibe noch Zeit, sich zu verabschieden, hatte Abraham sie getröstet, als sie über die Unruhe klagte, die dem Umzug ins neue Haus am Leipziger Platz vorausging. So weit draußen, lästerte sie, nicht mal in der Stadt! Doch Abraham versprach natürlich Aussicht auf ein Paradies: Es gibt einen Garten, Fanny, viel größer als der unsere hier.

Nun verabschiedete er sich mit Felix, der ihn nach Frankreich begleiten und dort seine Kunst bekannt machen solle. Und sie fragte sich, als sie dem aufgeregten Bruder beim Packen half – ich soll Cherubini kennenlernen, Fenchel! –, ob Abschiede zu vergleichen seien. Den vom Liebsten, den vom Bruder. Sie begann, indem sie seine Hemden und Jacken auf dem Boden auslegte – brauchst du das, das? –, Gefühle zu messen und vorsichtig mit ihnen zu spielen, denn sie fürchtete, selbst Gedanken könnten schmerzen. Der Bruder oder der Liebste? Ich werde dir schreiben, Fenchel. Er prüfte Hemden und Jacken, stellte sich vor den Spiegel, kicherte albern. Du wirst mir fehlen, murmelte sie. Er fing ihren Jammer lachend auf: Ich denke an dich. Du wirst es dann spüren.

Felix schaffte es, sich so zu verabschieden, als käme er an: Adieu und Willkommen. Er wirbelte, umarmte, erzählte, was ihn erwartete, was er erleben würde, ließ die Erzählungen als Versprechen auf Erzählungen zurück: Cherubini!, hörte Fanny, die mitgewirbelt wurde und die Unruhe des Abschieds als Wehmut genoss, Cherubini!

Du musst mir von ihm erzählen und bring Noten mit, damit ich ihn kennenlerne, ich bitte dich.

Ich verspreche es dir, Fenchel, mein Kind. Neuerdings redete er sie so an, nicht herablassend, sagte sie sich, sondern mehr wissend und mehr könnend, nur hörte sie es nicht gerne.

Bringt mir, rief Lea, ehe die beiden Herren die Droschke bestiegen, bringt mir Henriette wohlbehalten nach Berlin! Fanny hatte nur undeutliche Erinnerungen an Tante Henriette. Sie sei Großvater Moses nachgeschlagen, genauso schief wie er (also bei weitem schiefer als Fanny), aber ungemein gescheit und gutherzig. Fanny wusste, dass sie als Gouvernante einer Generalstochter, Fanny Sebastiani, diente und, seit sie katholisch geworden war, Maria Henriette hieß, ihren Vornamen geändert hatte, wie Tante Brendel, die nun als Katholikin Dorothea gerufen wurde. Sie freute sich auf Tante Henriette, die, wie Vater versicherte, viel von der Musik verstand und die Literatur liebte, mit Benjamin Constant und Madame de Staël befreundet sei.

Adieu, adieu! Hinkend lief sie hinter der Droschke her. Als sie umkehrte, rannte sie an allen, die sich zur Verabschiedung versammelt hatten, vorbei, auf ihr Zimmer, ließ sich auf einen Stuhl sinken, kämpfte gegen Tränen, sprang auf und lief ins Musikzimmer zum Klavier. Sie spielte, was Felix noch am Morgen gespielt hatte, Mozarts Klaviersonate in c-Moll. Sie spielte sie als Antwort, als müsste sie sich überreden, nicht selber aufzubrechen, und sei es auch in Gedanken.

20.

Intermezzo mit einem Reisenden

Wie immer, wenn Felix von einer Reise heimkam, erzählte und spielte er, was er schon in Briefen mitgeteilt hatte, für seine Familie nach. Er ahmte mit Lust Personen nach, imitierte Stimmen. Kaum hatten er, Abraham und Tante Henriette das Haus betreten und er sich für einen Moment in sein Zimmer zurückgezogen, umgekleidet, trat er auf. Und er war beleidigt, wenn sich die Familie nicht vollzählig im Wintergarten versammelt hatte, bis auf den Vater natürlich, der alles besser wusste und am Abend beim Essen ergänzte, was Felix aus Bescheidenheit ausließ, und natürlich Tante Henriette, die, gleichsam aus der Reihe, auf einem Sessel Platz genommen hatte, umgeben von Nichten und Neffen:

Also, da war die Sache zuerst mit dem Klavier! In Papas altem Hotel stand eines im Salon zur Verfügung, ein schreckliches Möbel, das jedoch Ersatz fand durch Hummel, der mich bei einem Besuch erst nicht wahrnahm, bis Papa auf mich hinwies. Er schloss dann den »herrlichen Knaben«, wie er mich titulierte, in die Arme, ließ mich nicht mehr los, bis ich einer Ohnmacht nahe war. Ja, so war es. Felix mimte Hummel, geduckt von Wachsamkeit und Eifer, umarmte sich anstelle von Hummel mit einem Gesicht, in dem die Hilflosigkeit Lider und Lippen öffnete. Was soll ich euch sagen: Der Musiker in Hummel triumphierte über den Poseur. Am andern Tage tauchte er in dem Hotel auf, fragte laut und lauter nach Monsieur Mendelssohn, sodass die ganze Personnage zusammenlief, verschwand aber unversehens und kehrte mit keuchenden Trägern und einem Pianoforte zurück. Auf ihm spielte ich von da an, einem ordentlichen Instrument.

Felix rannte zum Klavier, spielte ein paar Takte aus einer Sonate Hummels: Ihm zum Gruße, wie er rief, sah dabei Tante Henriette, die er sogleich in seine Erzählung holte, ohne – das verbot ihm der Takt – sie nachzuäffen: Ach ja, Tante Henriette wollten wir besuchen, aber sie kam uns auf der Straße entgegen. Jaja, bestätigte die alte Dame, mischte sich aber nicht weiter ein, als ihr Neffe ihren Geist und ihre Kenntnisse pries. Davon wolle er sich ein Stück abschneiden. Ich sag euch aber, diese komponierenden Kumpane Hummel, Onslow und Boucher sind nur jeder für sich zu genießen. Im Triumvirat verbreiten sie Schrecken. Ja, Paris hat sich verändert. Die Lichter in der Nacht machen die Stadt schön und geheimnisvoll, aber sie ist längst nicht so weit und atemfrei wie unser Berlin.

Und Cherubini, wagte Rebekka zu fragen und gab ihm das Stichwort für den Abend: Der Meister war nicht gut gestimmt, klagte über Kopf- und Rückenschmerzen, ließ den Hintern hängen – ich bitte dich!, zischte Lea –, er fragte mich aus, ich spielte ihm und einigen seiner Gäste das a-Moll-Präludium von Bach vor, was die Leute und er niedlich fanden, und einer dieser Kenner vor dem Herrn wurde an ein Duett aus einer Oper von Monsigny erinnert. Ich hätte quieken können.

Da war Cherubini allerdings nicht anwesend, verbesserte ihn Abraham. Erinnere dich, Felix, wir waren bei Kalkbrenner zu Gast. Du musstest ständig ans Klavier.

Da gab es solche, setzte Felix fort, die nicht eine Note von »Fidelio« kannten! Cherubinis Musik ist mir nicht unbedingt nah, aber sie scheint mir groß. Er lief zum Klavier, spielte ein paar Takte aus der Ouvertüre zur »Medea«. Ja, und in einem Orchester habe ich auch Violine gespielt. Da hat man meine Fertigkeit auf diesem Instrument gut studieren können. Wir haben Mozarts Requiem gegeben. Und Maestro Cherubini verlor, auch zu Papas Erstaunen, seine Reizbarkeit. Zum Fürchten war er vorher, sage ich euch. Hernach wollte er noch mein Klavierquartett in h-Moll hören, dabei hat eine Dame gelärmt, womit, werdet ihr fragen, mit einem rauschgoldbeschichteten Fächer. Das klang so: Er gab ein paar knarzende Töne von sich.

Und Goethe, fragte Fanny.

Bei der Hinfahrt und bei der Heimfahrt haben wir in Weimar angehalten und den großen Mann besucht. Ein Souverän, um mit Papa zu sprechen, eine Weltseele, um mich zu zitieren, im Gegensatz zu dem ausgebrannten Vulkan Cherubini. Goethe fragte mich aus und ich erzählte ihm. In Gesprächen nahm er immer wieder meine Hand und streichelte sie. Wir kamen auch auf dich zu sprechen, Fenchel. Er beteuerte, dass er deine Lieder ebenso gern höre wie meine. Und wie die Zelters. Worauf du durchaus stolz sein kannst. Er sprang auf und überreichte seiner Mama ein Bändchen von Constant. Das hat mir Tante Jette als Mitbringsel empfohlen. Danach zog er einen Stuhl neben den Fannys und nahm Platz.

21.

Ein Intermezzo über Bilder

Im Lauf seines fünf Jahre dauernden Aufenthalts in Rom mischte sich Hensel nur ein einziges Mal ins Gespräch der Mendelssohns. Lea, die mit ihm korrespondierte, sorgte dafür. Jacob Bartholdy, der schwierige Onkel Jacob, preußischer Konsul in Rom, war gestorben, die Villa Bartholdy sollte verkauft werden und man fragte sich, ob die Fresken im Haus, gemalt von Deutsch-Römern wie Peter Cornelius, für die Familie gerettet und bewahrt werden sollten. Lea las Hensels Brief vor, dieses Mal nicht nur der zum Schweigen verpflichteten Fanny, sondern allen, die sie im Wintergarten zusammengerufen hatte. Keiner hatte die Bilder je gesehen. Bis auf Abraham, der sich nicht vorstellen konnte, die Fresken abnehmen zu lassen und dem Haus zu rauben.

Jacob war Liebhaber der bildenden Kunst. Die Musik lag ihm weniger, meinte Lea und an Fanny gewandt: Immerhin hat Bach dir geholfen, Großmama Bella mit Onkel Jacob zu versöhnen.

Nicht ganz, widersprach Abraham leise, nicht ganz. Er hat den Namen der Meierei Bartholdy, die dem Großvater Itzig gehörte, für sich gefunden und sich damit erfunden, den Diplomaten und Freiheitskämpfer Jacob Bartholdy. Abraham dachte an den Brief, in dem ihn Jacob in der Wahl des neuen Namens bestärkte: »Es ist geradezu eine Huldigung, die Du und wir alle den Bemühungen Deines Vaters um die wahre Aufklärung im Allgemeinen zollen, und er hätte wie Du für Deine Kinder, vielleicht wie ich für meine Person gehandelt. Man kann einer gedrückten verfolgten Religion treu bleiben; man kann sie seinen Kindern als eine Anwartschaft auf ein sich das Leben hindurch verlängerndes Märtyrertum aufzwingen – solange man sie für die alleinseligmachende hält. Aber sowie man das nicht mehr glaubt, ist es eine Barbarei.«

Spiel uns noch einmal den Bach, wenigstens die ersten fünf Stücke, das, womit du Bella zur Versöhnung überredet hast, bitte, Fanny.

Sie setzte sich ans Klavier, dachte an den Onkel, dem sie nur einige Male begegnet war, ein Mann von Welt und ein schwarzes Schaf, und spielte. Nur die Pariser Tante klatschte heftig Beifall.

Bis Großmutter Bella, Jacobs Mutter, auftrat, Fanny vom Klavier zu sich auf die Chaiselongue holte: Ach Fanny-Kind, nun weiß ich, wen ich verloren habe. Wir haben doch schon eine Weile zusammengewohnt, Kind, zusammengelebt – sie schaute hinaus in den Garten und streichelte behutsam die schiefe Schulter Fannys. Sie sagte es so, als wüsste sie bereits, dass die Gemeinsamkeit an der Neuen Promenade ein Ende haben werde.

22.

Etüde über ein mögliches Paradies

Es ist Sommer. Der Wintergarten im Haus an der Neuen Promenade schmilzt geradezu in der Sonne. Das Klavier leidet und schwitzt, klagt Rebekka. Fanny zieht es, wie oft, in den Garten, sie sucht nach Felix, was sie sich ungern eingesteht. Immer der Felix. In den nächsten Wochen wird Wilhelm Hensel erwartet, »mein Verlobter«, wie sie ihn nennt, wenn sie mit sich und ihm in Gedanken spricht. Ihre Unruhe treibt sie aus dem Haus. Bevor sie in den Garten geht, hat sie ein Lied probiert. Sie fand die Verse im »West-östlichen Diwan«, in dem sie immer wieder blättert, um mit den Wörtern Goethes ihre Musik zu hören. Jetzt hat sie, nach Felix suchend und auf Wilhelm wartend, für diesen Sommertag die Melodie gefunden:

> »Deinem Blick mich zu bequemen,
> Deinem Munde, deiner Brust,
> Deine Stimme zu vernehmen,
> War die letzt' und erste Lust —«

Wie von selbst wird, wenn sie singt, der Garten weit. Sie hätte weiterlaufen können, vor die Stadt, in Richtung Tiergarten, denn dort dehnt sich ein Paradies aus, das Felix stets »Leipziger Straße drei« nennen wird, und in das Abraham die Zukunft seiner Familie hineindenkt, planend und sehnsüchtig.

Abraham zog nicht einmal Lea ins Vertrauen. Auch Joseph, den kühler berechnenden Bruder, nicht, er ging allein mit sich zu Rat, erwog, was er verlor, die schwierige und anregende Nachbarschaft zur Schwiegermutter, zu Bella, auch die gastliche Intimität des Wintergartens. Doch er war längst überzeugt von dem Fund, hatte sich überredet, um die anderen zu überreden. Schließlich lud er Lea zu einer Spazierfahrt ein und führte ihr vor, was er in Gedanken schon bewohnte.

Die Kutsche hielt an, Abraham half Lea auf den Gehweg. Vor ihr breitete sich mit Wucht eine herrschaftliche Fassade aus, ein Palast, ein Herrenhaus, das Reckesche Palais, Leipziger Straße 3.

Ich hab den Schlüssel, erklärte er stolz, zog das mächtige Stück aus der Tasche. Er sagte kein Wort, pries nicht an, beschönigte nicht. Sie hatte sich bei ihm untergehakt, sie spazierten durch die leere und in der Stille merkwürdig raschelnde Flucht hoher Räume, sie gelangten über einen Hof ins Gartenhaus, nach ein paar Fluren und Räumen öffnete sich ein Saal mit einer von hölzernen Rahmen gefassten gläsernen Wand. Da sprach Abraham zum ersten Mal: Sie lässt sich verschieben, sagte er und führte es vor. Vor ihren Blicken breitete sich ein Park aus, Baumgruppen, Rondelle, Beete – alles etwas verkommen und vernachlässigt, wie das Haus selbst.

Das soll es sein?, fragte sie und schaute ihn, seine Antwort vorausnehmend, an: Das ist schon etwas reparaturbedürftig. Und der wunderschöne Garten müsste beseelt, mit Eifer bestellt werden. Ja, und der Gartensaal, das könnte der Ort für die Sonntagsmusiken sein.

Also ziehen wir um?

Muss es denn sein, Abraham?

Es muss. Er drückte ihren Arm, half ihr in die Kutsche.

An Hensel, mit dem Lea sich noch immer über die Erhaltung der Fresken in der Casa Bartholdy auseinandersetzte – sie sollten dem Haus erhalten bleiben! –, an Hensel schrieb sie: »Das Haus ist zwar ganz so verfallen und vernachlässigt, als es bei vielen Besitzern (die v. d. Reckesche Familie), die nie eines Sinnes werden und nie Gemeingeist haben, stets der Fall ist, und es muss viel verwandt werden, um es nur in wohnbaren Zustand zu versetzen. Der Garten ist aber ein wahrer Park, mit herrlichen Bäumen, einem Stück Feld und einer höchst angenehmen Sommerwohnung, und dies alles tendiert meinen Mann sowohl als mich.«

Wie meistens bekommt Fanny den Brief zu lesen. Dass es sie reizt, ihn zu ergänzen und fortzusetzen, sagt sie ihrer Mutter nicht. Denn Hensel müsste, findet sie, wissen, wie umstritten der Umzug bei allen Freunden des Hauses ist, dass sogar die Dienerschaft Bedenken hat, vor die Stadt zu ziehen, denn die Grenze fürs Städtische ist beim Brandenburger Tor gezogen.

Das Herrenhaus belegen vorerst die Handwerker. Die Familie, samt Tante Henriette, zieht ins Gartenhaus, und da es Hochsommer ist, mehr oder weniger ins Grüne, in den Park, den Lea mithilfe des Hausgärtners mit einem Rosengang versieht, in dem sie Bäume neu setzt, Wege zieht und dafür sorgt, dass die Wiese fürs Spiel und für die Blicke offen bleibt. Fanny findet in einer alten, brüchigen Laube Unterschlupf, schreibt und komponiert auf einem wackligen Tischchen, ruft, wenn es ihr passt, die Geschwister in ihre Zuflucht, die sie nur verlässt, wenn Felix, glücklich wie sie über das Vorstadtparadies, mit ein paar Freunden sich zur Gymnastik trifft: mit dem immer anregenden und mit Felix an einem Libretto brütenden Klingemann, mit Marx, dem Redakteur der Berliner Musikzeitung, mit Droysen, dem Nachfolger von Heyse, der sich verabschiedet hat, um an der Universität zu habilitieren. Droysen kann zwar auch mit Latein und Griechisch glänzen, doch ebenso mit Französisch und Englisch und hervorragenden Kenntnissen in Geschichte, die er noch studiert. Er gefällt Fanny, derb und zugleich behutsam, pfiffig und zugleich nachdenklich, ein hingebungsvoller Zuhörer. Sie schätzt ihn, und Felix warnt sie, den Burschen, unseren Hauslehrer, nicht zu überschätzen, das könnte deinem Wilhelm gar nicht gefallen, Schwester.

Sie sitzt am Wiesenrand und feuert die jungen Männer an, applaudiert, ermuntert und genießt es, wenn die Turner sich nur noch sparsam bewegen, sobald sie ihnen den Rücken kehrt.

Mit Felix allein, morgens, läuft sie durchs Gras, springt, reißt die Arme hoch. Mama hat ihr strikt verboten, sich, wie sie sagt, in diese Horde einzureihen. Sie darf auch nicht mit Felix ausreiten. Manchmal wird sie von Tante Henriette begleitet, die erzählt von Paris und wundert sich immer von Neuem, wie Fanny und Felix sich seit ihrer ersten Begegnung, damals vor Jahren, entwickelt hätten. Jetzt aber wundert mich nichts mehr, wenn Felix sich an Shakespeares Sommernachtstraum wagt und du mit ihm die Ouvertüre dazu spielst.

Bei einem Sonntagskonzert, einem der ersten im Gartensaal, das zu Ehren von Ignaz Moscheles stattfand, hatte Felix Fanny überredet, mit ihm »die Ouvertüre« zu spielen, er habe sie für Klavier zu vier Händen transponiert. Du kennst sie ja.

Sie hatten miteinander, an verschiedenen Stellen im Park, unter Lieblingsbäumen, auf der Wiese, im Wäldchen, in der Laube den »Sommernachtstraum« gelesen.

Ich bin Helena und Titania, ich spiele sie, ich habe ihre Stimme. Sie ist Feuer und Flamme.

Felix läuft ihr ein paar Schritte voraus, dreht sich zu ihr um, nimmt sie in die Arme: Ich bin Puck. Ich mache dich blind. Du kannst selbst einen Eselskopf nicht erkennen. Komm, wir probieren es am Klavier.

Sie überlässt ihm den Einsatz, ein paar stolpernde Schritte ins Märchen hinein, dann übernimmt sie und singt. So hört sie Moscheles. Bewundernd übernimmt er die Rolle des Oberon.

Es sei, stellte Abraham danach fest, eine Sonntagsmusik gewesen, in der ein Wunder geschehen sei.

Das Haus, der Park veränderten Abraham. Als er Stadträte empfing, zu einer notwendigen Besprechung, wie er bei Tisch anmerkte, wurde Fanny seine Bedeutung in der Stadt klar, er war Stadtrat, er konnte Anstöße geben, beeinflussen, was in der Stadt passierte, dazu gehörten die Waisenhäuser, Armenhäuser und Hospitäler, für die er verantwortlich war, die er oft besucht hatte, wenn er in der Stadt unterwegs war, der Stadtrat Mendelssohn Bartholdy.

Manchmal wechselte das Personal dieser Versammlungen. Die Gespräche hörten sich weniger förmlich an, mitunter pathetischer, wenn sich die jüdischen Mitglieder der »Gesellschaft der Freunde« trafen, die schon vor Jahrzehnten zueinander gefunden hatten, deren Präside Abraham war; sie tauschten ihre Erfahrungen mit antijüdischen Beschimpfungen, Einschränkungen und Verfolgungen aus.

Ich kann es nicht leiden, wenn sie lamentieren, sagte Felix.

Fanny widersprach ihrem Bruder: Papa lamentiert nicht, das nähme ihm Mama übel.

Lea öffnete das Haus nach ihren Vorstellungen. Sie empfing Künstler und Gelehrte, freute sich, wenn Abraham sich angesprochen fühlte, und ermunterte ihn, den Gartensaal zu nutzen und die Sonntagsmusiken fortzusetzen.

Der Herbst färbte den Park, sie überwältigend, ein. Noch traf sich Felix jeden Morgen mit dem neuen Hauslehrer Droysen und mit seinem Freund Klingemann zu gymnastischen Übungen und überredete Rebekka zum Seilhüpfen. Paul sauste und sprang wie ein Kobold zwischen den jungen Männern hin und her.

Sie beklagten, dass Klingemann sie verlassen müsse, von der Hannöver'schen Regierung nach London verschickt. Mein Librettist, seufzte Felix. Mein Kritiker, sagte Fanny. Mein Zuhörer, rief Rebekka. Wir werden uns in London treffen. Felix plante Klingemann schon als Gastgeber in eine seiner Reisen ein. Fanny konterkarierte die brüderliche Reiselust: Er wird uns öfter besuchen, bestimmt. Oder wenn er zu einer Sonntagsmusik eingeladen ist, ergänzte Rebekka. Oder wenn wir ihn als Dichter brauchen, sagte Fanny. Klingemann setzte verlegen und entschlossen einen Punkt: Meine Adresse bekommt ihr noch. Er blieb bis November, um Fannys zwanzigsten Geburtstag mitzufeiern.

Die Familie fror, das Gartenhaus erwies sich als Sommerhaus. Die großen Fenster wurden zur Klima- und Temperatur-Membran, von draußen überzog sie Eis, innen schwitzten sie, und Nässe breitete sich aus.
 Vorm ersten Schnee, beschloss Abraham, werde ins Herrenhaus umgezogen, selbst wenn die Handwerker nicht mit den Feinheiten fertig und in manchen Zimmern die Tapeten noch nicht an den Wänden seien, nicht alle Bilder hingen. An den Möbeln fehle es nicht. Im Gartenhaus könnten die jüngeren Familienzweige Unterkunft finden.
 Also zogen sie um. Die Familie geriet, wie oft, in Bewegung. Abraham suchte Beschäftigung in der Stadt, visitierte eines seiner Waisenhäuser, Felix traf sich mit Zelter in der Singakademie, ging mit ihm die Noten der Sommernachtstraum-Ouvertüre durch, mit der er noch nicht zu Ende war. Bei abendlichen Familientreffen im Salon sagte er Zelters Lobpreisungen auf, was Fanny dazu verführte, den Bruder zu parodieren. Sie hob die Hände vor die Brust, krampfte sie zu Fäusten, wiegte sich in den Hüften

und stieß, ein schwesterliches Echo, die Sätze heraus: Also der Zelter, er ist wirklich zufrieden mit meiner Komposition. Er verspricht sich viel davon. Und eine große Wirkung. Felix war nahe daran, auf sie loszugehen, nur Leas Einwurf, er solle sich nicht von seiner Schwester provozieren lassen, auch nicht von Rebekkas kindischem Gelächter, hielt ihn zurück.

Zu Fannys zwanzigstem Geburtstag gab es eine »geschlossene Sonntagsmusik«. Felix spielte Beethovens Hammerklaviersonate. Er stürzte sich derart heftig in den ersten Satz, das Allegro, dass Abraham, der neben dem Klavier saß, zusammenfuhr und »nicht so schnell« murmelte. Er habe das Geschenk nur verschnüren wollen, erklärte er, nachdem er das abschließende Allegro resolute noch hurtiger absolviert hatte. Das sei ein Sakrileg, fand Rebekka. Nein, das ist Felix, entgegnete Fanny.

Zur Konfirmation hatte sie dem Bruder eine Reisetasche geschenkt, nicht, wie sie betonte, um ihn fortzuschicken, sondern für alle Fälle. Für alle Fälle hatte sie eine Zeichnung in einem Fach untergebracht, die Hensel von ihr gerötelt hatte.

In der Musik werde er, meinte er, schneller älter als sie.

Wenn ich dürfte! Manchmal ärgerte sie sich über seine Aufschneidereien.

Wer lässt dich nicht?

Du weißt es besser, Felix, auch wenn es in deinen dummen Kopf nicht hineingehen sollte.

Hast du gemerkt, dass ich dir den dritten Satz von Opus 106 geschenkt habe?

Ja.

Vielleicht, um den Abschiedsschmerz seines immer berühmter werdenden Sohnes zu lindern, schlug Abraham Felix vor, doch eine Handvoll Lieder in Druck zu geben. Er habe mit dem Verleger Schlesinger verhandelt, denn den Vertrag müsse er als Vater unterschreiben, wie schon die Verträge vorher, wegen des jugendlichen Alters des Komponisten.

Ich könnte unterschreiben, triumphierte Fanny.

Erst in einem Jahr, winkte Abraham ab. Noch bist du nicht großjährig.

Felix hatte zwei ihrer Lieder in die von ihm ausgesuchten »Zwölf Gesänge« aufgenommen, eines auf ein Gedicht von Grillparzer und das andere aus dem Buch Suleika.

Ich könnte auch meine Lieder sammeln. Sie hatten sich in Fannys Zimmer zurückgezogen, zu dritt, ohne Leas ausgleichenden Beistand. Die Geschäftigkeit der beiden Männer verletzte Fanny. Sie planten und handelten über ihren Kopf hinweg. Gegen ihre Selbstständigkeit, gegen ihre Kunst.

Felix gehörte längst der Welt. Abraham bemühte sich, leidenschaftslos zu sprechen: Von ihm wird viel erwartet. Und du, meine Fanny, gehörst nicht der Welt, du weißt es, du gehörst dem Haus, gehörst der Familie. In den Sonntagsmusiken bist du gewissermaßen als Glied der Familie zu bestaunen.

Nein, Papa.

Abraham rührte sich nicht, blieb sitzen, die Hände auf den Knien, sehr ruhig: Ich habe es dir als deine Bestimmung erklärt, Fanny. Was willst du dir das antun?

Dass ich komponiere wie Felix. Ihr denkt wahrscheinlich: Frauen können das nicht. Ich kann es!

Felix atmete durch, erhob sich. Du kannst es, sagte er. Wir bewundern dich, Schwester.

Sie ließ die Männer allein, ging aus dem Zimmer, schlug die Tür hinter sich zu, trat hinaus auf den Hof. Der Regen spülte das bunte Laub zu absonderlichen Mustern.

23.

Etüde mit Bach

Sie hatte sich auf Hensel gefreut, doch als sie sich nach fünf Jahren umarmten, fragte sie sich, ob sie sich die Freude nicht eingeredet habe, ob die Nähe, die sie in den vergangenen Jahren immer wieder heftig empfand, nicht eingebildet war. Hensel spürte ihre Spannung als Kälte und Abwehr. Er reagierte wie sie: abwartend und mitunter aufbrausend. Aber allmählich geriet er in das Spannungsfeld, das sie bewegte. Felix bereitete sich auf einen längeren Aufenthalt in England vor und zugleich wollte er – als einen Abschied von Berlin, von den Seinen und Zelter – Bach, der sie alle verband, strahlen lassen. Die Proben für eine Aufführung der »Matthäuspassion« in der Singakademie hatten bereits unter Zelters hilfreicher Aufsicht begonnen, Felix bearbeitete und kürzte das Werk für die Aufführung, für die folgende Praxis und das Verständnis des Berliner Publikums. Sie fingen mit den Proben im Gartensaal an, bald sprengte das Unternehmen den häuslichen Rahmen. Die wenigen Choristen, mit denen Felix die Matthäuspassion probierte, die Solisten dazu, vor allem Eduard Devrient, der den Jesus singen sollte, merkten ihr Ungenügen, und am Ende überrumpelten Felix und Devrient Zelter mit dem Vorschlag, die Passion nicht nur in der Singakademie aufführen zu wollen, sondern auch an Ort und Stelle zu proben. Das sprach sich in der Stadt herum. Da noch nicht geurteilt werden konnte, gediehen üppig die Vorurteile. Allen Missgünstigen voran zweifelte der berühmte Gaspare Spontini an den Fähigkeiten von Felix. Er war der Generalmusikdirektor König Friedrich Wilhelms III. und Sänger in der Singakademie, hatte also beträchtlichen Einfluss. Zelter ließ sich nicht beirren. Er verstärkte den Chor und vergrößerte das Orchester. Die ersten Proben übernahm er. Danach hielt er sich zurück. Abends, wenn sie in die Leipziger Straße kamen, redeten die drei »Passionisten« – Fanny, Rebekka und Felix – ohne Punkt und Komma, übertrafen sich in Enthusiasmus, nahmen sich das Wort, bis die Eltern, die ohnehin über Zelter unterrichtet waren, um Einstimmigkeit baten und Felix am Klavier demonstrierte, welche Passagen ihm Schwierigkeiten bereiteten.

156 Choristen! Wie will Felix die bändigen, rief Rebekka, und Fanny konnte sich über den Eigensinn des Orchesters nicht beruhigen. Sie stand beim Alt, Rebekka beim Sopran.

Die Chöre nisteten sich in den Zimmern des Gartenhauses ein und blieben dort, sangen weiter, da die Familie – endlich! – ins Herrenhaus umzog, denn die Kälte im Gartenhaus setzte ihnen allen zu.

Das Gerüchtewesen hatte dafür gesorgt, dass mehr Karten verkauft wurden, als Plätze vorhanden waren, und tausend Leute mussten wieder weggeschickt werden. Ein flatternder Zelter sah ihnen nach, die Beschwerden und das Gerede vorausahnend, doch schließlich nahm er bei der ersten Aufführung seinen Platz ein neben dem König und dessen Schranzen. Spontini saß in der Nähe, rieb sich, seine Kritik vorausschmeckend, die Hände. Unter den Zuhörern befanden sich – als sie ihre Karten bestellten, wurden ihre Namen gleichsam bis ins Zentrum der Familie durchgesagt –: Heine, Professor Hegel, Schleiermacher, die Varnhagens, die Humboldts. Da kann unsereins schon die Stimme verlieren, fand die stets aufgeräumte Rebekka.

Zelter verschränkte die Arme vor der Brust, lehnte sich zurück. Felix nahm Platz hinterm Flügel, der schräg vorm Orchester und Chor stand, hob den Taktstock. Fanny sah ihn, den Bruder, eigentümlich entrückt und leuchtend. Sie konnte vor Beklemmung kaum Atem holen. »Kommt, ihr Töchter, helft mir klagen.« Er hatte sie dem kleineren Chor zugeteilt, der der singenden Menge sein »Wen? Wie? Was? Wohin?« fragend entgegenstemmen sollte. Es war eine Musik, die nicht endete, die sie forttrug in eine Ewigkeit. In diesem Augenblick, den sie für fromm hielt, traf sie ein Blick ihres Bruders. Er weiß es auch, dachte sie. Heinrich Stürmer, dem Felix heftig nahegelegt hatte, als Evangelist erzählend zu singen und singend zu erzählen: Es ist deine Geschichte!, sang leidlich. Anna Milder ebenso. Und auch Eduard Devrient, der den Christus sang. (Er, der Freund der Mendelssohns, Schauspieler und Sänger, wird später über diese Aufführung berichten, ohne dass er an der weitreichenden Wirkung des Ereignisses zweifelte.)

Felix überwältigte der Erfolg. Er trieb ihn zugleich in die Flucht. Der geplante Aufbruch nach England kam ihm zupass. Er habe, sagte er, als sie sich zu Hause in der Leipziger Straße zu einem Resümee versammelten, er habe während der Aufführung den Eindruck gehabt, mit einem Male bilde sich eine Gemeinde um den Kern Bach. Abraham stimmte ihm zu. Er wusste, dass mit dem Konzert in der Singakademie der Ruhm seines Sohnes gewachsen war. Fanny hatte sich zu Hause, als sie vom Konzert gekommen waren, neben ihn gesetzt, und Hensel war, nachdem er erst gezögert hatte – er störe doch bloß die Familieneinigkeit –, mitgekommen und saß beobachtend am Rand der Szene.

24.

Etüde für junge Eheleute

An dem Tag, an dem Felix abreiste, begann Fanny ihr Tagebuch. Führte sie es für ihn? Für sich? Sollte es ein Selbstgespräch mit dem Bruder werden? Es sind nur noch ein paar Wochen bis zur Hochzeit. Sie hielt die Besuche fest, trug ein, ob Post von Felix gekommen war, welche Unruhen es mit Hensel gab. Einmal, als er sie in einen Brief von Felix vertieft antraf, ihre Erregung merkte, brach es aus ihm heraus. Er frage sich, wer hier überhaupt als Bräutigam eine Rolle spiele, Felix oder er. Sie gab ihm eine zwiespältige Antwort: Du bist mir nah, Wilhelm; Felix, mein Bruder, ist weit fort. Und sie staunte immer wieder über ihre anscheinend natürliche Fähigkeit, den aufbrausenden Liebsten zur Ruhe zu bringen.

Sie gingen öfter als gewöhnlich zur Kirche, kurz vor der Hochzeit zum Abendmahlsgottesdienst, begleitet von Rebekka und Paul. Die Aufmerksamkeit der Geschwister rührte sie. Die Schwestern Hensels meldeten sich an: Luise, die Dichterin, die ihn beinahe dazu bewogen hatte, katholisch zu werden, und Minna. Fanny verblüffte es, wie traumwandlerisch er sich mit den beiden Frauen verständigte. Ihr wurde mit einem Mal klar, dass Hensel auch unter der

Verständnisinnigkeit der Mendelssohn-Geschwister hatte leiden müssen.

Mit Lea besorgte sie die Einrichtung fürs Gartenhaus, in das sie nach dem Wunsch Abrahams einziehen sollten, in die Wohnung rechts vom Gartensaal; die links davon hatten die Devrients gemietet und schon bezogen und klagten bereits über die feuchten Wände. Im Stockwerk darüber ließ Abraham für seinen, mittlerweile vom König anerkannten und in die Akademie aufgenommenen, malenden Schwiegersohn einen Raum zum Atelier ausbauen.

Auf Probe könnten sie schon über den Hof ziehen, dort wohnen. Die Besucher wurden auf diese Weise bereits im Herrenhaus von Lea abgefangen, und Fanny konnte sich in aller Ruhe auf die Hochzeit vorbereiten. Sie komponierte an einem Orgelstück »Zum Eingang« in F-Dur, und Felix sollte den »Ausgang« mit Musik versehen, was er nun doch nicht schaffte. Traurig und aufgebracht besorgte sie auch diese Arbeit, in G-Dur. Pastor Wilmsen, der sie in der vertrauten Parochialkirche – gleich um die Ecke – trauen würde, bekam die Umstände alle mit, weniger die alte Mendelssohn-Unruhe, die Abraham neuerdings umtrieb, weil Felix sich, wie er erfahren hatte, in England grundsätzlich nur Mendelssohn nenne und nicht Bartholdy. Fanny sprach nicht aus, was sie dachte: Was braucht der längst berühmte und geachtete Felix Mendelssohn, Enkel des berühmten Moses, den Schutz durch einen »neutralen« Namen. Sie hörte nicht hin, ein heftiges Zahnweh kam ihr zu Hilfe, eine geschwollene Backe, der Gang zum Doktor, ein gezogener Zahn. Lea litt darunter, dass Abraham, wie oft, wenn es brenzlig wurde, auf

Reisen ging, nach Holland. Er könne sich nicht vorstellen, wie es hier im Hause brumme, warf sie ihm vor. Ständig meldeten sich Gäste an, ständig müsste sie zum Abendessen einladen.

Fanny war noch dabei, den »Ausgang« zu komponieren, spazierte in Begleitung von Rebekka, dem Bekchen, zur Parochialkirche, probierte die Komposition auf der Orgel.

Zu Hause, in der brandneuen Wohnung, in die sie schon ein paar Tage vor der Hochzeit gezogen waren, erwartete sie ein Paket aus Amsterdam, vom Vater: »Ein wunderschönes Brautkleid«, teilte sie ihrem Tagebuch mit. Sie probierte es an. Lea half ihr dabei. Sie traten beide in den Spiegel hinein: Schön bist du, Kind, sagte Lea und strich ihr über die schiefe Schulter, als könne sie durch diese Berührung gerade werden. Sie rief Bekchen, damit sie urteile. Noch eine halbe Stunde müsse sie in dem prächtigen Kleid stecken, bis die Schneiderin komme. Die meldete sich früher und steckte ab. Ach, gnädiges Fräulein, wie glücklich müssen Sie sein. Jetzt noch Fräulein, sagte Fanny sich, in ein paar Tagen Frau Hensel. Abraham hatte noch aus Holland Lea beauftragt, die Mitgift auszustellen. In einem Zimmerchen im Vorderhaus stapelte sie Leinen, Bestecke und Geschirr. Schau dir's an, Fanny. Es ist schön, so beschenkt zu werden.

Sie bleibt, sagte Hensel, das Kind ihrer Eltern. Manchmal wurde er aus Eifersucht oder eingeredeter Ferne dumm. Auch jetzt, nachdem ihr Ludwig von Mühlenfels ein Kompliment machte – sie hatte für Droysen, ihn, Devrients und einige Freunde Bach und Beethoven gespielt und der junge Mann hatte ihr seine Bewunderung erklärt: Wie eine Göttin der Musik. Hensel reagierte heftig: Wie albern! Wen meint er? Euterpe oder dich? Und du schenkst diesem Esel noch ein Lächeln. Sie sagte sich, dass sie sich wahrscheinlich an diese Ausfälle gewöhnen müsse.

Sie versuchte, ihm die Distanz auszureden, spürte, wie er sie beobachtete, die erwachsene Fanny gleichsam lernte. Sie stimmte ihn ein, indem sie Erinnerungen vergegenwärtigte. Sie sang ihm die Lieder vor, die sie nach den Gedichten Wilhelm Müllers vertont hatte, Müller-Lieder aus dem Bändchen, das ihm Lea damals fürs Erste zurückgegeben hatte. Jetzt merkst du, Wilhelm, wie intensiv ich mich mit deinem Geschenk beschäftigt habe.

Seit einem halben Jahr sind sie Brautleute. Nah sind sie sich noch nicht gekommen, doch Annäherungen haben sie ausprobiert, oft schmerzten die Umstände, mitunter waren sie komisch. So wie die »Tantenbarriere«, wie er die Entschuldigung nannte, mit der sein Besuch im Hause Mendelssohn unterbunden wurde:

Er ließ den Diener wissen, er möchte Madame und Mademoiselle Mendelssohn sprechen. Der verliert sich in der Tiefe des Hauses, das seine Geräusche aussendet, begonnene Sätze, zerfallende Wörter, Gelächter. Dann erscheint atemlos Fanny, deren Anblick seine Liebe entzündet, er möchte sie in die Arme reißen, doch sie hebt, angestrengt und abwehrend, die Arme: Ach Wilhelm, Tante Jette ist überraschend zu Besuch gekommen und ich muss, bittet Mama, mich ihr widmen. Da kommst du, Liebster, ungelegen. Immerhin tut ihm dieses

»Liebster« wohl und entlässt ihn beinahe zufrieden. Doch dann gibt es das nächste Mal die Tante Hanni, danach Tante Henriette, Tante Sarah, Tante Blümchen. So baut sich die Tantenbarriere auf. Er schreibt, um sich mit ihrer Musik zu verbinden, Gedichte. Andere schreiben sie auch. Zum Beispiel Gustav Droysen. Der wohnt im Haus, geht vertraut mit Lea und Abraham um, dichtet an einer Szene für die Silberhochzeit der beiden. Fanny bespricht sich mit Droysen und hat vor, sie zu vertonen. Das bringt Wilhelm auf, das geht nicht, das darf nicht sein. Wenn er sich schon ein Vorrecht herausnimmt, dann das Dichten für Fanny. Sie versucht ihn zu beruhigen. Lea, der die Unruhen nicht entgangen sind, fragt, was so knapp vor der Hochzeit zwischen ihr und Hensel vorgehe.

Ach nichts, Mama, Wilhelm versteht manchmal hü und hott nicht.

Dann bring's ihm bei, Lea lehnt sich lachend gegen die Tür zum Grauen Salon.

Fanny holt tief Atem: Aber ja. Er hat so viel Empfindung.

Als das erste Aufgebot am 13. 9. 1829 öffentlich in der Parochialkirche ausgehängt wurde, schickt er ihr als Morgengruß ein Gute-Nacht-Lied:

> Schlaf, schlaf!
> Schließe deine Augenlider,
> Öffne deinen süßen Mund
> Und in Träumen gieb mir kund,
> Alles was ich kenne wieder.

> Schlaf, schlaf!
> Wie sich Aug in Auge traf,
> Wie sich Mund an Mund bekannten
> Und die Herzen einig brannten,
> Sage wie sich alles traf,
> Schlafe, schlaf!

Sie findet in dem Gedicht seine Melodie und versicherte Hensel in einem Brief, den sie von Paul spedieren lässt: »Ich komponiere nichts mehr für Gesang, wenigstens nicht von neuen, mir persönlich bekannten Dichtern, am allerwenigsten aber von Droysen.«

Was Droysen angeht, hält sie sich an das Versprechen.

Der Dichter Hensel korrigiert die zweite Strophe und macht sie offener für das angedeutete Gefühl:

> Wie sich Aug in Auge traf,
> Wie sich Lipp' an Lippe fragten
> Und die Herzen Eines sagten,
> Sage wie sich alles traf.

Sie könnte Felix um Rat fragen. Er könnte zwischen Wilhelm und den Eltern vermitteln. Er fehlt ihr. Niemand ruft sie mehr: Fenchel! Rebekka, die, wie Fanny findet, von Tag zu Tag schöner wird, sucht auffallend Gespräch und Nähe mit dem Mathematiker Jean Paul Lejaune Dirichlet, der, im Gegensatz zu Hensel, ein gutes Ohr hat, Klavier spielt und kundig die Sonntagsmusiken verfolgt. Er hat die Wohnung in der Belletage gemietet und ist darum Hensel gegenüber im Vorteil. Er gehört gleichsam zum Haus.

Oft bleibt Hensel in Gedanken versunken vor ihr stehen, lässt nicht zu, dass sie ihm ausweicht, wirft ihr vor, dass Droysen und sie unlängst die Köpfe zusammengesteckt hätten.

Du machst dich lächerlich mit deiner Eifersucht.

Aber ihr beide geht nicht von euren Gewohnheiten ab.

Er sieht sie so auf dem Stuhl neben dem Spiegel, wie er sie gezeichnet hat: das ovale Gesicht, noch nicht von Kinderzügen frei, die unerhörten Augen, schwarz und tief und die schiefe Schulter, die er immer gerade rückte, das schöne, üppige Dekolleté.

Bevor sie die geschmückte Kutsche bestieg, die sie, begleitet von Lea und Abraham, zur Parochialkirche bringen sollte — Hensel war bereits vorausgefahren —, hatte sie in einer Anwandlung, einem »Rückfall«, wie sie die Stimmung für sich bezeichnete, Rebekka gebeten, mit ihr den »Liederkreis« nach Gedichten von Droysen zu musizieren: »An Felix, während seiner ersten Abwesenheit in England.« Und wie immer gelang es ihr im fünften Lied, mit Felix durchs schottische Hochland zu wandern und sich auf eine Insel zu flüchten. Sie hörte Bekchens Stimme, als wäre es ihre, und die Schwester lehnte sich an ihre Klavierbegleitung.

Du denkst an Felix und nimmst Abschied von euch beiden, versuchte Rebekka den Augenblick zu erklären.

Die beiden festlich gekleideten jungen Frauen umarmten sich, spürten ihren Atem, bis Abraham rief: Es ist Zeit, du versäumst noch deine Hochzeit,

Fanny! Worauf Rebekka Fanny an der Hand fasste, sie hinter sich her zog.

Hensel stand im Kreis der Eltern und Schwestern, nur zögernd löste er sich aus dieser ihn schützenden Umgebung.

Wir warten, bis der Grell mit dem »Eingang« auf der Orgel beginnt. Sie summte das Thema und schon war, als hätte sie den Kantor Grell angestoßen, die Orgel zu hören. Langsam, bestimmte sie.

Können wir nicht?, drängte er.

Die »Entrada« muss enden, wenn wir vorm Altar stehen, flüsterte sie.

Selbst in unsere Hochzeit musst du dich mischen, sagte er.

Musikalisch! Sie drückte seinen Arm: Du musst mich lieben, Wilhelm. Jetzt bist du mein Mann.

Noch nicht, meine Liebste.

Aber bald, mein Liebster.

Was habt ihr eigentlich dauernd miteinander getuschelt?, wollte Rebekka später, bei Tisch, wissen.

Sie hat mitgesungen. Hensel verblüffte Fanny, die mit einer solch witzigen Erklärung nicht gerechnet hatte.

Er auch, fragte Rebekka.

Er kann nicht singen, sagte Fanny, aber er hat's geübt.

Pfarrer Wilmsen erinnerte an Fannys musikalische Gaben, ihren Umgang mit Johann Sebastian Bach, und rühmte Hensels Porträtkunst. In beiden fänden die Künste zueinander.

Ja, antwortete sie auf die besiegelnde Frage und erzählte später Felix, dass sie dabei gedacht habe: Ich könnte es singen.

Ja, gab Wilhelm knapp und entschieden zur Antwort.

Als sie sich, erlaubt, küssten, blickte sie über Hensels Schulter auf ihre Gäste und verspürte einen kräftigen Schub von Stolz: Zelter saß da mit seiner Doris, Alexander von Humboldt, der, wie Abraham sagte, immer wieder heimkehrende Fremde, die Varnhagen und ihr Mann, Droysen und Heyse, die Hauslehrer, und die ganze Sippe der Mendelssohns und Itzigs, vor allem Oma Bella, die ihr zunickte: Gut gemacht, Mädchen.

Zu Hause, in der Leipziger Straße, brach sie aus dem Defilee der Gäste aus, ließ Hensel stehen, lief durchs Haus, über den Hof durch den Gartensaal zum Klavier und spielte das erste Stück aus dem »Wohltemperierten Klavier«. Und wünschte sich, Felix höre ihr zu.

Rebekka holte sie: Du solltest dich noch einmal neben deiner Aussteuer aufbauen, Fanny, den Eltern zuliebe.

Ja, ich werde verwöhnt, sagte sie. Es ist ein Glück, wir werden es brauchen.

Die Familie traf sich zum Abendessen, der Esstisch war länger geworden für die ganze Verwandtschaft. Jetzt kann sie Wilhelm sagen, wie sehr ihr das Brautbukett gefallen hat, die Perle vor allem.

Sie redeten und redeten, bereiteten dem Paar redend die Zukunft vor.

Es könnte sein, sprach Hensel vor sich hin, dass wir bald nach Italien reisen.

Sie redeten und redeten.

Sie begannen, sich vor der ersten gemeinsamen Nacht zu fürchten.

»Um neun gingen wir auseinander«, trug sie ins Tagebuch ein. Luise und Minna, Hensels Schwestern, begleiteten sie bis zum Gartenhaus. »Dann schweige ich«, schrieb sie. Doch hinter dem Satz breitete sich Unruhe aus, versuchte Nähe, plötzlich erlaubt, der Geruch des andern, seine Haut, die geteilte Angst und der Versuch, sich atemlos zu vergessen.

25.

Etüde für zwei Stimmen

Es schneit. Der Park entfernt sich und wird stumm. Wenn die Stille sie plagt, setzt sich Fanny ans Klavier und spielt die Tonfolgen, die sie den Vögeln draußen ablauscht. Wilhelm geht durchs Zimmer, bleibt hinter ihr stehen, sagt aber kein Wort, sagt nicht: Du spielst dir den Frühling, Fanny. Er geht hinaus, hoch in sein Atelier, das ihm Abraham hat einrichten lassen. Sie weiß, dass Felix endlich nach Hause kommen wird, endlich, und sie spielt nicht nur, ganz mechanisch, die Vogeltriller, die Lerchen und die Stare, die Drosseln und die Finken, sie spielt auch ihrer Erinnerung entlang, sagt sich die Briefe auf, die der Bruder ihr schrieb, antwortet ihm, erzählt, lässt aus, ihr fällt ein, dass er sie noch nie in »ihrer Wohnung« besuchte, sie und Wilhelm, dass er sie als Schwester in die Arme schließen wird, nicht als Frau Hensel.

Das Vorderhaus schickt seine Unruhe voraus. Er ist angekommen. Sie spürt es, sie hört es. Türen werden aufgerissen, zugeschlagen, kurze und ausholende Schritte sind zu hören, Stimmen, erst leise, dann Rufe: Abraham! Das ist Lea, die das ganze Haus zusammenruft, die Dienerschaft, ihren Mann,

Bekchen, Paul, auch die Mieter, Devrient und Dirichlet. Er ist da!

Sie will warten, will ihn hier empfangen. Er muss über den Hof kommen und sie im Gartensaal finden, hier, wo der Flügel steht, wo sie ihm von Konzerten erzählen kann, von Gästen, die ihm das Hierbleiben schmackhaft machen könnten. Sie ruft nach Hensel. Er wird bald da sein. Sie lassen sich Zeit, den Empfang auszukosten. Als sie ihn lachen hört – er muss es sein, der lacht –, spürt sie, wie Eifersucht aufkommt. Sie steht nun hinter der Tür, lauscht, geht die vergangene Zeit in Sätzen durch, in Sätzen aus ihren, aus Klingemanns Briefen und aus denen von Felix.

Der Verabschiedung von Felix war Hensel damals ferngeblieben. Sie und Rebekka hatten sich mit ihm in der Akademie getroffen, wo Hensel auf Wunsch des Königs die Ausstellung mit seinen römischen Bildern vorbereitete. Sie liefen an den Bilderwänden entlang, er erzählte, wie er, aus der Erinnerung, bei spätem Licht in seiner römischen Wohnung gemalt habe, gezeichnet und mitunter einen Freund oder einen Bekannten zu Gast hatte, den er porträtierte.

Fanny zog die Porträts den Gemälden vor. Das ist deine Handschrift, Wilhelm. Rebekka hingegen bewunderte die italienische Färbung der Stadtbilder und Landschaften.

Hensel kam stolz auf seine Wahl zum Mitglied der Akademie zu sprechen und dass der König ihn beauftragt habe, die königliche Familie zu porträtieren. Hinter jedem seiner Sätze hörte Fanny einen anderen Satz: Ich bin ein gemachter Mann. Sie fand auf ihre Weise eine Antwort: Du wirst die Eltern nicht mehr überreden müssen. Das bestimmt nicht, setzte Rebekka etwas schnippisch hinzu.

Hensel erschreckte die beiden Frauen mit einer jähen Bewegung zur Seite. Er ließ sie gleichsam stehen. Na!, da haben wir ihn wieder, den Mendelssohn-Ton, so hochmütig, so ausschließlich. Er schüttelte sich vor Abscheu, verzog das Gesicht, worauf Fanny verlegen die Schultern hob und in sich hinein lachte: Aber ich bitte dich, Wilhelm. Das hast du doch nicht nötig. Komm morgen, sagte sie, wir verabschieden Felix. Er reist nach England. Er wehrte sich mit einem heftigen Nein. Damit hatte sie nicht gerechnet.

Auch ein solches Familienritual, sagte er. Gemeinsames Schnupftuchschwenken, wenn das berühmte Familienmitglied auf den Reisewagen springt. Nein, da wäre ich, liebste Fanny, ein Schnupftuchschwenker zu viel.

Sein Abschied hätte Hensel tatsächlich aufgebracht. Die Koffer und Seekisten waren zur Kutsche geschleppt worden, unter großem Hallo, Paul hatte sich den Trägern angeschlossen und genoss die Vorstellung, bald auch mit dem Schiff über den Kanal zu reisen, nach England. Allerdings musste er ständig zur Seite springen, Felix Platz machen, der wie ein Irrwisch zur Kutsche lief, seine Lieben umarmte, Kusshände um sich warf, den Wagen bestieg, lachend ihn wieder verließ, er habe dies und jenes vergessen: Bitte wartet auf mich, ich bin gleich zurück.

Die Eltern schüttelten den Kopf, und Abraham rief dem Ältesten, der gerade wieder im Haus verschwand, nach: Wenn du es in England so treibst, lieber Felix, dann werfen die Briten dich hinaus. Felix beantwortete die Vermutung des Vaters, indem er den Hut schwenkte und rief: Ich werde dort erwartet, Papa! Dann, ein paar Schritte vor dem Reisewagen, riss er Fanny in die Arme, sein Atem fuhr ihr heiß übers Gesicht, sie war den Tränen nah: Ich schreib dir, ich schreib euch, jeden Tag. Bestimmt, bestimmt.

Du wirst mir fehlen, Bruder.

Du mir auch, Fenchel.

Ich muss, flüsterte er ihr ins Ohr, Fenchel, liebste Fenchel.

Im Nachhinein fand sie es gut, dass Wilhelm den Bruder nicht mit verabschiedet hatte.

Felix musste nicht bleiben, um seinen Ruhm in Berlin zu mehren. An Bachs Geburtstag, dem 21. März, wurde auf Anregung des Kronprinzen die Aufführung der Matthäuspassion wiederholt. Zelter dirigierte anstelle von Felix. Fanny starrte ihn mit einer Inbrunst an, den alten Mann am Klavier, als könnte sie ihn in den jungen verwandeln, den sie sich her wünschte, den sie in Gedanken heimholte, den Bruder. Und der nun heimkehrte.

26.

Etüde für alte Hochzeiter

Sie spielen, sie planen wie immer. Felix hat sich kaum Zeit genommen, von London, den Freunden, von Klingemann und den Unannehmlichkeiten der eiligen Reise zu erzählen: Erst über den Kanal, bei Sturm, die Wellen schlugen über die Reling, mir war übel, ich hätte sterben wollen. Dann die schrecklich unbequemen Postkutschen, das Warten an den Stationen, die miserablen Hotels und dazu noch die Eiseskälte im Sauerland, die er in seinem Wagen kaum aushielt, weil ihm ein Reiseplaid fehlte: Das Bein fror mir an und ich besuchte den Amtsarzt in Arnsberg, der, du kannst mir glauben, durchtrieben und kenntnisreich war in der Behandlung von Gefrierfleisch. Er saß vor ihr, riss die Hose über die Waden: Schau dir das Malheur an, Fenchel.

Sie kommt nicht dazu, über ihre Arbeit zu sprechen und auch nicht über die Neuigkeit, die sie den Eltern noch verschweigen will bis zur Feier ihrer Silbernen Hochzeit.

Fangen wir an, wir müssen probieren, ohne dass die Alten eine Ahnung davon bekommen. Ruf Rebekka, ruf deinen Wilhelm, ruf die Devrients, ruf Paul. Er schickte sie aus, als wäre sie's noch gewöhnt.

Aber Felix, sagte sie, pflanzte sich in die Tür zum Hof und ließ einen Schub kalter Luft wie einen ungebetenen Gast an sich vorbei, aber du hast doch noch Zeit, bist noch nicht einmal fertig mit deinem Stückchen, und du kannst sie dir selber zusammenrufen. So lernst du das Haus und seine Bewohner kennen.

Ja, fragte er erstaunt, als habe sie in einer fremden Sprache gesprochen. Und du, sein Bubentrotz färbte die Wörter ein, und du komponierst, wenn ich schon unterwegs bin, die Allegorie auf die drei Hochzeiten, die dir dein Hensel dichtete.

Sie kommt nicht dazu.

Der Heilige Abend wurde, gegen die Familientradition, nur peripher gefeiert, als Vorbereitung für das große Elternfest, die Silberne Hochzeit. Felix erlitt einen Rückfall in die Kinderjahre, stellte sich bewundernd vor dem Weihnachtsbaum auf und fand, dass die Äpfel wie ehedem golden glänzten. Sonst waren die Türen zum Wohnzimmer verschlossen und öffneten sich erst von Engelshänden am Abend, sie alle zappelten, natürlich die Älteren weniger als Bekchen und Paul. Fanny und Felix wurden abkommandiert zum Musizieren: »Es kommt ein Schiff geladen«, das war nach Abrahams Geschmack. Felix summte jetzt das Lied vor sich hin.

(Den Baum, den »großen Tannenbaum in der Mitte«, so zu sehen, hat mich E. T. A. Hoffmann angestiftet. Ich rede, was er schrieb, dem Heimkehrer Felix ein: »Der große Tannenbaum trug viele goldne und silberne Äpfel, und wie Knospen und Blüten keimten Zuckermandeln und bunte Bonbons und was es sonst noch für schönes Naschwerk gibt, aus allen Ästen.«)

Die Familie verstand zu feiern, passte sich den Feiertagen an, doch alle Feste hatten einen musikalischen Grund, sie zehrten von Bach.

Der Gartensaal blieb, bis Lea und Abraham gefeiert wurden, Proberaum, den Alten verboten: Lasst euch überraschen! Sie waren dazu bereit. Ihrer Neugier half die Fantasie, sie können sich vorstellen, was die Kinder vorhaben, was sie treiben. Bei weitem aber nicht alles. Dass Felix sie mit einer Komposition beschenken wird, erwarten sie. Vielleicht auch von Fanny.

Der Winter eroberte den Gartensaal, Jahr für Jahr würde Fanny gegen ihn kämpfen, gegen die Eisblumen, die Rinnsale an den Fenstern und auf dem Boden.

Wenn du singst, sagte sie einen Winter zuvor zu Devrient, dann werden die Noten im Hauch vor deinem Mund sichtbar.

Hensel rief sie ins Atelier, um ihr die Vase zu zeigen, die er in der preußischen Porzellanmanufaktur in den letzten Tagen ausmalte und die dort gebrannt wurde. Die Zeichnungen, die Blumen und Blütensträuße waren ihm gelungen. Sie bewunderte die Zartheit seiner Kunst: Die Eltern werden sich freuen, sagte sie und nahm ihn flüchtig in die Arme. Mama erwartet mich. Sie freute sich und war vor Freude durcheinander, und Abraham war natürlich auf Reisen.

Es geht um die Gäste. Wer und in welcher Zahl? An einem Abend nur die Verwandten, die Vertrauten, die Mitbewohner. Noch vor Weihnachten sollten die Einladungen ausgetragen werden, vor allem für den zweiten Abend, zu dem die Freunde und

Liebhaber der Sonntagskonzerte geladen werden sollten.

Für einen Schreiber hatte Abraham gesorgt.

Und wer entwirft, was zu schreiben ist?

Lea rieb mit den flachen Händen die Hüften, die sie neuerdings schmerzten: Diese Aufgabe hat Abraham mir zugewiesen.

Und wir?

Ihr seid ohnehin beschäftigt. Aber steckt die Köpfe zusammen und schreibt die Gästeliste auf. Ich bitte euch.

Fanny war überrascht, dass sie ihre Mutter auf einmal als ältere Frau sah, als alternde. Sie übersprang diese Schwelle, verblüffte Lea mit einer raschen und heftigen Umarmung.

Wie hab ich das verdient, fragte Lea lachend.

Du wirst es schon wissen. Fanny lief sich und ihr davon.

Jetzt, zwischen den Feiern, merkte sie, dass sich das Haus verändert hatte, seit Felix wieder zurück war. Sie musste nicht mehr frieren, musste nicht den Wechsel ihrer Stimmungen fürchten. Sobald sie an ihn dachte, war er da, gegenwärtig, plante, redete, redete wie früher, fasste sie an, schubste sie und lachte, wenn Hensel missbilligend den Kopf schüttelte. Er ist halt so, verteidigte sie Felix gegen Hensel, wie gut, dass sein Ruhm und die Welt ihn nicht gefälscht haben.

An einem Nachmittag, als die Wärme der eifrig Probierenden das Eis auf den Scheiben auflöste und das Wasser in Rinnsalen über die Diele floss, sie über die Bächlein hüpften, zog sie ihn neben sich:

Halt, Felix, ich muss dir was sagen.

Er versuchte sich loszumachen: Ist es wichtig, Fenchel? Du störst.

So hatten sie als Kinder miteinander geredet. Stets hatte er etwas vor, war er in Eile. Immer störte sie, hielt ihn auf.

Ja? Er strich sich die Haare aus der Stirn. Früher waren es Locken. Also sprich schon! Er zog sie in die Arme, dass ihr die Luft ausging. Sprich allerliebste alte Fischotter.

Ich krieg ein Kind.

Er ließ sie los, lachte, hielt sich die Hand vor den Mund: Du?, fragte er, als traue er es ihr nicht zu. Du?

Ja, ich.

Wann, Fenchel? Er begann ihre Arme zu streicheln, sodass die Haut elektrisch wurde.

Es könnte im Sommer sein. Im Juni.

Und das war der Wilhelm? Er blinzelte sie an.

Das kann er.

Felix trat zurück, spielte den Älteren, den Überlegenen. Sie lachte nun laut und hell, sodass die andern nach ihnen schauten.

Fanny schlug als Erster der feuchte Frost auf die Stimme. Das brachte Hensel zu dem Vorschlag, die Proben in sein Atelier zu verlegen. Da gäbe es weniger Platz, doch einen Ofen, und sie könnten ihre Stimmen schonen. Und die Eltern bekämen weniger von ihren Umtrieben mit. Gerade ihn, dessen Stimme am wenigsten gefährdet war, den die ganze Familie für ausgesprochen unmusikalisch hielt, hatte Felix auf eine Note gesetzt. Hensel durfte seine Partie durchgehend in einem Ton singen und spielen. Felix versuchte, ihm die Rolle schmackhaft zu machen, indem er ihren Rang hervorhob: Es geht immerhin um einen Bürgermeister! Wilhelm gelang es, noch während der Aufführung, den einen Ton des Öfteren falsch zu singen. Hernach verteidigte er sich, er habe ab und zu eine Abwechslung gebraucht. Des Bürgermeisters Frau war auf Alt gestimmt, die sollte natürlich Fanny singen. Und Bekchen mit ihrem Sopran deren Pflegetochter oder – wie es in der Sprache des neunzehnten Jahrhunderts hieß – deren Mündel. Den Bruder zu singen und zu spielen, hatte sich Felix selber vorgenommen, doch gleich zu Beginn stellte er fest, sein Bein sei noch immer malad und ein humpelnder Sohn sei nicht vorgesehen. Also musste ein Ersatz gesucht werden.

Immer waren sie in Eile, standen unter Druck. Manchmal zog sich Fanny aus dem Getümmel zurück. Sie hatte ja den Auftrag, die Eröffnung, die Ouvertüre zu komponieren. Sie hörte und sang nach. Manchmal bekamen die Einfälle von Felix ein Gewicht, gegen das sie aufbegehrte. Du pfeifst wie ein Sperling, tadelte er sie.

Ich bin einer. Sie lachte und lachte. Bis Hensel, aufmerksam geworden, hinter sie trat, sie an den Schultern fasste und ihr leise vorwarf: Du bist ein wenig außer dir, Fanny.

Sie lachte und brachte ihn durcheinander, indem sie ihn ihren liebsten Eintonmenschen nannte.

Eduard Mantius, ein junger Tenor, der zum ständigen Personal der Sonntagskonzerte gehörte, wurde ins Vertrauen gezogen.

(Ich widersetze mich schon wieder erzählend dem Aufwand an Personen, der das Mendelssohn-Haus kennzeichnet. Es sind zu viele. Sie werden mir zu viel, müsste ich ihre Lebensläufe, ihre Eigenheiten kennen, müsste ich sie »hören«, wie die Mendelssohn-Kinder. Ich habe nachgesehen: Mantius blieb in der Tat Tenor, machte seine Gabe zum Beruf.)

Und nun sang er anstelle von Felix und gab Bekchen die Gelegenheit, mit seinem Namen zu spielen: Herr-Mantius spielt den Hermann. Und wo bleibt der Tius?, fragte Fanny.

Sie ging noch mit ihrer Ouvertüre um, Felix drängte, er wollte die Instrumente wissen, die Musiker müssten für die zwei Abende bestellt und engagiert werden.

Wenn du so auf mich einredest, Bruder, fällt mir nichts ein.

Am ersten Weihnachtsfeiertag waren sie Gäste wie alle andern, die sich zur Gratulation versammelten. Zelter, vor allem Doris, seine Tochter, sorgten für Einladung und Organisation, wobei Lea, nach einigem Hin und Her, darauf bestand, »unterrichtet zu werden«. Natürlich waren Rat und Mitarbeit der Kinder auch für den Abend gefragt. Seit dem 20. Dezember probten sie nun »Die Rückkehr«. Die Spannung entlud sich in kurzen Krächen, ausdauernden Zweifeln und Sticheleien. Fanny konnte derartige Stimmungssteigerungen nicht leiden, Felix jedoch brauchte sie wie Champagner oder Kaffee.

Bekchen erwies sich, je bedrängender die Zeitnot schien, mehr und mehr als geistesabwesend, was Felix zu skurrilen Tiraden verführte, die Fanny wiederholte, wenn sie dem »unmusikalischen Wilhelm«, der vorgeblich in der Akademie arbeitete, vom Tag berichtete: Sie ist weg, Bekchen ist weg, weg.

Guten Morgen, kleine Schwester. Schon ein paar Noten verzehrt und deine Vokabeln gelernt? Sind wir nun da? Bek-chen!

Die Geiger störten Felix. Fanny fand, sie spielten ordentlich und seien überdies freundlich.

Was ihn auf die Palme brachte. Schon die ersten Takte der Ouvertüre vernudelten sie.

Vernudeln? Du meinst vergeigen?

Ärgere mich nicht, Fenchel.

Das habe ich nicht vor.

Er nahm sie in die Arme, seufzte auf. Es geht ja gar nicht um die Geiger. Es geht ums Stück. Ich kann keine Szenen komponieren. Die hat sich Klingemann rührend ausgedacht in Anspielungen auf die Familie.

Aber du kannst es! Sie wand sich aus seiner Umarmung, setzte sich auf einen der Stühle, die aufs Publikum warteten: Aus England hast du Fragen mitgebracht. Sie lachte. Ich rate dir, Bruder, sprich nicht allzu oft mit dir selbst.

Die Gäste kamen. Doris klopfte bei ihnen im Gartenhaus an, der Saal fülle sich und das Silberne Paar nehme vorne im Herrenhaus die Gratulationen entgegen.

Sie kamen alle, die Freunde, sie traten auf, es war eine ihrer Bühnen, das Haus in der Leipziger Straße. Es kamen die Humboldts, Heine war zufällig hier, Zelter selbstverständlich, Prinz Louis Ferdinand, der, nach Abrahams großzügigem Verständnis, passabel Klavier spielte und sogar komponierte, Henriette Herz und die Varnhagens, Geldfritzen, wie sie Felix zu nennen pflegte, aus dem engsten Bekanntenkreis von Abraham, und einige Freunde der Freunde, die vorgestellt werden wollten.

Fannys Eröffnung war nebenbei probiert worden, Hensel hatte sie sich ausgedacht: Drei Herolde rufen Grazien auf die Bühne, die die Baumwollene, die Silberne und die Goldene Hochzeit verkörpern sollten, Vergangenheit, Gegenwart und Zukunft. Therese Devrient, Rebekka und Fanny. Felix dirigierte und schaffte es, Rebekka einen gefährlichen Kiekser auszutreiben, gerade ihr, der Verkörperung der Goldenen Hochzeit. Erleichtert schwärmte sie danach von seinem »Dirigierstäbchen«.

Sie kommen! Fanny lehnte sich gegen den Türrahmen und sah die Eltern inmitten eines Pulks von Menschen über den Hof treiben. Abraham erzählte von einer seiner Reisen oder vielleicht auch von dem Englandaufenthalt seines Sohnes. Sie spürte, wie das Kind sich in ihrem Bauch rührte, und wünschte Hensel neben sich. Rebekka sprang für ihn ein, legte den Arm um Fanny. Wer wärmt sich an wem, fragte sich Fanny und drückte sich eine Spur enger an die kleine Schwester.

Ich hoffe, Felix hebt mich heute mit seinem Stäbchen auf das hohe B.

Er kann alles, sagte Fanny eher vor sich hin und verblüffte Rebekka.

Nein, du traust ihm alles zu, Fanny.

Ihr Lachen mischte sich so einladend, dass die Eltern mit der begleitenden Gesellschaft anhielten, zu ihnen blickten und winkten.

Der Gartensaal steht offen, die Musiker warten, rief Fanny, und Rebekka lachte der Einladung hinterher.

Fanny hatte, nachdem die Festtage vorüber waren, die Spiele, die Konzerte, das Defilee an Vater und Mutter, der wenig beachtete Weihnachtsbaum, sie hatte das Gefühl, dass sie sich über viele Stunden, über eine unendlich lange, angespannte und übermäßig heitere Zeit in einer Szene befand, an deren Anfang sie sich nicht mehr erinnerte und die nicht enden wollte: Sie war umgeben von Stimmen, vertrauten und unvertrauten, und Musik, manchmal sah sie aufblickend den Bruder vor sich, das Taktstöckchen in der Hand, und hörte sich singen, doch ihre Stimme kam aus einer Ferne, die sie sich insgeheim wünschte, bis Felix ihr zunickte: Bleib hier, bleib bei dir, Fenchel, und sie die strahlenden Eltern vor sich sah, auf ihren Stühlen thronend, glücklich und auch wieder weit entfernt, wie auf einem Bild von Hensel.

Am Ende fragte sie sich erschöpft, nachdem Klingemann die Noten seines Singspiels geschickt worden waren, an welchem der beiden Abende – für die Bekannten, für die Verwandten – die Aufführung ihnen besser gelungen sei. Nur Bekchen war über ihren Gesang unglücklich, teilte aber ihre Unzufriedenheit in zwei Unzufriedenheiten auf, wie sie mit bitterernster Miene zum Besten gab. In Fannys symbolischem Vorspiel sei ihr mehr gelungen, habe sie sich wohler gefühlt als in dem Heimkehrerstück. Diese Rolle habe ihr nicht gelegen, nein.

Die alten Hochzeiter fanden zu Fannys Erstaunen das Stück beeindruckend und dachten nicht daran, die Klingemannsche Fantasie auf sich zu beziehen. Bekchen hingegen empörte sich über die Verkleidungen: Papa sei doch kein Bürgermeister, er sei Stadtrat, und Mama sei als Mutter eine schiere Übertreibung. Darin stimmte ihr Fanny zu. In forciertem Sopran sang Rebekka: »Es saß vor langer, grauer Zeit/eine Königin auf hohem Throne./Sie liebte von all ihrer Herrlichkeit/nichts gleich ihrem einzigen Sohne ...«. Sie stemmte die Hände in die Hüften, ließ den Atem zwischen den Lippen platzen und sagte trocken: Wenn da nicht unser Felix gemeint ist, unter Unterschlagung von Paul.

Felix, der mit einem Tuch das Kondenswasser von der Fensterscheibe auffing, dabei seine Gedanken wandern ließ, entgegnete trocken: Das ist Blödsinn, Bekchen. Klingemann hat das eben, an die Eltern denkend, ein bisschen zu stark idealisiert.

Paul, der nun endlich an ihren musikalischen Umtrieben teilnehmen konnte, von seinem großen Bruder gehätschelt und gelitten wurde – unser Familiencellist! –, mischte sich mit der Bemerkung ein, dass an dem Hermann keiner kritteln könne, denn den habe kein Mendelssohn gesungen.

Aber die Rolle, widersprach Fanny, der verlorene Sohn, der erst einmal von seiner sohnesversessenen Mutter nicht erkannt werde, das Hermännchen. Sie rang die Hände und spielte die Mutter, vor lauter Sehnsucht blind, und sang, die Rolle ergänzend, den Hermann, den heimkehrenden Sohn: »Wenn die Abendglocken läuten/Und das Hirtenhorn erschallt,/Sammeln sich die weit Zerstreuten/Ziehen heim aus Flur und Wald.« Sie durchquerte den Saal, als schließe sie sich den Heimkehrenden an, die Geschwister und Freunde wichen ihr aus dem Weg, Bekchen sah ihr kopfschüttelnd zu, anscheinend folgte sie einem Ruf oder hatte von allem Allotria genug. Sie ging nach nebenan in die Wohnung, über den kalten Flur, setzte sich im Salon auf den Diwan, streckte die Beine aus, legte die Hände auf den Bauch, in dem das noch fremde, stumme Wesen rumorte.

27.

Intermezzo mit Knaben

Der verflixte Mai, schimpfte sie schon am ersten Tag des Monats. Dem wird sie nicht trauen, das weiß sie. Felix hatte vor, bald zu einer Reise nach Italien aufzubrechen, tat genau das, was sie sich wünschte. Doch sie hatte ihn einst mit ihrem Blick nach Italien – ich habe nach Italien gesehen! – verrückt gemacht. Er hatte es ungleich leichter, seinen Träumen zu folgen. Für ihre Träume sind Hensel, die Eltern zuständig. Immer wieder lief sie über den Hof ins Haupthaus, um Felix bei seinen Vorbereitungen zuzusehen, zu helfen.

Dein Gepäck wird schwer.

Die Reisetruhe half sie ihm einzuräumen: die Hosen zuerst, auf den Boden. Da knittern sie nicht. Auf die Hemden musst du achten, riet sie, ernst und mit einem Anflug von Neid.

Ich werde an dich denken, Fenchel, und Goethe auf der Hinreise von dir grüßen.

Du hast es gut.

Und du? Was dich erwartet und was du erwartest, sollte dich freuen. Er legte seine Hand auf ihren Bauch und lächelte ihr zu. Er lächelt auf mich ein, dachte sie.

Ich bin fertig mit meiner Symphonie. Willst du sie hören? Er wartete nicht auf ihre Antwort, zog sie hinter sich her. Sie sei mit Rebekka verabredet, sagte sie, die sich Sorgen über die feindseligen Launen des Vaters mache, bitte nicht jetzt, Felix, sagte sie, murmelte vor sich hin, gab ihren Widerstand auf, im Gartensaal lief er zum Flügel: Ich hoffe, sie ist mir gelungen, sagte er und fügte hinzu: Es ist meine vierte, als wüsste sie es nicht.

Er begann mit dem Andante, das sie an diesem Tag dreimal nacheinander hören würde, wie die ganze Symphonie. Sie sang unwillkürlich mit. Er brach ab, schaute fragend zu ihr hoch. Das erinnert mich an deine Dürer-Kantate. Sie beugte sich über ihn, um die Noten lesen zu können: Immer erzählst du weiter, was dich bewegt.

Italien, sagte sie, du nimmst mir das Land vorweg.

Wilhelm kennt das Land. Er wird dich mitnehmen.

Sie rieb ihren Kopf an seiner Schulter: Und du, du wirst eine Italienische schreiben und sie dann, bist du zurück, dreimal nacheinander auf dem Klavier spielen.

Behutsam nahm er ihren Kopf zwischen seine Hände, küsste sie auf die Stirn: Gute Nacht, Fenchel. Adieu.

Nein, nein, ich winke dir morgen früh in der Kutsche nach.

Er konnte wie ein Geist verschwinden. Sie schaute auf, er war nicht mehr da.

Rebekka sorgte dafür, dass sie an diesem Abend den Bruder noch einmal sah.

Wir besuchen ihn, wie früher, in seinem Zimmer, schlug Rebekka vor, und erzählen uns gegenseitig Geschichten zur guten Nacht.

Sie klopften an.

Er hatte sie erwartet, faltete die Hände hinterm Kopf und streckte sich erwartungsvoll aus: Schwestern!

Sie gaben sich Stichwörter, tasteten sich ins Gespräch hinein. Fanny begann natürlich mit Weimar, wie lange er vorhabe, dort zu bleiben.

Ein paar Tage.

Und dann fragte Rebekka, ob er auf Goethes Spuren nach Italien wandere.

Beneidenswert, setzte Fanny dazu. Wenn du heimkommst, wird das Baby auf der Welt sein.

Habt ihr schon den Namen?

Frag lieber nicht. Rebekka hält sich selbst und nicht Felix den Mund zu.

Danach redeten sie lange über die Eltern, den Jähzorn des Vaters, der neuerdings wieder zugenommen habe. Er lege sich fast mit allen an, die etwas mit ihm zu tun hätten.

Fanny schaute zur Tür, als erwarte sie ihn gleich.

Mama braucht Unterhaltung. Rebekka fasste nach Fannys Hand. Sie saßen beide auf der Bettkante. Und du musst dafür sorgen, Fanny, mit deinen Einfällen. Oder vielleicht mit kleinen Konzerten.

Ohne Felix, fragte Fanny.

Der war noch in Gedanken beim Vater und fing unvermittelt an, von dessen Geldverlusten zu sprechen, den Spekulationen, die schiefgegangen seien.

Woher weißt du das, fragte Rebekka empört.

Von Onkel Joseph. Er setzte sich auf: Aber kommt

um Himmels willen nicht darauf zu sprechen. Er war mit ihrem zweistimmigen Nein zufrieden.

Rebekka lehnte sich an Fanny, sagte leise, als fürchte sie Lauscher: Ich kann nur hoffen, dass er und Mama mit meinem Dirichlet einverstanden sind.

Das Was? und das Wie? kamen dissonant. Den Geschwistern war die Beziehung Rebekkas zu dem Mathematikstudenten Dirichlet, der öfter den Konzerten beiwohnte und den die Eltern als möglichen Mieter ins Auge gefasst hatten, nicht aufgefallen. Felix ließ sich ins Kissen zurücksinken: Neuigkeiten! Jetzt lasst mich schlafen, liebste Schwestern, sonst wirft mir der große Goethe Reisemüdigkeit vor.

Am Morgen stand sie früh auf, lauschte in den Park, die ersten Vögel lärmten und Hensel schimpfte, sie solle auf sich achten, in diesem Zustand, Felix könne ohne ihr Adieu abreisen. Sie lief durchs Zimmer, öffnete das Fenster zum Hof, hörte die Eltern mit Felix sprechen.

Ich bin gleich zurück. Rasch zog sie die Tür hinter sich zu.

Sie liefen zu dritt, Paul, Rebekka und sie, hinter der Kutsche her, winkten, riefen, Felix winkte, rief:

Irgendwann Italien! Fanny schaute dem Wagen sehnsüchtig hinterher. Irgendwann, später. Lea hatte es ihr fürs Erste ausgeredet. Ohne finanziellen Beistand sei ihr die Reise unmöglich.

Wie immer nach seinem Abschied spürte sie den Sog, folgte Felix in Gedanken, wiederholte ihre musikalischen Einfälle am Klavier, die seinen ebenso – sie hatten, ehe er in den Wagen stieg, im Beisein Rebekkas noch einmal das alte Streitgespräch geführt, über ihren Weiberneid und seine männlichen Vorteile.

Du kannst die Welt besuchen, Goethe und Schumann und Bellini, du kannst deine Musik vorführen in München, in Rom, in Wien.

Er stand vor der Tür, mit dem Rücken zur Straße, zum Wagen, eine leichte Tasche in der Hand, wiegte sich: Sei froh, Fanny, dass du hierbleiben kannst im Schutz dieses wunderbaren Hauses, sei froh, dass die Wölfe nicht über dich herfallen, über deine Musik, die Neider und Besserwisser, die Gehörlosen und Schreihälse, dass du nicht dem Wettkampf der Gestirne ausgesetzt bist.

Rebekka, die sich bei Fanny eingehakt hatte, fiel ihm in diese sonderbare Trostrede: Und als welchen Stern siehst du dich?

Fanny antwortete so, als sei es in diesem Stück ihr vorgeschrieben: Als Glücksstern, als Wanderstern.

Der Winter zog sich hin. Fanny ließ sich nur selten im Vorderhaus sehen, um der gereizten und streitbaren Lea aus dem Weg zu gehen, die darunter litt, dass »ihre Männer«, Abraham und Felix, unterwegs waren und schon deshalb Fanny die italienischen Reisepläne mit Vehemenz ausredete. Sie müsse erst einmal das Kind zur Welt bringen und dafür sorgen, dass es nicht bloß mit einer Amme und einer Großmutter aufwachse. Schlag dir diesen Traum aus dem Kopf. Du hast die Masern unterdrückt. Sie könnten dir schaden.

Die Mendelssohn-Jugend hatte, mit Ausnahme von Fanny, die Masern bekommen, hohes Fieber,

Ausschlag. Rebekka zuerst. Paul hing mit dem Fieber hinterher.

Fanny dachte sich Programme für Sonntagskonzerte aus. Sie musste alle Kraft zusammennehmen und manchmal hatte sie das Gefühl, als wirkten die Masern der Geschwister in ihr nach.

Im Mai, sie hatten auf Post von Felix gewartet, und Lea beklagte seine Schreibfaulheit, im Mai kam Rebekka als Postbotin über den Hof und rief: Mama hat einen Brief von Felix vorzulesen. Fanny! Wilhelm!

Sie fanden sich alle im Herrenhaus ein und setzten sich rund um Lea.

Felix bei Goethe, leitete sie ein und fuhr sich mit spitzer Zunge über die Oberlippe: »Da fand ich ihn denn im Äußern unverändert, anfangs aber etwas still und wenig teilnehmend ... Da kam zum Glück die Rede auf die Frauenvereine von Weimar, und auf das Chaos, eine tolle Zeitung, die die Damen unter sich herausgeben und zu deren Mitarbeiter ich mich aufgeschwungen habe.«

Mit »ich« meint er Goethe, erklärte Lea trocken.

»Auf einmal fing der Alte an lustig zu werden ... dann erzählte er Geschichten von einer jungen Dame, der er einmal die Cour gemacht hätte, und die auch einiges Interesse an ihm genommen habe. ... Nach Tische fing er denn auf einmal an: ›Gute Kinder – hübsche Kinder, muss immer lustig sein – tolles Volk‹, und dazu machte er Augen wie der alte Löwe, wenn er einschlafen will. Dann musste ich ihm vorspielen, und er meinte, wie das so sonderbar sei, dass er so lange keine Musik gehört habe. ... Da ich gebeten hatte, mich Du zu nennen (wozu Rebekka schnalzte), ließ er mir den folgenden Tag durch Ottilie sagen, dann müsse ich aber länger bleiben als zwei Tage, wie ich gewollt hätte, sonst könne er sich nicht wieder daran gewöhnen. Heute soll ich ihm Sachen von Bach, Haydn und Mozart vorspielen, und ihn dann weiter führen wie jetzt, sagt er.«

Sie klatschten Beifall, auch Devrient, der sich zu den Zuhörern gesellt hatte.

Wem applaudiert ihr, fragte Lea, faltete den Brief und steckte ihn in die Rocktasche, Felix oder mir?

Am 6. August 1830 schrieb Fanny in einem Rückblick auf die vergangenen Monate in ihr Tagebuch: »Den 24ten Mai legte ich mich und hatte Nacht den Unfall, der eine frühe Geburt befürchten ließ und all meinen Mut und meine Kraft in Anspruch nahm.« Sie spricht diskret von einem Unfall, hält sich an die Wortwahl ihrer Zeit, traut sich nicht, deutlich zu werden. Es war eine vorzeitige Blutung, die sie in Angst und Panik versetzte. Der Arzt wurde gerufen, er konnte nicht viel helfen, ihr nur Bettruhe verordnen, sie werde liegen müssen, bis das Kind zur Welt komme. Lea und Rebekka wachten abwechselnd, Hensel blieb in der Nähe, zog sich nur ab und zu in sein Atelier zurück. Abraham »machte Besuche«. In den Gesprächen rund ums Krankenzimmer wurde darüber debattiert, was zu dieser furchtbaren Unpässlichkeit geführt haben könnte. Beinahe alle kamen auf die Masern, unter denen die Geschwister gelitten hatten. Die verflixten Masern. Im Krankenzimmer hingegen nutzte Fanny die Gelegenheit, die Zukunft zu planen, versuchte noch einmal Lea zu überreden, der Reise nach Italien zuzustimmen, sie werde ihrer Genesung nützen, das Klima, und sie erfand, um die Mutter umzustimmen, ein Sonntagskonzert, wusste, welche Musiken auf dem Programm stehen würden: Etwas Neues von mir, für das Kind, sagte sie Rebekka an einem Abend, als die Schmerzen und die Angst wieder überhandnahmen, und versprach es sich selbst. Felix fehlte ihr sehr. Er wusste über ihren Zustand Bescheid. Rebekka, Wilhelm, Lea unterrichteten ihn. Am 16. 6. setzten viel zu früh die Wehen ein, die Schmerzen fielen über sie her und verließen sie mit dem Kind, das zwei Monate zu früh geboren wurde. Ein Junge. Wilhelm und sie hatten seinen Namen in Abendgesprächen ausprobiert: Sebastian.

Am Tag darauf kam ein Brief von Felix, geschrieben am 14. 6. in München: »Mein liebes Schwesterlein! Da hab ich heut früh Euren Brief vom 5. bekommen, und so bist Du noch immer nicht wohl; ich möchte gern bei Dir sein und Dich sehn, und Dir was erzählen; es soll aber nicht gehen. Da habe ich Dir denn ein Lied aufgeschrieben, eben wie ich's wünsche und meine; dabei hab ich Dein gedacht, und es ist mir sehr weich dabei. Neues ist wohl nicht darin; Du kennst mich ja und weißt was ich bin, der bin ich denn immer noch, so magst Du darüber lachen und Dich freuen. Ich kann Dir wohl was anderes sagen, was Besseres aber nicht. Weiter soll auch nicht im Brief stehn; dass ich Dein bin, weißt Du.«

Sie bat Rebekka, das »Lied ohne Worte« ihr auf dem Klavier vorzuspielen.

Es ist wie ein Liedchen von damals, sagte sie.

Die von Lea bestellte Amme brachte das Bübchen.

Es war dünn, zerbrechlich, und sie stellte beschämt fest, dass sie es erst lernen müsste, mit einem solchen Wesen umzugehen.

Die Frau fand, das lerne sich rasch.

Die Stimmen wurden lauter, bekamen eine andere Farbe. Ihr braucht mich nicht mehr zu schonen, rief sie ihnen zu. Rebekka zählte die Schritte, die sie bei jedem Gang hinzugewann. Sie stützte sie nicht mehr, ließ sie los, ging neben ihr, feuerte sie an. So überschritten sie die Schwelle hinaus in den Garten.

Ich könnte tanzen.

Du kannst es aber nicht. Rebekka hielt sie fest.

Aber ich muss eine Kantate komponieren.

Das kannst du wohl.

Sie lachten zweistimmig, Rebekka im Sopran und sie im Alt.

Die Sommerwärme machte den Garten wohnlicher als das immer kühle und feuchte Haus. Sie öffnete die Türen zum Gartensaal und dachte sich die Einladungslisten aus für einen der kommenden Sonntage. Vor lauter Geschäftigkeit kam sie nicht zur Arbeit. Lea brachte den kleinen Sebastian, er schrie, und es gelang ihr nicht, ihn zur Ruhe zu bringen, kopfschüttelnd musterte sie den Winzling und gab dabei eine giftige Arie auf die Amme von sich: Diese Person ist mir empfohlen worden, von Madame Humboldt, verlässlich sei sie und ein treues Bauernkind. Wenn sie das wäre, sie kommt nicht einmal vom Land, sondern aus der Stadt, hat allerlei Flausen im Kopf und Kerle, vor denen du dich fürchten würdest, nein, nein, ihr lass ich den Sebastian nicht, und weiß der Himmel, ob diese Milch dem Jungen schmeckt.

Fanny lachte über die großmütterliche Erregung, diesmal ohne Rebekkas Begleitung. Ach, Mama.

Wilhelm hatte, befreit von seinem Wächteramt, mithilfe einiger Studenten neben seinem Atelier eine Schülerwerkstatt eingerichtet und war froh, endlich zu Hause Unterricht geben zu können. Er hatte seine Schwester Luise gebeten, Fanny mit dem Kind zu helfen, ihr Gesellschaft zu leisten. Die große Dichterin. Sie war schön und streng. Fanny hatte den Eindruck, als rieche sie nach Weihrauch, und rief sich zurecht. Sie sah zu, wie Luise Lea den Jungen abnahm, behutsam und kundig, sie werde sich um den Haushalt kümmern und um den Jungen, Fanny auf jeden Fall »das Gröbste« abnehmen. Fanny erinnerte sich an die Legenden, die Felix aus dem Haus Stägemann erzählt hatte, von der musikalisch-poetischen Gesellschaft, die sich dort traf, dass Luise von zwei jungen Dichtern angebetet worden sei, von Brentano, der heftig um sie warb, und von Wilhelm Müller.

Dank Luise hatte sie Zeit, die Sonntagskonzerte vorzubereiten, Musiker einzuladen, Programme auszudenken, Felix um Neues zu bitten, selber für Überraschungen zu sorgen.

Am Sonntag nach der Geburt begleitete sie Lea und Wilhelm in den Gottesdienst und besprach mit Pfarrer Wilmsen danach die Taufe Sebastians. Nach diesem Gespräch, hatte sie gesagt, fällt es mir beinahe leicht, fromm zu sein.

»Lobgesang« nannte sie die Kantate zur Geburt Sebastians.

Rebekka und Hensel waren die Ersten, denen sie die Aria vorsang, sich auf dem Klavier begleitend.

Sie hatte die Verse Meltzers schon während der Konfirmation im Gesangbuch entdeckt: »O dass ich tausend Zungen hätte«. Nun musste sie das alte Lied vergessen, um es für ihren Sohn neu zu erfinden. Sie würde es nicht selbst singen, wahrscheinlich Therese Devrient oder Rebekka. In A-Dur. Sing du jetzt, Bekchen.

Sie hörte das Freudenlied so, wie sie es hatte hören wollen.

Seit Sebastians Geburt warf ihr Hensel Launen vor: Es fällt mir schwer, Fanny, dich zu verstehen. Sie hätte ihm patzig antworten können: Es geht mir wie dir.

Sie fühlte sich zurückgeworfen, unbeweglich. Das Kind hielt sie auf, lähmte ihre Fantasie. Das zu denken, machte ihr wiederum ein schlechtes Gewissen. Dazu kam ein Sommerregen, der gar nicht enden wollte und das Gartenhaus zu erobern drohte. Es tröpfelte durch die Decke aus allen Ecken.

Sie floh hinüber zu den Eltern. Abraham las aus der Zeitung vor über eine Revolution in Paris. Die arme Stadt, seufzte er, und Fanny konnte es nicht lassen, wurde zum unwirrschen Echo: Die armen Leute, verbesserte sie ihn leise. Abraham sah mit hochgezogenen Augenbrauen über die Zeitung hinweg: Du hast mich falsch verstanden, Fanny, seit meiner Jugend liebe ich diese Stadt und auch ihre Bewohner. Ich liebe ihre Sprache, ihren Geist. Doch nicht den Aufruhr, die Gewalt.

Es war schwer, mit ihm zu streiten. Sie wusste es und nahm es in Kauf. Vor allem, wenn es um den preußischen König ging und um Abrahams Lieblingsstadt Paris.

Sie hatte sich in Paris nie sonderlich wohlgefühlt, Abraham hingegen zu Hause, und den preußischen König hielt sie für verbohrt und unmusikalisch. Außerdem mochte er Juden nicht, dem konnte Abraham kaum widersprechen. Mit Hensel stritt sie über Politik. Er erregte sich wie sie, als die Russen in die polnische Verfassung eingriffen, sie nach ihrem Belieben umformulierten und die Polen zum Aufstand herausforderten. Auf Spaziergängen durch den herbstlichen Park ereiferten sie sich und Bekchen riet: Du solltest unbedingt eine Polenmusik komponieren, Fanny.

Beinahe regelmäßig fieberte Sebastian. Sie traute dem schmächtigen Kerlchen nur wenig Gegenwehr zu, doch Doktor Stich beruhigte sie: Er hat Ihr Naturell, Madame Hensel. Mit der Zeit wuchs er sich aus zu einem kleinen feisten Posaunenengel.

Die brüderliche Post begann sie in ihrem unruhigen, verstörten Tonfall aufzubringen. Er konnte sich leisten, was ihr die Regeln, die verflixten ungeschriebenen Regeln, nicht gestatteten. Wie oft hatte sie sich schon mit Spott und Wut gefügt. Eine Frau darf den Künsten allenfalls im Hause dienen, ihr Auftritt in der Öffentlichkeit wäre ungehörig. Eine Frau ihres Standes! Nur Bekchen offenbarte sie ihre Träume, ihre Wünsche: Abends, wenn Hensel aus seinem Atelier kommt und ich mit Sebastian spiele, freue ich mich, eine Frau zu sein. Bin ich aber mit einem Lied, einer Kantate fertig, wünschte ich, ein Mann zu sein. Ich könnte die Arbeit in Druck geben, darauf warten, bis sie irgendwo aufgeführt wird, so wie Felix.

Sie nahm Anlauf, die Eltern von ihrer neuen Rolle zu überzeugen, indem sie sich noch einmal das Rezitativ aus dem »Lobgesang« vornahm. Den Text hatte sie aus dem Johannesevangelium und die abschließenden Schlussverse aus dem Hohen Lied Salomons: »Der Herr hat es ihr gegeben,/denn die Liebe ist stark wie der Tod.« Der Triumph verband sich in ihren Gedanken mit den Versen, die ihr, als sie sich die Kantate vornahm, wie von selbst einfielen: »Ein Weib, wenn sie gebieret, so hat sie Traurigkeit,/denn ihre Stunde ist gekommen./Wenn sie aber das Kind geboren hat, denkt sie nicht mehr an die Angst um der Freude willen,/dass der Mensch zur Welt geboren ist.« Hensel war vorbereitet, er hatte ihr versprochen, sie zu unterstützen. Bekchen und Paul erklärten sich zu ihren Verbündeten, auch die Devrients. Sie lud Abraham und Lea zu einem Nachtmittagstee auf die Terrasse vorm Gartensaal, buk den Sandkuchen, den Abraham mochte, bat die Amme, zu einer verabredeten Zeit mit Sebastian zu erscheinen, stellte Tisch und Stühle in den Schatten einer Linde. Als sie rund um das Tischchen saßen, Abraham das Glück dieses Hauses gerühmt, den Kuchen gelobt hatte, Lea nach Hensel fragte, setzte sie sich zurecht und erklärte, sie wolle, da Felix auf Reisen und ohnehin sehr beschäftigt sei, die Sonntagskonzerte übernehmen, sozusagen im Auftrag der Familie, und sie hoffe sehr auf ihre Unterstützung, vor allem baue sie auf Abrahams Beziehungen, seine Kenntnisse der musikalischen Welt: Du kennst ja alle, jeden Musiker, jede Sängerin.

Lea fand, sie übertreibe: Dein Vater liebt die Musik, pflegt aber nicht unbedingt Beziehungen zu Musikanten.

Und Zelter?

Abraham wiegelte ab: Das ist eine Geschichte für sich. Er wird nicht unbedingt die Sonntagskonzerte fördern. Seine Singakademie ist ihm wichtiger. Er zog hörbar den Atem ein: Außerdem – sie wusste, nun käme der entscheidende Einwand, beugte sich erwartungsvoll nach vorn – außerdem schickt es sich nicht, wenn du, eine junge Frau, dich derart produzierst, womöglich noch, wie Felix, dirigierst.

Ach Papa! Sie staunte über die Zärtlichkeit, die sie geradezu überwältigte, als sei sie ein schützendes Element, ach Papa, ich komponiere wie Felix, ich spiele Klavier wie Felix, ich denke mir Programme aus wie Felix und überlasse es eben euch, Gäste einzuladen, genauso wie Felix.

So, als sei nichts Entscheidendes zur Sprache gekommen, lud Lea Abraham ein, ihn hinüber zu dem kleinen Teich zu begleiten und nachzuschauen, ob sich dort noch das Schwanenpaar aufhalte.

Er richtete sich mühsam auf, Fanny, die ihn beobachtete, erschrak, so alt hatte sie ihren Vater noch nie gesehen. Er hakte sich bei Lea ein, Fanny sah den beiden Alten nach. Ihr werdet staunen, flüsterte sie und fragte sich nicht, wen sie mit »ihr« meinte.

Am 8. Juli 1831 stand sie vor dem Orchester und den Sängern, hob den Taktstock – es war das Privileg des großen Bruders – und hörte die ersten Takte ihres »Lobgesangs«. In ihrem Gedächtnis tönten andere Musiken mit, die Kantaten Bachs und die Vokalkantaten von Felix. Sie wusste es, sie hatte sich mit dieser Komposition harsche Worte des Bruders eingehandelt, sie solle lieber geistliche Musik bleiben lassen. Warum, hatte sie zurückgefragt.

»Die beiden Chöre sind mir nicht originell genug«, hatte er geschrieben, und sie wusste es besser, sie hatte sich die Freiheit genommen, diese Komposition aufzuführen, den Lobgesang auf ihren Sohn, auf das Glück, ihn zur Welt gebracht zu haben, und diese Aufführung am Geburtstag Hensels als Bestätigung gewünscht. Sie hatte gewartet, bis die Gäste kamen, und das in Scharen, wahrscheinlich aus Neugier, Heine darunter, den sie nicht sonderlich mochte, vielleicht, weil sie seinem Spott nicht gewachsen war, und Zelter mit Doris, Liszt, und sogar ein Mitglied der königlichen Familie, Peter Gustav Dirichlet, Rebekkas Liebhaber, mit seiner Mama, die Varnhagens, die Arnims und tout Berlin – sie spürte sie in ihrem Rücken, die Blicke, die gespannte Erwartung, und dabei fiel ihr ein, dass sie ein Bückelchen von Moses geerbt hatte, von dem allmächtigen Großvater. Die Orchestermusiker gaben sich alle Mühe, sie rief sie mit einem Wink ins Leben, jetzt war sie sich sicher, dass sie es besser machte, als Felix geurteilt hatte, und auch danach noch, als sie sich ans Klavier setzte und das a-Moll-Klavierkonzert von Felix spielte und dirigierte, als heimliche Abbitte, denn ohne ihn könnte sie *ihre* Sonntagskonzerte nicht wagen.

Die Pastorale zu Beginn, sie hatte sie als unverhohlenen Hinweis auf Bach komponiert, danach aber der Chor »Meine Seele ist stille zu Gott, der mir hilft«, eine merkwürdige Wendung, fand sie, Bibelsprache, aber gut für die Musik, an der sie sich ansteckt zu Weiterem, auch gegen Felix, der ihr bestimmt den Applaus gönnen würde, der nun einsetzte. Sie wendete sich dem Publikum zu, bat ihre Mitstreiter zu gemeinsamer Verbeugung, wusste in diesem Moment, dass sie einen langen Atem brauchte, noch für ein gutes Jahr.

Doch sie schlief schlecht, schlief allein, ohne Kind und Mann, hatte sich in die gelbe Stube zurückgezogen, der Amme und Sebastian das Schlafzimmer überlassen, bis Hensel und sie endlich zusammenziehen konnten, miteinander schliefen, da er sich das Atelier hatte wohnlich einrichten lassen. So schliefen sie neuerdings nur »in einem Bett, Wilhelm hat sich gewöhnt, einen Kopf in seinem Arm zu halten, und so sind uns die Nächte die liebere Zeit als die des Tages«.

Sie begann, noch im Schwung, mit einer neuen Kantate, sie sollte zum Geburtstag Hensels fertig sein und aufgeführt werden: »Hiob«. Nur wird sie gestört durch lauter familiäre Winzigkeiten, die sie aus der Fassung bringen, die unversehens laut und groß werden: Dass die Amme behauptet, sie habe Sebastian abgestillt, Fanny täuschte, weshalb es zu einem Streit kam, dass Bekchen, die kleine Schwester, ihren Allerliebsten Dirichlet nach ein paar Zwisten für ein halbes Jahr zurückwies, der aber geduldig wiederholt um ihre Hand anhielt, Lea unwirsch reagierte, im Gegensatz zu Abraham, und Bekchen sich nicht mehr entscheiden konnte, bis Hensel sich für das junge Paar verwendete, die Alten bat, ein Einsehen zu haben, worauf das Theater endete mit Einsicht und Versöhnung und der Aussicht auf die Hochzeit – nach all dem fand Fanny wieder Ruhe, Sebastian gedieh, die Amme wurde entlassen und von einer Kinderfrau ersetzt.

Der Sommer wärmte das Gartenhaus, trocknete die feuchten Wände, sie arbeitete am Gartentisch, hörte Hensel im Atelier mit sich selber, mit Gästen sprechen, die er porträtierte. Sie würde ohne Vorspiel mit einem Chor beginnen: »Was ist ein Mensch, dass du ihn groß achtest«. Es ist ihr Geschenk für Hensel, er ist nie ein Hiob gewesen, sagte sie sich in die Stimmen hinein, die sie hörte, aber der Vater ist einer, jetzt, da ihn das Glück verlassen, die Levysche Bank bankrott gemacht hatte und schlimmer noch, er sein Augenlicht zu verlieren drohte und die Fähigkeit zur Hoffnung. Sie erinnert sich, wie sie mit ihm Lessings »Nathan« gelesen hatte, das poetische Abbild des Großvaters, und wie die Glaubenssprünge der Ringparabel ihn mitnahmen, wie Nathan ihn in Anspruch nahm: »Der rechte Ring war nicht/ erweislich; – //fast so unerweislich als uns itzt/der rechte Glaube.« Nein, dachte sie, er war doch kein Hiob, Gott hat es gut mit ihm gemeint: »Leben und Wohltat hast du mir getan, und dein Aufsehen bewahrt meinen Odem.«

Hensel sollte ihr am Abend, sie ruhten beide auf dem schmalen Bett im Atelier, seine Liebe erklären. Und er begriff, dass sie sich mit dem Hiob eine Bürde aufgeladen habe, aber die Last erschien ihm noch größer. Inzwischen lehrte die Cholera den Warschauern und den Berlinern das Fürchten, Lea achtete sorgsam darauf, dass die Kinderfrau nicht mit Kranken zusammenkam, tagtäglich hörte sie von Bekannten und Freunden, die zu Tode gekommen waren. Und auf den Hiob wird in ihrer Musik die Cholera-Kantate folgen, die ein frommer Wunsch bleiben würde, denn die Cholera hatte noch nicht aufgehört, und vielleicht wird sie, sobald die Kantate aufgeführt wird, aufgehört haben.

Sie braucht das große Orchester, das Abraham für sie bestellen wird, der Chor kommt dazu, der jetzt schon regelmäßig probt, sie überlässt Sebastian der Kinderfrau und zieht gelegentlich die Studenten aus Hensels Atelier ab, sie sollen singen, zum Beispiel den Schlusschor aus der Cholera-Musik: »Singet Gott Lob, singet dem Herrn.« Es ist ein Geschenk für den Vater, dessen Zustand sie mehr und mehr beunruhigt, obwohl er seinen Pflichten als Stadtrat nachgeht, manchmal sich mit Lea heftig zankt, aus Gewohnheit, wie sie findet, und noch immer beginnt er zu leuchten, wenn ihm Lea einen Brief von Felix vorliest: »Lieber Vater, dem Tage nach ist es heute ein Jahr, dass wir Deinen Geburtstag bei Hensels feierten, und da lass mich tun, als wäre es jetzt wieder so, als Geschenk, da denk ich mir morgen meine Ouvertüre zur ›Einsamen Insel‹ fertig zu schreiben«, Lea unterbricht sich: Mit der Insel meint er wahrscheinlich die Hebriden, von dort hat er uns geschrieben, damals von der Insel, jetzt aus Rom, er ist ein ruheloser Geist. »Von meinem Glückwunsch lass mich schweigen«, fährt sie fort, »Du weißt ihn ja, Du weißt wie ich und wir alle an Dein Glück und an Deine Heiterkeit gebunden sind, und dass ich Dir nichts wünschen kann, was uns nicht allen doppelt zuteilwürde. Heut ist Feiertag«, liest Lea und nickt ihren Töchtern zu: Ja, der ist es! Fanny springt auf, verabschiedet sich mit einem Knicks, sie müsse sich fürs Festkonzert, die Geburtstagsmusik, vorbereiten. Bekchen unterstreicht die Ankündigung mit einem: Du wirst staunen, Papa.

Er staunte nicht nur, war gerührt über den Andrang der Gäste, dass selbst nach längerer Zeit die

Humboldts erschienen waren und ihm die Ehre erwiesen, auch der halbe Stadtrat, aber das sei zu erwarten gewesen. Er ließ sich feiern, die Kantate trieb ihm die Tränen in die blinden Augen, und beim Dinner, zu dem sich die Familie traf, auch Rebekkas Liebster Dirichlet, die Hensel-Schwestern, verband Abraham in einer kurzen Rede seinen Dank mit dem Versprechen, noch eine Weile glücklich zu sein.

28.

ETÜDE ÜBER STERBEFÄLLE

Wenn sie sich hinsetzt, Tagebuch zu schreiben, im Winter in ihrem Zimmer, im Sommer auf der Terrasse, sorgt sie dafür, dass sie allein ist und niemand ihr zuhören kann, denn sie spricht mit sich selbst. Sie erzählt sich, was war, und fällt sich ins Wort. Stimmungen gibt sie selten nach. Sie notiert, was anfällt. Das Jahr 1833 hat sie, scheint es, eine Weile in Atem gehalten, gelegentliche Auseinandersetzungen mit Abraham, die Sonntagskonzerte, Besuche von Bekannten und Unbekannten, und auch endlich wieder Felix, der heimkehrte, voller Pläne, mit ihr musizierte, komponierend wetteiferte, oft mit Abraham über politische Vorgänge stritt, über den Wunsch der englischen Arbeiter, wählen zu können, den Abraham für unsinnig hielt, denn die Arbeiter seien für die Wahl nicht gebildet genug; aber Felix bestand darauf, dass auch sie im Parlament vertreten sein müssten. Abraham hingegen unterstützte heftig den Aufstand der Göttinger Sieben gegen Ernst August, den König von Hannover, er tat dies schon der Grimms wegen, und auch weil selbst ein König einen Staatsvertrag nicht aufheben könne. Hier waren sich beide einig, auch in ausschweifend bedauernden Sätzen über den Freund Karl Klingemann, der nun in hannoverschen Diensten zu leiden habe. Doppelt zu leiden in England.

Sie war wieder schwanger. Sebastian wusste, dass er ein Geschwister bekommt. Sie vergnügte sich an seinen altklugen Reaktionen: Da muss ich aber lernen, mit einem solch kleinen Kind umzugehen. Hast du auch so ausgesehen, als du mich als Kind erwartet hast?

Felix, der notorische Heimkehrer, kränkelte, beteiligte sich kaum an den Sonntagskonzerten, doch Fanny ermunterte ihn, indem sie sich mit seinen neuesten Kompositionen beschäftigte, der »Walpurgisnacht«, die sie für erstaunlich hielt, und in ihrer Begeisterung gelang es ihr, mit ihm ans Klavier zu gehen, nicht im Gartensaal: Komm zu mir ins Haus. Sie spielten und er fand sich, zum Erstaunen der Eltern, bald wieder wohlauf. Je munterer er wurde, umso heftiger wurde Fanny von Melancholien heimgesucht.

In einem Anflug von vorweggenommener Trauer begann sie 1833 ihr Tagebuch mit einer eigentümlichen buchhalterischen Vorbemerkung: »Übersicht der Personen, die wir seit 2 Jahren verloren haben.« Und sie zählt auf: »September 1831 Ludwig Beer, November Tante Jette, November Hegel, Dezember Eva Mendelssohn, Januar 32 Eduard Ritz, Februar Ulrike Peters, 22. März Goethe, 15. Mai Zelter, Juni Ludwig und Rike Robert, März 33 die Varnhagen, April Radzivil, März Michael Beer.«

Indem sie aufzählt, wiederholt sie den stockenden Atem, den Schrecken, die Tränen, die hilfesuchenden Umarmungen, hört sie Gespräche und Ausrufe, erinnert sich, wie der Vater, als er den Tod Goethes erfuhr, in Tränen ausbrach und vom Ende eines Zeitalters redete, die Mutter, nachdem sie, nach dem Tod Zelters, Doris tröstend in die Arme genommen hatte, kühl die Hoffnung aussprach: Felix könnte die Singakademie übernehmen. Er wird sich bewerben müssen.

Inzwischen beansprucht ein kühner Plan Hensels alle ihre Kräfte und ihre Wachsamkeit. Er plant eine Ausstellung seiner Schüler in der Akademie. Er will »seine Schule« vorführen. Fast immer ist er außer Haus, und kehrt er abends heim, scheint er verstört und wütend und gibt den Grund seines Ärgers nicht preis. Nur mit behutsamen Fragen, auf die er laut und empfindlich reagiert, bekommt sie heraus, was ihn derart plagt: Schadow versucht sein Unternehmen madig zu machen und einige der Schüler für sein Atelier abzuwerben. Das Ganze hat sich zu einem Streit zwischen Schulen ausgeweitet.

Der Einzug Bekchens und Dirichlets in die andere Wohnung im Gartenhaus lenkt Fanny ab. Sie hilft beim Möbelrücken, weiß Bescheid, wie sie vor Feuchtigkeit und möglichem Schimmel zu schützen sind, und setzt sich, wenn sie von der Plackerei genug haben, mit der Schwester auf die Terrasse zum Tee und zum Tratschen.

Hensel rät sie, Schadows einzuladen, vielleicht könnte ein gemeinsames Abendessen und ein Gespräch bei Wein für Entspannung sorgen. Sie könne sich überhaupt nicht erklären, wieso dieser Esel, ohnehin in der Gunst des Publikums, ihm Erfolg und Schüler abspenstig machen wolle.

Der Abend endet dann ohne Aussicht auf Entspannung. Schadow unterläuft wortreich jeden Versuch Fannys, zur Sache zu kommen, er rühmt die Sonntagskonzerte, beschäftigt sich mit dem spannenden Unterschied zwischen gezeichnetem und modelliertem Porträt, trinkt eine Menge und bleibt unzugänglich. Angestrengt gehen sie danach schlafen. Vor dem Morgen fährt sie aus dem Schlaf hoch, sie fühlt sich nicht wohl, sinkt aber schwindlig zurück, schläft wieder ein. Später stellt sie fest, dass sie geblutet hat und das Kind abzugehen droht. Sie bittet Hensel, den alten Doktor zu alarmieren, doch die Eltern nicht zu beunruhigen. Rebekka solle alles in die Hand nehmen und sich gemeinsam mit Luise um Sebastian kümmern. Der Arzt verspricht ihr, die Eltern schonend zu unterrichten, denn sie würde bis zur Geburt des Kindes das Bett hüten müssen. Sie wehrt sich. Sie wolle nicht noch einmal, wie vor der Niederkunft mit Sebastian, ans Bett gebunden bleiben, wolle nicht geschont werden und wolle auch nicht, dass in ihrer Gegenwart nur leise geredet werde. Und wer kümmere sich um die Sonntagskonzerte!

Länger als ein Vierteljahr erlaubte sie sich nicht. Während eines Tags, an dem die Vögel draußen vor der Terrasse singend miteinander stritten, kam das Kind zu früh: Ein Mädchen. Der alte Doktor kniete schwer atmend neben dem Bett, tupfte und wischte das Blut mit Tüchern, die er eins nach dem anderen in einen Korb neben sich warf. Mein Mädchen, dachte sie.

29.

ETÜDE ÜBER NIEDERLAGEN UND AUFBRÜCHE

Sie kann wieder glühen. Nach Zelters Tod wird ein neuer Leiter für die Akademie gesucht. Felix stellt sich zur Wahl. Für die Bewerbung ist er wieder in Berlin zurück. Das Haus beginnt zu leben, öffnet sich, Abraham konferiert mit den Mitgliedern des Direktoriums und ist zuversichtlich. Devrient horcht sich um, kommt manchmal von seinen Stadtgängen mit verkniffenen Lippen zurück, was Fanny beunruhigt. Sind sie gegen Felix, fragt sie. Aber sie hält sich an Abrahams Versicherung, Zelter habe noch kurz vor seinem Tod über Felix als seinen »natürlichen Nachfolger« gesprochen. Da gibt es jedoch Rungenhagen, weiß Devrient besser, der ist ungleich älter als Felix und schon lange Zelters Vertreter.

Felix denkt nicht daran, für sich zu werben. Sie wissen doch, was ich für die Singakademie getan habe. Und Doris ist unsere Freundin. Wir haben uns als Kinder kennengelernt, Zelter war fast täglich unser Gast. Vater hat ihn mit Goethe bekannt gemacht.

Das sollten auch deine Gegner und alle Intriganten um die Akademiespitze wissen, Felix.

Er lacht, reißt die Arme hoch, singt ein paar Takte

und verschwindet. Fanny will ihm nachlaufen, hält inne, macht kehrt und besucht Hensel in seinem Atelier. Er steht am großen Fenster zum Garten, in ein Gespräch mit Studenten vertieft. Ihr Auftritt erschreckt ihn: Ist was, Fanny?

Ach nein. Sie bleibt verlegen an der Tür stehen. Mir ist bloß der Verdacht gekommen, Felix hat überhaupt keinen Ehrgeiz, Zelters Stelle zu übernehmen. Er möchte lieber weg aus Berlin. Seit dem Aufstand der Straßenjungen, denen das Feuerwerk untersagt wurde, hält er Berlin für kleingeistig, weil das Militär einen der Jungen erschoss. Erinnerst du dich, Wilhelm, wie er sich empörte, wie er rief: Wer die Ruhe von Staats wegen so herstellen möchte, wendet sich gegen die Musik.

Sie gibt nicht auf. Wird Felix zum Leiter der Singakademie gewählt, bleibt er in Berlin, muss er in Berlin bleiben. Sie verabredet sich mit Doris Zelter, probiert vorher bei einem Gespräch mit den Eltern ihre Überredungskünste. Doris werde, da ist sie sicher, Partei für Felix ergreifen. Lea stimmt ihr zu. Doris habe Einfluss und sie hänge an der Familie, an der Leipziger Straße. Aber Abraham winkt ab. So wie es aussehe und wie es sich anhöre, habe sich die Gesellschaft um Rungenhagen schon gegen Felix verschworen. Die Singakademie sei ihm zwar verschlossen, ihm stehe die Welt aber offen.

Fanny, die ohne Widerspruch zuhört, schreibt die Resignation Abrahams großer Müdigkeit zu, auch dass ihn seine Blindheit schwächt und er öfter klein beigibt, leise wird, sagt: Es geht seinen Lauf. Und sie weiß nicht, was er sich mit »es« erklärt. Ob das Leben, ob die Widrigkeiten, die Gemeinheiten. Das

Geschwätz schließt sie aus. Nur Devrient bleibt Bote, und von ihm hören sie, dass eine Gruppe von Förderern und Mitgliedern sich gegen Felix zusammengeschlossen habe und es für unerhört halte, dass man ihr einen Judenjungen zum Direktor aufdrängen wolle.

Das ist es! Felix klatscht in die Hände, applaudiert seinen unsichtbaren Gegnern. Rebekka, Dirichlet und die Eltern sitzen sprachlos im Salon, und Felix triumphiert: Ich habe es geahnt. Wir sind und bleiben Juden für diese Bagage. Wir können es drehen und wenden, können komponieren, der Stadt dienen, die Künste fördern, die feine Gesellschaft mit Sonntagsmusiken unterhalten, wir sind und bleiben die Juden, auch wenn wir ihren Gott anerkennen.

Fanny ist aufgesprungen, hat sich vor Felix aufgestellt, klein und schief und sieht sich selber so: Lass es, Felix, du besudelst dich selbst und uns und das Andenken an den Großvater. Er drückt sie in den Sessel: Ach, Fenchel, es sind unsere Wahrheiten. Wir sollten sie uns erklären.

Da falle ich ihm ins Wort, erinnere ihn an den Satz, den Zelter seinem Freund Goethe schrieb: »Es wäre wirklich einmal eppes Rores, wenn aus einem Judensohn ein Künstler würde.« Und erinnere mich an einen Brief Leas, den sie ihrer Wiener Cousine Henriette von Pereira-Arnstein schrieb: »Ich lese, der schwachen Augen meines armen Mannes wegen, ihm jetzt oft des Abends vor, und so viel Freude uns Rahel macht – sie meint Varnhagen Enses ›Buch des Andenkens für Rahel‹ – so schwer ärgern wir uns an der Goethe-Zelterschen Korrespondenz, was Letzteren, Zeltern, betrifft. Wie trivial, gemein, ungut und unkünstlerisch erscheint der für seine Erziehung und Zeit sonst bedeutende Mann! Wie schmiegt und schmeichelt er sich an Goethe mit Klatschereien, Stadtgeschwätz mediance jeder Art! Wie geldgierig und hämisch, wie befangen in den dümmsten Vorurtheilen über Juden, denen er doch so schmeichelte und aller Vortheile aus ihrem Umgange zu ziehen bedacht war. Ganz besonders hart berühren diese Zelterschen Sachen das feinfühlende Herz meines Mannes, der ihm stets hülfreich zu sein, bemüht und bedacht war.« Beim Abschreiben solcher Sätze höre ich sie reden, verwundert und verletzt nachfragen: Warum?

Das Leben in der Leipziger Straße, findet Fanny, ist aus dem Gleichgewicht. Die Abschiede und Ankünfte geschehen nicht mehr im vertrauten Wechsel. Da Abraham nicht mehr auf Reisen geht, bleibt es Felix überlassen, Koffer zu packen, den Wagen zu bestellen, Adieu zu rufen. In den Jahren vorher brach Abraham auf, wenn er ein Geschäft plante, niemanden ins Vertrauen zog und unbedingt nach Paris, nach Amsterdam, nach London musste. Mitunter lud er Felix ein mitzureisen. So gut wie nie Paul. Jetzt winkt der Vater dem Sohn nach, mit müden Augen und gebeugt. Jedes Mal fürchtet Felix, wie er es der Schwester verrät, den Vater nicht wiederzusehen.

Im Mai 1833 bereitet Felix sich auf eine Reise nach England, nach London, vor, holt sich beim Vater Ratschläge, korrespondiert mit den Freunden, mit Klingemann, denn seine 4. Symphonie soll in England uraufgeführt werden. Das Orchester wartet, ist vorbereitet. Berlin tröstet ihn für die entgangene Zelter-Nachfolge mit der Wahl in die Akademie der Künste.

Fanny läuft mit Sebastian ein paar Schritte neben dem Reisewagen her: Adieu! Adieu! Der Bruder geht, der Vater bleibt. Und sie hat eine Sonntagsmusik vor, die ihr Felix noch auszureden versuchte, auf die sie Lea brachte, von Hensel unterstützt, eine Aufführung von Glucks »Orpheus«. Lea schob ihr die Noten unter, nachdem sie ihre Kantate »Hero und Leander« nach einem Text von Hensel aufgeführt hatte: Da dich die großen Liebenden beschäftigen, Kind.

Sie hört, was sie liest. Die Arie des Orpheus klingt in ihr weiter, eine unendliche Klage: »Ach, ich habe sie verloren«.

Vor der ersten Probe verliert sie eine Sängerin: Rebekka erscheint nicht wie verabredet, und als sie nach ihr sucht, findet sie sie in ihrem Salon am Klavier, Walter, ihren kleinen Sohn auf dem Schoß, sie spielt, was sie als Eurydike hätte singen sollen, und sagt leise: Ich gebe das Singen auf, Fanny, ich kann's nicht mehr. Höchstens im Chor.

Wissen es die Eltern? Weiß es Dirichlet?

Sie hält das Kind vor ihr Gesicht, dass sie Fanny nicht ansehen muss: Alle wissen es, nur du nicht. Ich hab dich nicht verdrießen wollen.

Fanny lässt sich auf einen Stuhl neben dem Sofa sinken: Und nun? Soll ich verdrossen sein?

Nein, nein. Rebekka setzt den kleinen Walter energisch wieder hin. Denk an Devrient. An die Milder. Papa könnte sie überreden.

Deine Stimme wird mir fehlen, Bekchen. Sie

umarmt beide auf einmal, die Schwester und deren Kind.

Die Vorbereitungen erinnern sie an die ersten Aufführungen von Felix, wie die Eltern halfen, Abraham Boten ausschickte, die mit fertigen Chorlisten zurückkehrten und alle, die gefragt und eingeladen wurden, zu den Proben erschienen, auch das Orchester, und Abraham wunderte sich später nicht, wenn anstatt Felix die kleine Fanny dirigierte. Das sprach sich herum. Madame Hensel tauge durchaus als Musikerin und sie wetteifere im Komponieren mit ihrem Bruder.

Für Bekchen springt Pauline Becker ein, sie singt den Orpheus, worüber sich Abraham freut, denn er hört ihre Stimme gern. Therese Devrient die Eurydike.

Was du da auf dich nimmst, Kind. Lea sorgt sich. Denn Luise, die dichtende Schwester Wilhelms, leidet unter nicht zu stillenden Blutungen, und die beiden Ärzte, die sich mit Geheimmitteln gegenseitig ausstechen, vermuten Krebs. Fanny überlässt Hensel und der Kinderfrau die Krankenpflege. Jetzt ist ihr Orpheus' Angst näher, seine Trauer, seine Liebe. Als sie das erste Mal versucht, die Szene zu eröffnen, mit der Trauermusik für Euridice und den Rufen von Orpheus, gerät sie für einen Moment außer sich. Sie klopft ab: Wen rufst du da, Pauline? Ist Euridice im Zimmer nebenan? Sie ist gestorben und Orpheus ruft hinüber, hinunter ins Totenreich: Euridice! Du musst es singen, sodass Liebe und Trauer als Sehnsucht sich mischen. Weißt du: Herzzerreißend. Sie legt den Kopf zurück und fährt nach einer Pause fort: Das ist ein wunderbares und genaues Wort. Es tut weh.

Am Ende singt die Becker den Anfangsruf, wie Fanny es gewünscht hat. Die Geschichte einer mehrfach geprüften Liebe auf der Grenze zwischen Leben und Tod bekommt einen Grund, den alle, die in den Gartensaal gekommen sind, begreifen.

Danach, bei Kuchen und Kaffee, hört sie im Garten Madame Fouqué zu einem sie begleitenden Herrn sagen: Die Hensel übernimmt sich. Jetzt auch noch Gluck nach dem Fidelio vor ein paar Sonntagen. Da war aber ihr Bruder noch da und passte auf, dass sie nicht die ganze furchtbare Oper spielen ließ.

Es ist das übliche Geschwätz, das Hensel manchmal aufbringt. Sie hören dir doch gar nicht zu. Sie kommen nur, weil es Mode ist.

Sie beruhigt ihn und sich: Es ist gut, dass sie kommen. Was fingen wir, Felix und ich und du und deine Maler, ohne ihre Neugier an.

Sie hätte sich einen anderen Amor gewünscht, einen strahlenden kindlichen Verführer, eine Art gemeines Kind. Friederike Robert fällt ihr ein, die schöne Friederike, die manchmal eingesprungen war, singend, spielend, das Publikum entzückend. Wilhelm hat sie porträtiert, doch ihr Leben hat sich nicht ins Bild eingetragen, dieses Leben, von dem sie erst später erfährt, Portion für Portion. So, wie es Wilhelm sagt: Die Wahrheit über die Schönheit. Sie hat, als ich sie an einem Nachmittag im Hof zeichnete, einfach nicht stillgehalten, erinnert er sich. Das konnte sie nicht. Nun sind sie beide in Baden-Baden, wohin sie vor der Berliner Cholera flohen, gestorben, Friederike und Ludwig Robert.

Sie geht mit Hensel im Garten spazieren. Vor der nachmittäglichen Sonne suchen sie Schutz im Pavillon. Ein Stück Musik, sagt sie und fasst nach Hensels Hand, aber eben nicht nur die Liederchen von Felix oder Glucks Amor, eine Musik aus ihrer Erscheinung, ihren Bewegungen, diese Gespanntheit und Unruhe, sie war eine Person für die Liebe, denke ich. Sie beugt sich nach vorn, als wolle sie verhindern, dass Hensel ihr ins Gesicht sehe. Als sie ihm wieder in die Augen blickt, erklärt sie mit einem Lächeln, das nichts wahrhaben will: Ich schreibe an einem neuen Quartett. Es bewegt sich so, wie Friederike sich bewegt hat. Zum Beispiel in den immer neuen Eröffnungen, neuen Geschichten. Wie Hensel und Friederike sich über Pfarrhäuser unterhielten und sich Luise einmischte mit einem säuerlichen »Muss denn das sein?« und alle in Gelächter ausbrachen. Wie Varnhagen auf Friederikes erste Ehe zu sprechen kam. Wie sie erfuhren, dass Friederikes Vater, immerhin einer von siebzehn Kindern, sie an einen italienischen Schmucktrödler verkaufte.

In dem Adagio ma non troppo, sagt Fanny, stelle ich sie vor, wie ich sie mir vorstelle.

Dann kam, setzt Hensel die Erinnerung fort, Varnhagen mit einer Nachrede, die wir nicht glauben wollten. Der Italiener, Giambattista Primavesi, hatte sich die Schöne nicht nur erkauft, er verkaufte sie auch, als er mit seinen Geschäften Pech hatte. Er machte das Mädchen zur Hure. Sooft es ihr gelang zu fliehen, suchte sie Schutz bei ihrem Bruder, der in Karlsruhe einen Verlag gegründet hatte. Jedes Mal folgte ihr Primavesi und zwang sie zur Arbeit. Er konnte nicht verhindern, dass sie sich in einen ihrer Freier verliebte, einen Dichter, der ihr sein bei Cotta erschienenes Bändchen schenkte und widmete.

Das könnte das Allegretto sein.

Hensel schüttelt den Kopf. Du versteigst dich, Fanny. Es ist ihre Geschichte, nicht deine Musik.

Aber es ist meine Erinnerung an sie, Wilhelm.

Es ging ja am Ende alles gut.

Fanny springt auf: Ja, wie in einem miserablen Schauerstück.

Das wissen sie beide: Friederike floh wieder zu ihrem Bruder, nach Karlsruhe. Dort traf sie auf einer Gesellschaft, in Begleitung des preußischen Gesandten Varnhagen und seiner Frau Rahel, jenen wieder, in den sie sich in ihrer Mannheimer Absteige verliebt hatte.

Ich möchte wissen, ob sie erschrak. Wie sie den Schrecken überspielte. Und ob der Schwager Varnhagens nicht ein wenig beschämt war.

Wer möchte das wissen, fällt ihm Fanny ins Wort. Ich schreibe mir ihre Musik.

Sie fühlt sich wohl und gut aufgehoben. Luise kümmert sich um Sebastian, Felix ist im Haus zu hören, er übt für den Auftritt im Konzerthaus mit seinem ersten Klavierkonzert. Wenn's darauf ankommt, leiht er einem ganzen imaginären Orchester die Stimmen.

Paul wird Albertine Heine heiraten, eine Heine, die nicht mit Heinrich Heine verwandt ist, und die beiden werden die Wohnung der Devrients im Gartenhaus übernehmen. Das Gartenhaus war immer gut für Anfänge.

Das Jahr über begleitet sie die schöne Friederike

und im Oktober schreibt sie die letzten Takte des vierten Satzes: Allegro molto vivace.

Von Paul verlangte sie, dass er mit seiner Braut in der Leipziger Straße nicht nur als Kaufmann und Bankier auftrete, sondern eben auch als Musiker. Er weigerte sich mit großem Gezeter. Fanny überredete ihn mit Engelszungen: Tu dir's an! Schau, ich habe die Cello-Sonate für dich komponiert und in meinem neuen Quartett muss ich dich unbedingt hören, Bruder. Die Braut staunt und schmiegt sich an den Bräutigam. Die Schwester kann schmeicheln, wenn es ihr um die Musik geht.

Sie verliert nicht den Atem, obwohl sie mit der Zeit rennt, drei Kantaten hat sie hinter sich, mehrere Sonntagskonzerte, Partituren studiert, opus 106 von Beethoven gespielt, einige der »Lieder ohne Worte« von Felix, die er ihr geschickt hat, zum Ausprobieren vor »ihrem« Publikum, und sie ist allmählich süchtig geworden, mit ihren Kompositionen aufzutreten, zu dirigieren, Klavier zu spielen, süchtig geworden nach den Konzerten, den Gesprächen mit dem Publikum, dem Applaus – das zeigt sie nicht den Eltern, denn es könnte Abraham verraten, dass sie doch gegen sein Gebot gehandelt habe. Immerhin beunruhigt sie das hin und wieder nach den Konzerten, montags, wenn sie Sebastian der Kinderfrau abnimmt, Hensel im Atelier einen Besuch macht, die Verehrung der Studenten genießt und sich auf die Bank am Teich zurückzieht, die Welt atmen hört, wie sie Hensel ihre kleinen Fluchten erklärt. Sicher hat sie noch immer Lust aufzubrechen, der Blick über die Grenze nach Italien wirkt noch immer nach. Hensel verspricht, ihr Rom zu zeigen, er kenne beinahe alle

Winkel, das neue, alte und das antike, verspricht er, und sie erwidert lachend, sie müsse ihre Vorfreude halt dehnen, was ihn bewegt, sie von Neuem mit Arbeit abzulenken, er werde ein paar Dialoge für sie schreiben.

30.

Etüde mit Meeresrauschen

Manchmal dichtet Sebastian für den Großvater, vor allem seit dem Malheur, seit er nicht mehr gehen, sondern nur noch an zwei Stöcken humpeln kann: Opa geht so schwör/Nach dem Mallör. Er weiß, dass die ganze Familie sein Gedicht nachspricht und Mama sich daran vergnügt, auch wenn es um eine schlimme Angelegenheit geht.

Abraham hatte Hensel nach einem Besuch in dessen Atelier überredet, den Raum und das Zimmer für die Schüler renovieren zu lassen, und ließ es sich nicht nehmen, gegen den Widerstand Leas, die Arbeit zu verfolgen. Dabei stürzte er, halb blind, wie er war, über einen Eimer, brach sich das Hüftgelenk, lag ein paar Wochen, um das Übel auszukurieren.

Eine Arbeit Hensels und das Aufsehen, das sie machte, hatte Abraham, der nun seinen Einfluss als Stadtrat wahrnehmen konnte, zur Atelier-Erneuerung ermuntert. Hensel hatte den ganzen Sommer über an einer monumental erzählten Szene gearbeitet, Christus vor Pilatus, und Fanny verfolgte die Entstehung des Bildes mit großem Enthusiasmus. Freunde und Schüler, die es noch nicht vollendet sahen, drängten Hensel, er müsse es im Herbstsalon der Akademie ausstellen. Humboldt riet, er solle vor der Eröffnung unbedingt an Ort und Stelle sein, da der König die Ausstellung vorzeitig besuchen wolle. Zwölf seiner Studenten transportierten die riesige, auf einen Rahmen gespannte Leinwand hinüber in die Akademie.

Sebastian, der Reimer, sorgte in der Unruhe ein weiteres Mal für einen Ausbruch von Heiterkeit. Lea hatte ihm geraten, seinem Vater den Daumen zu halten. Worauf das Kind unverzüglich losrannte, nach seinem Vater suchte, ihn im Gespräch mit einem Studenten auf der Straße vor dem Herrenhaus erwischte, nach seiner Hand fasste, den Daumen suchte und den mit seiner kleinen Hand umschloss.

Was willst du?, unterbrach Hensel das Gespräch und beugte sich zu Sebastian, willst du mich zur Akademie begleiten?

Sebastian riss heftig an dem ihm anempfohlenen Daumen: Nein, die Großmama hat mir gesagt, ich soll dir den Daumen halten.

Hensel fragte lachend: Weißt du, warum?

Vielleicht, dass du ihn beim Bildermalen nicht verletzt.

Aber nein, Sebastian, Großmutter Lea meint, du sollst mir deinen Daumen halten, ihn fest zwischen die anderen Fingerchen nehmen. Damit könntest du für mich einen guten Zauber ausüben.

Das kann ich aber nicht.

Vielleicht doch. Hensel nahm nun seinen Sohn an die Hand: Wir sagen deiner Mutter noch Bescheid und erzählen ihr die Sache mit dem Daumen. Und danach begleitest du mich in die Akademie und kannst mir zusehen, wie ich die Schäden, die durch den Transport entstanden sind, ausbessere.

Fanny, die sich über das Daumenmissverständnis ihres Söhnchens ergötzte, erzählte die Geschichte, wie Hensel erwartet hatte, weiter, und am Abend wusste sie das ganze Haus.

Humboldt und Schadow warben für Hensels Bild, schürten die Aufmerksamkeit des Königs. Der Hof erwarb es. Für das Geld wusste Fanny bereits eine Verwendung und sie musste Hensel dazu nicht überreden. Der wieder überredete sie, nachdem sie übereingekommen waren, die Summe für Reisen zu verwenden, ohne Beistand und familiären Zuschuss. Wenn sie schon Felix in Köln besuchen wollten, wo er das Niederrheinische Musikfest leitete, sollten sie, schlug Hensel vor, nach Paris fahren, wo es Bilder für ihn gebe und für sie vielleicht in der Salle Pleyel ein wenig Musik, danach sollten sie an die See reisen, wo sie sich nach der »falschen Niederkunft« – so bezeichnete Hensel hartnäckig die Fehlgeburt – erholen könne.

Als sie mit Hensel zum wiederholten Mal die Akademie-Ausstellung besucht und die Gemälde seiner Konkurrenten betrachtet, stellt sich ihnen Doris Zelter, die alte Freundin, empört in den Weg und erklärt ihnen lauthals, dass sie nicht verstehen könne, weshalb sie – alle Mendelssohns! – aus der Singakademie ausgetreten seien. Worauf Fanny ihr in aller Ruhe erklärt: Dass Felix nicht zum Nachfolger deines Vaters gewählt worden ist, das hat uns, liebe Doris, dann doch verstimmt, was auch mit der Musik zu tun hat. Doris verstand diese Anspielung nicht, weshalb Fanny das Wort, ziemlich laut und für die Umgebung hörbar, wiederholt: Verstimmt!

Abraham überrascht sie bei einem Abendessen, zu dem sie ins Herrenhaus geladen sind, damit, dass er sie, wenn auch betrübt, nach Paris reisen lasse, seine Stadt. Aber er und Lea würden sie nach Köln begleiten, um am Rheinischen Musikfest teilzunehmen, Felix zur Unterstützung. Er habe das Programm von Felix bekommen, es interessiere ihn und Lea außerordentlich: »Dass Eure Gegenwart mich nicht hemmen, sondern im Gegenteil mir erst die rechte Freude und Lust am Gelingen geben wird, weißt du wohl.« Dieser einladende Satz aus einem Brief von Felix an Abraham wird zum Leitmotiv einer turbulenten wie anstrengenden Reise, nicht zuletzt für die beiden Alten.

Luise, Hensels Schwester, konnte, da sie noch krank war, sich ihnen nicht anschließen. Doch ihre Schwester Minna sollte als Kinderfrau mit an die See reisen.

Unterwegs begann Lea Abraham, der nichts sehen konnte, leise die Gegend zu erklären. Zuerst Berlin, dann die Äcker, Wälder, Seen und Dörfer im Westen der Stadt. Ihr Gemurmel wurde zur Begleitmusik, an die sich alle, bis auf den nervösen Hensel, gewöhnten. Lea bat Fanny, als sie schon den Rhein entlang fuhren, sie abzulösen, womit sie Hensel umstimmte. Bei einem Halt und Pferdewechsel stieg Lea so ungeschickt aus dem Wagen, dass sie stürzte und Abraham, den sie führte, hinter sich her zog. Beide fielen aufeinander, lachten nach einer Schrecksekunde auf, wälzten sich wie spielende Kinder auf dem Weg und sorgten gemeinsam dafür, dass sich keiner um sie Sorgen machte. Erst in Köln gestand Lea, dass sie sich möglicherweise »etwas« verrenkt habe. Um was es sich dabei handelte, verriet sie nicht. Großmama humpelt, fand Sebastian, und Fanny schränkte ihrer Mutter zuliebe die Feststellung ein: Es könnte schon sein.

Felix erwartete sie im Hotel. Redend umarmte er einen nach der andern, kniete vor Sebastian nieder, blies die Backen auf und trompetete ein Signal: Wenn du daran denkst, herziger Bub, dann wachst du auch im allerlängsten Konzert wieder auf. Ich versprech es dir. Das Gelächter sorgte für Aufmerksamkeit: Sie wurden, eng versammelt, zum Hindernis.

Die Reisegesellschaft hatte sich mittlerweile vergrößert. Zu ihnen war Rebekka mit ihrer Familie gestoßen.

Fanny wusste, dass Felix mit seinem Oratorium über den Apostel Paulus, das ihn seit Wochen beschäftigte, fertig geworden war, aber mit seinen Frankfurter Freunden die erste Aufführung besprochen hatte und sie es in Köln nicht hören konnte. Felix spielte Mozarts Klavierkonzert in d-Moll und schwelgte in den Kadenzen, die ihm besonders gelungen waren.

Fanny trug ihm noch immer sein Urteil über ihr Es-Dur-Streichquartett nach. Zwischen zwei Konzerten hatte sie die Familie stehen gelassen, Sebastian entschuldigend über den Kopf gestreichelt und war Felix nachgelaufen. Sie packte ihn am Arm: Wir haben noch überhaupt nicht über unsere Musik gesprochen.

Sie konnte es nicht ausstehen, wenn er den Vielbeschäftigten spielte. Er blieb neben ihr stehen und sah sie an, als käme sie überraschend von einem anderen Stern: Unsere Musik?

Ja. Sie riss ihn heftig am Ärmel. Ja, unsere. Mein Quartett beispielsweise.

Du meinst ... Er hielt inne, spielte erneut den, der seine Gedanken ordnen musste: Du meinst das in Es-Dur? Wie meines. Ich hab dir drüber geschrieben, Fanny.

Du hast mir Unordnung vorgeworfen. Nur den zweiten Satz, das Scherzo, mochtest du. Bist du noch immer dieser Meinung?

Warum sollte ich sie ändern?

Hast du es überhaupt mit anderen gespielt?

Er machte sich los, hakte sich fest unter und zwang sie, neben ihm herzugehen. Ich habe die Noten gelesen und gehört. Dass du mich zweimal zitiert hast, aus der Meeresstille und aus meinem Es-Dur-Quartett, ist mir nicht entgangen.

Nun zwang sie ihn, stehen zu bleiben: Ja. Dass du es nicht begreifst: Es war ein Brief an dich. In einer Sprache, die wir beide können.

Er ließ sie los und stehen, drehte sich zu ihr um: Die Eltern werden auf dich warten. Und dein Hensel. Kommst du morgen vor dem Konzert mich abholen?

Sie machte wortlos kehrt.

Als sie am nächsten Tag sich unter den Alt im Chor reihte, Rebekka beim Sopran abgab, Felix Händels »Salomon« mit großer Geste begann, schmerzte sie das Gespräch im Nachhinein. Es könnte sein, sagte und sang sie in sich hinein, ich habe Felix Unrecht getan und er wird womöglich recht behalten mit seinem Urteil. Sie feierten im Hotel den Erfolg der

Aufführung, Bekchen beugte sich im Vorbeigehen flüchtig über Fanny und flüsterte ihr zu: Also, wie du gesungen hast, sahst du aus wie ein Geist. Ich möchte bloß wissen, wo du warst. Rebekka lachte, um ihrer Schwester aus der Verblüffung zu helfen.

Bei der zweiten Aufführung des »Salomon«, die mit einem nicht minder großen Triumph endete, sang sie wieder, wie sie fand, präsent.

Danach nahmen sie Abschied von den Alten, von Felix, den es nach Leipzig drängte, seit ihm das Gewandhaus angeboten worden war.

Adieu, Fenchel, lass dich treiben, erhol dich. Und schreib mir.

Bekchen begleitete sie zur Poststation. Wenn sich ihre Familie nicht für Ostende entschlossen hätte, wäre sie dabei gewesen.

In Paris konnte sie nicht ihren Kindererinnerungen nachgehen, sie befand sich ständig in Eile und wurde aufgehalten von aufgeregtem Gerede. Sie musste für Hensel und sich Aufenthaltsgenehmigungen in die Pässe eintragen lassen, musste sich um Sebastian und Minna kümmern, die allerdings auf ihre Nachfragen kaum Wert legten, und außerdem war sie eingeladen, den Begräbniszug des Marschalls Mortier vom Fenster einer Wohnung zu verfolgen. Der Marschall war einem Attentat auf König Louis Philippe mit einigen anderen Personen zum Opfer gefallen. Der Leichenzug wiederholte die Pracht des Lebens, das der Ermordete geführt hatte. Was zu einigen despektierlichen Bemerkungen Anlass gab. Wie auch das heftige Gespräch danach über die Pressezensur. Es war eine lärmende Gesellschaft, die Fanny in ihrem Tagebuch aufrief: »Alle Heinens, auch Heinrich, Monsieur Mirbel (ein Botaniker), Monsieur Lafond (ein Geiger, den Hensel porträtierte), Duchesse d' Abrantés (eine Schriftstellerin), Engländer, Juden, der Teufel und seine Großmutter.« Wen sie in den beiden zuletzt Genannten sah, bleibt ihr Geheimnis.

Paris verließen sie erleichtert in einem die erlebten Tumulte zusammenfassenden Gespräch. Sebastian schwärmte von dem Karussell im großen Park, zu dem er mit Minna gewandert war.

Das Meer!, rief Fanny vorm Ende der Fahrt, man riecht es immer. Atmet mal ein. Das Meer!

Sie stimmte sich ein, hatte vor auszuspannen, Briefe zu schreiben und über die nächsten Sonntagskonzerte nachzudenken.

Der Himmel schleifte grau und tief über die Häuser weg, als sie Boulogne sur mer erreichten. Es goss. Unter Schirmen rannten sie zu ihrem Quartier. In der Tür erwartete sie der Vermieter, Monsieur Unersättlich, wie er nach wenigen Ferientagen von Fanny zähneknirschend genannt wurde. Ein massiger, streitlustiger, geldgieriger Patron.

Fanny hielt sich zurück, da sie bemerkte, dass der Mann Hensel als Verhandlungspartner bevorzugte, sie und Minna nur abschätzig musterte, Sebastian, den es ins Vorgärtchen drängte, gleich zurechtwies. Monsieur Unersättlich erlaubte ihnen erst den Zutritt in das gemietete Haus, nachdem er einen längeren Vortrag gehalten hatte, wie sie mit Haus und zum Meer liegendem Garten umzugehen, und dass sie mit dem Holz für den Kamin zu sparen hätten. Dies alles, nachdem er ihnen das halbe Mietgeld abgeknöpft hatte. Madame!, knurrend wie ein Hofhund trat der Mann zur Seite, machte ihnen Platz in der Tür und sie zwängten sich hinein. Das Gepäck wurde von einer schweigsamen älteren Frau, die ihnen als Magd und Köchin, als Hilfe vorgestellt wurde, ins Haus geschleppt. Sie wendete sich sogleich an Fanny, an die Madame. In welchem Zimmer sie das Gepäck abstellen solle, fragte sie. Was Fanny mit einer fragenden Geste beantwortete: Ich kenne die Räumlichkeiten ja nicht. Und nach einer kleinen Pause fragte sie nach dem Namen: Und wie heißen Sie? Lisette, antwortete sie mit einer Bubenstimme. Ein kräftiger Alt, stellte Fanny für sich fest. Und Lisette wollte wissen, was Madame meine. Madame Hensel, ergänzte Fanny den Austausch der Namen.

Die Stiege in den ersten Stock erwies sich als zu steil für den Transport der Koffer. Also wurden sie im Parterre in der großen Wohnküche deponiert, ausgeräumt, und die Einzelstücke wurden lachend, schimpfend, unter Anfeuerungen nach oben getragen. Hensel verteilte die Zimmer. Ein kleines mit zwei Fenstern übers Eck, eines davon mit Blick aufs Meer, bekam Fanny, denn zeichnen wolle er im Garten hinter der Düne. Minna und Sebastian bezogen das größte Zimmer neben dem Schlafzimmer der Eltern.

Sie wollte gleich zum Wasser: Ich höre es. Ich werde es die ganze Zeit hören. Sie lief barfuß aus dem Haus und auf einem schmalen Pfad zum Strand. Es würde ihr täglicher Weg sein, nahm sie sich vor. Der Regen jedoch erlaubte es nicht, ein kalter Dauerregen, der nur während ihrer Ankunft aufhörte, als wolle er sie täuschen und als gehorche er den Anweisungen von Monsieur Unersättlich.

Der wiederum besaß ein Restaurant im Ort, erfuhren sie von Lisette, auch dass im Haus nebenan eine englische Schriftstellerin wohne, Madame Austin. Die wisse schon von ihrer Ankunft. Beides lernen sie, nachdem die Koffer geleert waren, Hunger und Durst zugenommen hatten, kennen. Zuerst Mrs. Austin, die zur Begrüßung vorsprach, zierlich, aufgeputzt und mit flinken Augen: Sie freue sich, der Familie aushelfen zu können, wenn es ihr an etwas fehle, und freue sich überhaupt auf Gespräch und Gesellschaft. Sebastian klagte, dass er gleich vor Hunger einsinken werde, und sie eilten, geführt von Mrs. Austin, zum Restaurant von Monsieur Unersättlich. Da passte nun Fannys Namensfindung: Er kochte gut. Sodass sie gleich am nächsten Tag wieder dort tafelten. Der Regen, der nicht enden wollte, brach am dritten Tag, sie überraschend, ab, ein warmer Wind fegte die Wolken hinter den Horizont, Fanny eilte allen voraus über die Düne zum Meer, traute sich ins Wasser, das warm war, und kam mit dem Vorsatz zurück, Sebastian in den nächsten Tagen das Schwimmen beizubringen. Da regnete es wieder. Das Wasser drang durch die Decke im ersten Stock, Hensel alarmierte den Vermieter, der gleich zur Stelle war, mit einem Eimer das durchrinnende Wasser einfing und den Gästen riet, diesen gelegentlich zu leeren. Als Hensel erklärte, für eine solche Ruine könne er unmöglich die verabredete Miete verlangen, knurrte Monsieur Nimmersatt nur und rollte mit den Augen. Hensel reagierte auf diese Konfrontation verspätet und bekam am nächsten Tag einen Magenkrampf, blieb stöhnend im Bett, und Lisette brühte nach Hausrezept lindernden Tee auf, den er widerstandslos schluckte.

Fast jeden Tag kam Post aus Berlin und aus dem belgischen Ostende, von Rebekka. Fanny wanderte nun, gleichgültig ob es regnete, mit Sebastian ans Meer. Zu ihrem Vergnügen war er nicht wasserscheu und durchaus anstellig. Fast jeden Abend verbrachten sie bei Mrs. Austin, unterhielten sich über die englische und französische Literatur, über Schiffbrüche und die Qualität der Austern, die ihnen Monsieur Unersättlich anbot.

Ihr fehlte ein Klavier. Du kannst, warf sie im Spaß Hensel vor, deine Farben, deine Stifte überall mitnehmen. Ich bräuchte ein Reiseklavier.

Sie mietete ein Pferd, ritt einige Male aus, und nach einem längeren Spazierritt klagte sie über entzündete Augen. Klingemann, der über Fannys »Kur« unterrichtet war, kündigte seinen Besuch an und tauchte plötzlich, nach Fanny rufend, vor dem Haus auf, alarmierte allerdings Mrs. Austin, die wiederum zum Strand lief, die Familie alarmierte: Ein Herr aus England!, rief sie, nicht ohne Stolz, Mr. Klingemann. Fanny vergaß die schmerzenden Augen. Sie redeten, tauschten lachend Erinnerungen aus, Klingemann reimte gemeinsam mit Sebastian, reimte Heer auf sehr, schwer auf Meer, und Hensel nahm Abstand und begann ein Porträt von Klingemann, der wiederum Mrs. Austin dazu brachte, Nachbarn mit Klavier, den Perrets, einen musikalischen Abend vorzuschlagen, und das mit Erfolg. So wurde für das halbe Dorf gesungen, gespielt, Bach und Mendelssohn, Felix und Fanny. Unwillig gestand Monsieur Unersättlich, dass ihre Stimme ihn bezaubere. Mit einem fülligen

Knurren unterstrich er diesen Zauber. Klingemann, Gast in ihrer Ruine, sorgte dafür, dass der Wirt mit Handwerkern erschien und die Decke ausbesserte, den immer vollen Eimer entfernte. Klingemann las ihm außerdem, zur Genugtuung Fannys, lautstark die Leviten und gestattete ihm nicht zu knurren.

Als sie aufbrachen, Lisette die Koffer packte, sie das »gräuliche Boulogne bei schändlichstem Wetter« verließen und die Postkutsche nach Dünkirchen nahmen, winkten sie Mrs. Austin zum Abschied und zürnten Monsieur Unersättlich, der es geschafft hatte, die Miete ordentlich zu erhöhen, da sie gegen die Abmachung einen weiteren Gast untergebracht hätten.

Dieser Pirat! Fanny konnte sich gar nicht beruhigen, fand wüste Ausdrücke, die Sebastian ergötzten.

Sie kamen bis Dünkirchen. Im Hotel de Flandre erholten sie sich, genossen den Komfort und verwünschten ein letztes Mal Monsieur Unersättlich und sein undichtes Regenhaus.

Wir könnten uns die holländischen Städte ansehen, sagte Hensel, der auf Bilder und Kirchen scharf war. Ja, das könnten wir. Sebastian, der neben ihr am Fenster stand und auf die quirlige Menge unten auf der Straße blickte, wiederholte mit Nachdruck: Ja, das könnten wir.

Fanny probierte den Diwan aus, indem sie sich hinlegte und dabei mit einem zustimmenden Nicken den Kopf hob: Ihr beide verführt mich.

Sie reisten über Ostende und Brügge, wo sie, wie Sebastian fand, allzu lang im Museum herumspazierten, in einer Jakobskirche allerdings, was Hensel in flüchtigen Skizzen festhielt, einen wunderbaren Jan van Eyck fanden. Bilder, Bilder, stöhnte Sebastian. Fanny widersprach dem kleinen Querulanten: Ein Glück, ein Glück! Das sich in Gent fortsetzte, wo sie in der Kathedrale van Eycks »Anbetung des Gotteslammes« bewunderten und Sebastian aus Trotz erklärte: Der Papa malt viel schöner. Jedoch Hensel den Abstand zu dem Meister des Genter Altars mit einem Seufzer markierte: Ach, Kind.

Fanny fand für die Landschaft, durch die sie reisten, flach und mit einem weiten, bewegten Seehimmel darüber, die Abkürzung: Kühe und Kanäle, die sogleich sprichwörtlich und am Abend in Antwerpen als Kanon gesungen wurde, mit dem erweiterten Text: Kühne Kühe und krumme Kanäle. Was aber nicht stimmte, fand der mitsingende Sebastian. Das Hotel St. Antoine in Antwerpen bekam die Auszeichnung als das beste Haus der ganzen Reise. Ein Abenteuer mit der neuen Technik stand ihnen noch bevor. An einem heiteren und beinahe ohne Schatten flach gemalten Tag, wie Hensel es ausdrückte, fuhren sie mit der Eisenbahn nach Mechelen und von dort zurück.

Stell dir vor, wir müssten nirgendwo mehr auf die Kutsche warten und nicht wissen, wann wir ankommen. Wir könnten immer die Eisenbahn wählen. Fanny malte sich die Zukunft aus. Sie reisten hingegen weiter über Lüttich nach Aachen. Dort sammelte Fanny Briefe ein, vor allem Post aus Berlin, denn sie wollte unbedingt wissen, wie es dem Vater gehe.

In Köln, vorm Dom, trafen sie zufällig die Dirichlets. Bekchen fiel Fanny um den Hals, und die beiden

Jungen übertrumpften sich in ihren Beschreibungen des Meeres. Mein Meer war viel toller, rief Sebastian, meines viel größer und tiefer, entgegnete mit piepsender Stimme Walter.

Ich schmeiß euch beide gleich in die nächste Pfütze, Dirichlet lehnte sich auf seinen Sohn, dem es noch gelang, seinem Cousin einen wütenden Blick zuzuwerfen.

In Leipzig erwartete sie Felix, der sich für seine Gewandhauszeit einlebte. Am liebsten hätte sie die Kutschpferde in Dauergalopp versetzt. Nach Leipzig!

Hier sprechen alle Leute wieder Deutsch, stellte Sebastian erstaunt fest, als eine Frau auf der Station ihnen Kuchen und heißen Tee anbot.

In Leipzig kam Fanny kaum zum Atemholen, sie riss sich den Hut vom Kopf, als beende sie mit dieser Geste die Reise: Wir müssen musizieren, Felix, unbedingt! Fanny bekam den »Paulus« zum ersten Mal zu sehen. Sie sah sich fragend um. Felix konnte ihre Blicke lesen. Das Klavier findest du nebenan. Sie war nicht zu halten, bis in die Nacht und noch am nächsten Morgen »gingen sie die Sache durch«.

Sie musizierten, redeten, musizierten, debattierten. Hensel und Sebastian schlichen sich hinaus.

Wir sind zum Abendessen vom Hauser, meinem Bariton, eingeladen, rief ihnen Felix nach.

Nach dem Abendessen musizierten sie weiter, trafen sich am frühen Morgen, unersättlich, und manchmal stellten sie verblüfft Eigenheiten fest, wie Leitmotive:

Du redest wieder so schnell, Felix, immer wenn du dich aufregst, redest du schnell.

Und du schniefst, wenn du konzentriert Klavier spielst.

Ihr Lachen hörte Hensel mit Neid. Ihr habt immer wieder gelacht, kannst du mir sagen, warum?, fragte er in der Kutsche, nachdem Felix sie an der ersten Station verlassen hatte: Auf bald! Auf bald!

Ja warum?, fragte sie zurück, lehnte sich gegen Hensel und begann leise zu lachen.

Am Vormittag kamen sie in Berlin an. Die Diener und die Kinderfrau, die Sebastian anstierte wie ein Wesen aus einer anderen Welt, erwarteten sie mit einem Wagen fürs Gepäck.

Die Eltern saßen im Salon auf dem Diwan, als ob sie Hensel zu einem Bild sitzen müssten. Fanny, die ins Zimmer stürzen wollte, hielt mit einem trockenen Schluchzen den Atem an, lief auf die beiden zu, kniete sich hin, kreuzte die Hände vor der Brust: Ach ihr!, rief sie, und sie setzte den Ausruf mit einem Kindersatz fort: Ich bin so froh, wieder zu Hause zu sein.

Abraham fragte hüstelnd: Ja habt ihr euch denn nicht erholt?

Ganz bestimmt, erwiderten Hensel und Sebastian zweistimmig. Und Fanny unterstrich die Auskunft: Ihr hört es.

31.

Etüde für Abraham

Der herbstliche Park hielt sie auf: Ich bin angekommen und doch übers Ziel hinausgeschossen, sagte sie zu Hensel. Abrahams Zustand machte ihr Sorgen, und Hensel wiederum war ständig unterwegs zu seiner Mutter, die, schwach und voller Schmerzen, das Leben aufgeben wollte. Manchmal begleitete sie ihn, wartete aber vorm Haus: Es könne seiner Mama zu viel werden, redete sie sich aus. Er respektierte ihre ungenaue Angst.

Abraham konnte nun so gut wie nichts mehr sehen und war, wie er sagte, aufs Gehörte angewiesen. Deswegen las sie ihm, abwechselnd mit Lea, vor, musste aber vor allem von der Reise erzählen, den Städten, den Künsten, von Moscheles. Wünschte er zu hören, was sie in den Konzerten gehört hatten, setzte sie sich ans Klavier und spielte aus dem Gedächtnis. Seine Bewunderung wärmte sie. Obwohl sie den Eindruck hatte, dass es ihn von innen fror.

Im Oktober, einen Monat nach ihrer Heimkehr, starb Mutter Hensel. Lea bat Fanny, Abraham mit dieser traurigen Nachricht zu verschonen. Doch sie ging zu ihm. Er erschrak keineswegs, fragte sogleich, ob Wilhelm bei seinen Schwestern sei und ob er selbst sich nicht um die Beerdigung kümmern solle. Worauf ein »abrahamitisches Wortgeplänkel« begann, das sie alle Trauer vergessen ließ:

Ich kann doch Wilhelm das alles nicht überlassen, sagte er, er ist doch darin überhaupt nicht erfahren.

Aber Papa, solche Erfahrungen haben wir doch noch nicht sammeln können.

Nein, ihr nicht, aber ich, mein Kind. Und Wilhelms Schwestern, Luise und Minna, ist für die gesorgt?

Luise kann bei uns bleiben und Minna kommt mit ihrem Mann aus Bonn.

Es ist ein Elend, seufzte er, ein Elend mit mir. Ich kann nichts sehen und mich auf meinen alten Beinen nicht aufrecht halten.

Wenn du dich nur kümmern kannst, Papa.

Halt, Fanny, er griff ins Leere, sie trat vor ihn, dass er sie wahrnehmen, spüren konnte, passt auf den Jungen auf, es ist das erste Mal, er brach ab, und sie setzte den Satz für sich fort: Dass ein Mensch, den er kennt und gernhat, stirbt.

Ja, sagte sie, wir passen auf.

Er ließ sich vorsichtig in den Sessel zurücksinken, nickte ihr nach: Morgen früh, rief er, wie immer zum Vorlesen.

Sebastian zerrte an ihrer Hand, als der Sarg in die Grube gelassen wurde. Sie hielt ihn fest. Wo ist die Oma jetzt, fragte er, viel zu laut.

Im Himmel, antwortete sie.

Jetzt gleich, fragte er.

Am Abend, Luise brachte Sebastian ins Bett, zogen sie und Hensel sich in den Gartenpavillon zurück, obwohl die feuchte Kälte ihnen beiden zusetzte, redeten über die Pläne Hensels, seine Studenten, und darüber, dass Abraham während ihrer langen Abwesenheit die Wohnung und das Atelier von Grund auf hatte erneuern lassen, sodass das Wasser nicht mehr in die Wände stieg. Sie sagte, über den rauen Tisch nach Hensels Händen fassend – jetzt sammelten sich die Tränen hinter ihren Augen und ein Schluchzen steckte in ihrer Brust –: Sie ist gleich in den Himmel gefahren, hat Sebastian beschlossen. Ihr kam es vor, als würden seine ohnehin hellen grauen Augen noch etwas blasser.

Abraham hatte schon etwas länger das Haus nicht mehr verlassen. Er blieb, Besuche empfangend, sich kaum bewegend, im Geist jedoch unendlich beweglich, Mittelpunkt der Familie, scherzte, munterte auf, debattierte mit Hensels Studenten und war danach glücklich, den jungen Leuten die falschen Bilder aus dem Kopf geredet zu haben.

Lea genoss das Vorrecht, ihm Briefe vorzulesen; sie vertrat Felix. Was er von ihm hörte, erfüllte Abraham mit Genugtuung: Sein Ältester, fand er, ging besonnen und großzügig mit seinen Gaben um. Fanny hörte zu, als Lea einen »Leipziger Bericht« zum Besten gab, in dem Felix vergnügt und ironisch ein Gastspiel Chopins schilderte, wie der »seine neuen Etüden und ein neues Konzert den erstaunten Leipzigern vorraste«, wie er schon mit seinen Freunden Passagen aus dem »Paulus« probe – Lea hob den Arm, wie ein Dirigent vorm Einsatz – jetzt hört her: »und vorgestern Abend fing also meine Leipziger Musikdirektorschaft an ... Ich wollte, Ihr hättet die Einleitung meiner ›Meeresstille‹ gehört (und damit fing mein Konzert an); es war im Saal und auf dem

Orchester eine Ruhe, dass man das feinste Tönchen hören konnte, und sie spielten das Adagio geradezu meisterhaft.« Danach gab's Weber, Spohr und die B-Dur-Symphonie von Beethoven, die den zweiten Teil ausmachte, »klappte ganz herrlich und die Leipziger jubelten nach jedem Satz«.

Ab und zu kämpfte Abraham gegen Atemnot, ließ es aber nicht zu, dass ihm geholfen, dass er bedauert wurde, und zog sich, da er seine Schwäche nicht zeigen wollte, mit Lea ins Schlafzimmer zurück. Die Tage bekamen einen dunklen Rand.

An einem Oktobermorgen kehrte Rebekka von der Reise zurück und mit ihr Felix und Moscheles. Sie kamen gleichsam heimlich an. Die Eltern durften nichts wissen, sollten überrascht werden. Alle Ankömmlinge versammelten sich erst einmal im Gartenhaus. Den Jüngsten, den kleinen Walter, Rebekkas Sohn, schickten sie als Boten voraus. Er dürfe sie, wurde ihm aufgetragen, auf keinen Fall verraten. Er sagte kein Wort. Abraham erkannte ihn erst einmal nicht und verwechselte ihn mit Sebastian. Als er aber: Ich bin's, Großpapa!, rief, fing Abraham an, herzlich zu lachen. Sein Lachen fand kein Ende, als nacheinander Rebekka, Dirichlet, Felix und Moscheles erschienen. Lea und Abraham schüttelten Hände, umarmten und herzten: Was für ein Segen!, rief der alte Mann. Im Nachthemd stand er zierlich und gekrümmt neben der ebenfalls noch für die Nacht gekleideten Lea, ein altes Kind, glücklich und, weil er einen frühen Kaffee brauchte, bat er Fanny um eine ordentlich große Kanne und ein ausgiebiges Frühstück für die ganze Bande. Sie rief's in die Küche. Bleibt!, bat er nach dem Frühstück, bitte bleibt. Sie vergaßen alle ihre Reisemüdigkeit, Fanny ließ das Hammerklavier aus dem Gartenhaus in den elterlichen Salon transportieren. Denn wenn es eine Medizin gab, die Abraham belebte, war es neben der Gesellschaft seiner Kinder und Kindeskinder die Musik.

Zwei Tage lang blieb die Familie bis auf die halben Nächte zusammen, am ersten Abend meldeten sich Gäste an, die gehört hatten, dass Felix zu Besuch sei. Es wurde ein Konzert erwartet. Moscheles ließ sich über Freuden und Ärger mit seinem Publikum aus, Felix schwärmte von den Leipzigern, die ihm Moscheles als gelegentlich schlechthörig tadelte. Er und Felix spielten Mozarts D-Dur-Sonate für zwei Klaviere. Der blinde Abraham hörte genau und verwechselte die beiden Virtuosen, stellte fest, dass Felix etwas verziert spiele und Moscheles hingegen lebhaft und natürlich. Er konnte, als die beiden sich zu ihrer Methode bekannten, wieder herzlich lachen wie am Morgen. Um ihn, den Hellhörigen, zu verwirren, setzten sie sich an ein Klavier und fantasierten ausgiebig zu vier Händen. Wie wäre es, fragte schließlich Moscheles, wenn sich Frau Fanny hören ließe.

Nicht viel, schränkte sie ein und spielte das Es-Dur-Rondo von Felix, als einen Willkommensgruß – für ihn ganz allein.

Felix hatte Fanny versprochen, Abraham den Abschied nicht schwer zu machen. Er wird uns, wenn ich es will, hinterherlachen. Moscheles hatte vor, am nächsten Morgen mit der Schnellpost nach Hamburg zu reisen, und Felix hatte Abraham gebeten, ihm seine Kutsche zur Verfügung zu stellen. Diese Bitte warf für einen Moment einen Schatten. Ich brauche sie ja überhaupt nicht mehr, Lea schon, sagte er leise. Wie er unlängst diktiert hatte in einem Brief an Felix: »Jeder Abschied ist ein kurzer Tod, vielleicht ist der Tod nur ein kurzer Abschied.«

Ehe die Kutsche Moscheles zur Poststation brachte, saßen er und Felix am Klavier, Abraham hörte ihnen zu, sie fantasierten, und Felix unterbrach das Spiel mit dem Signal der Schnellpost, worauf Moscheles sich solo mit einem Andante verabschiedete. Sie versicherten, einander wiederzusehen. Ach wann, seufzte ihnen Abraham sein Adieu nach.

Ein überraschender Besuch sorgte dafür, dass der Alte etwas zu Kräften kam, eine gute Bekannte aus Bremen, Frau Doktorin Schleiden, meldete sich mit Sohn und Tochter; schön und klug, wie sie war, fesselte sie Abraham im Gespräch. Den musikalischen Teil der unterhaltsamen Abende, die Lea aufatmend arrangierte, bestritt ein neuer Mieter im Herrenhaus, der Tenor Franz Hauser. Bei jeder Gelegenheit bat er Fanny um Begleitung und sang, was seine Zuhörer wünschten. Albertine übernahm von Lea das Regiment, als ihr Paul Geburtstag feierte, wobei Fanny die Gelegenheit nutzte, ihren jüngeren Bruder zu verleiten, ihre Cello-Sonate vorzutragen. Zur Freude Abrahams, der hernach, gleichsam pausenlos, eine Cherubini-Arie genoss.

Diese Ablenkungen linderten die zunehmenden Hustenanfälle nicht, ein Krampfhusten, wie die Doktoren diagnostizierten, ein Verfall der Lunge. Klagte Abraham, dass ihm der Atem ausgehe, verließ Fanny das Zimmer, um ihn nicht mit ihren Tränen zu verstören. Das fiel sogar Sebastian auf. Der Opa hustet dich aus dem Zimmer, sagte er, als sie ihn abends ins Gartenhaus brachte. Abraham überredete Lea, doch noch einmal mit ihm auszugehen, als er gehört hatte, dass Henriette Herz zu einem Abendessen eingeladen habe und auch die Doktorin Schleiden anwesend sei. Er hielt durch, lachend, und amüsierte sich sehr, wie Fanny in ihrem Tagebuch festhielt. Dass er am nächsten Tag kaum mehr die Kraft hatte, sich aus dem Sessel zu erheben, und bat, die beiden Buben, Sebastian und Walter, deren Nähe er sich meistens wünschte, in den Park zu schicken, schrieb Fanny den verflixten gesellschaftlichen Anstrengungen zu.

Doch schon war sie wieder dabei, eine Sonntagsmusik vorzubereiten, das übliche Novemberfest, ihren Geburtstag, den dreißigsten. Sie setzte in ihrer Umtriebigkeit Pausen, indem sie ins Herrenhaus hinüberging, um Abraham vorzulesen. Dieses Mal wechselte sie sich nicht mit Lea ab, da das Buch, das Abraham ausgewählt hatte, sie selbst beschäftigte: eine Geschichte Kaiser Friedrichs II., verfasst von Karl Wilhelm Funk. Im letzten Kapitel unterbrach er sie und seine Augen bekamen Glanz: Was meinst du, Fanny, was aus den Deutschen geworden wäre, wenn Friedrich sich von Italien abgewendet hätte? Sie zog die Schultern hoch, die eine blieb hängen: Ich weiß es nicht, Papa, das ist schon eine Hypothese, die sehr weit zurückreicht.

Er blieb wach und streitlustig, trieb sich die aufkommende Müdigkeit aus. Mit Varnhagen debattierte er über die Jungdeutschen, über Heine, Büchner und ihre Aufsässigkeit. Die gefalle ihm, die könne er durchaus verstehen. Als Varnhagen auch noch Lessing nannte, erregte Abraham sich sehr: Dieser feine Kopf, der mit seinem Vater innig befreundet gewesen sei, habe dafür gesorgt, dass er, und nicht wenige andere, als Bürger angesehen seien und frei handeln und leben könnten.

Fanny beobachtete Varnhagen nach diesem atemschweren Ausbruch, empfand Stolz für ihren Vater und sah vergnügt, wie der hagere, leicht gebückte Varnhagen noch mehr in sich zusammensank.

An ihrem Geburtstagsmorgen wartete sie auf Abrahams Besuch. Er kam nicht, schickte Lea, die ihr sein Geschenk, einen Staatsschuldschein, überreichte. Das tat sie mit einem Knicks, den die Tochter erwiderte.

Zum Mittagessen waren sie ins Herrenhaus geladen, wo hernach auch die Sonntagsmusik im kleinsten Kreis stattfand, die Geburtstagsmusik, die Fanny ihrem Vater schenkte. Der Chor drängte sich im Salon, drohte ihn wie einen Käfig zu sprengen, bis Abraham Paul und Dirichlet bat, ihn über den Hof zu geleiten, im Gartensaal bekomme er besser Luft.

Zwei Kantaten Bachs, die er besonders liebte, standen auf dem Programm, das sie mit den ersten Präludien und Fugen aus dem »Wohltemperierten Klavier« – uns zur Erinnerung! – einleitete. Er saß aufgerichtet in seinem Sessel, den sie in die Mitte gerückt hatten, und sie schaute immer wieder, während sie Klavier spielte, zu ihm hinüber, las in seinem Gesicht, in dem nun Erschöpfung und Schmerz ihre Schatten warfen.

Dann rückte der Chor zusammen und die Solisten,

Hauser unter ihnen, betraten aus der Seitentür den Saal. Zuerst war »Herr gehe nicht vor Gericht« zu hören, danach »Liebster Gott, wann werd ich sterben«. Hauser sang Abrahams Lieblingsarie »Wir zittern und wanken« mit solch genauer Emphase, dass der Alte am Ende ausrief: Lieber Hauser, ich ernenne Sie zu meinem Kammersänger! Er winkte Fanny zu sich, sie hockte sich neben ihn und erwartete, dass er ihr übers Haar streiche, ihr auf diese Weise danke. Aber er tat es, nachdem er röchelnd durchgeatmet hatte, laut und für alle: Du fängst so hoch an, mein Kind, und ich hoffe nur, du kannst es halten.

Ich auch, flüsterte sie ihm ins Ohr.

Fünf Tage nach ihrem Geburtstagsfest – ständig war sie vom Gartenhaus zum Herrenhaus unterwegs – bat Lea sie, hinüberzukommen, auch Rebekka halte sich bereits beim Vater auf. Er war unruhig und obwohl ihm das Sprechen schwerfiel, sonderbar redselig, erkundigte sich, wie der Arzt seine Krankheit bezeichne, woran er überhaupt erkrankt sei, weshalb er nicht ordentlich Atem holen könne und warum sie ihm überhaupt Wein zu trinken gäben.

Das ist uns erlaubt, gab Lea betroffen und erschrocken zur Antwort.

Soso. Er drückte den Kopf ins Kissen, sagte: Felix. Er ist fort.

Er wird kommen.

Ach ja. Sein Kopf grub sich noch tiefer ins Kissen, er drehte sich zur Wand: Nun will ich versuchen zu schlafen.

Noch einmal atmete er stöhnend auf.

Die drei Frauen saßen am Bett, sahen sich an, lauschten, ob sich der Kranke noch rege. Doktor

Orthmann, den Hensel hatte rufen lassen, kam, beugte sich über Abraham und sagte, nach einem Zögern: Ich kann ihm nicht mehr helfen, nein.

Sie rückten zusammen, umarmten einander, ihre Tränen vermischten sich. Abraham hätte diese Dreieinigkeit der Frauen gefallen.

Das alles las ich in Briefen, in Tagebüchern, beeindruckt von der Trauer, die alle ergriff, und ermaß den Verlust, den Felix und Fanny erlitten, und mir fiel ein Satz ein: Aus der Mitte der großen Familie brach ihr unanfechtbarer Kern. Felix war klar, was er verlor. An seinen Freund, den Dessauer Prediger Julius Schubring, schrieb er am 6. Dezember 1835: »Ich weiß nicht, ob Du wusstest, wie besonders seit einigen Jahren mein Vater gegen mich so gütig, so wie ein Freund war, dass meine ganze Seele an ihm hing und ich während meiner langen Abwesenheit fast keine Stunde lebte, ohne seiner zu gedenken. Aber da Du ihn in seinem Hause mit uns Allen und in seiner Liebenswürdigkeit gekannt hast, so wirst Du Dir denken können, wie mir jetzt zumute ist.« Abraham hatte ihn noch in seinem letzten Brief gedrängt, den »Paulus« zu Ende zu bringen. Der trauernde Sohn folgte ihm, schrieb einen Chor mit dem Text: »Da Du der rechte Vater bist.«

Leas klaglose Trauer rühmen alle, die sie umgaben, sie setzt fort und hält aus, was sie von ihrem Mann kannte. Ich habe nach Aufzeichnungen gesucht, in denen sie sich ausspricht, ihre Einsamkeit, in denen sie über den schmerzlichen Abbruch eines lebenslangen Gesprächs nachdenkt. In einem Brief an ihre Cousine, Henriette von Pereira-Arnstein, schreibt sie

Abraham einen in seiner erinnernden und gelassenen Liebe wunderbaren Nachruf: »Wenn auch wohl momentane trübe Schatten diesen Glückshorizont verdunkeln, ich wäre undankbar, nicht zu sagen, ich war eine der glücklichsten Frauen. Ich darf auf die größere Lebenshälfte mit Stolz und Befriedigung zurückblicken; jede Epoche derselben gewahrt mir die herrlichsten Bilder, die köstlichsten Erinnerungen. Aber auch Er war glücklich, und was mehr sagen will, er hat es anerkannt, aufs Lebendigste gefühlt, und je näher die allzufrühe Vollendung kam, je befriedigter und stiller ward seine Seele, je sanfter und beglückender seine Nähe, je edler seine Wissbegier, je heiterer seine Stimmung.« Ich schreibe ab, was Lea Mendelssohn schrieb, und spüre eine Offenheit und Souveränität, die mir hilft, von Neuem in Fannys Geschichte hineinzufinden.

32.

Intermezzo mit falschen Tönen

Das Winterlicht kühlt den Gartensaal aus. Fanny steht nah vor dem großen Fenster, sodass ihr Atem das Glas beschlägt. Felix hat sich neben sie gestellt und fährt mit dem Zeigefinger die Strecke zwischen ihrem und seinem Hauchfleck ab. Er ist noch rechtzeitig zu Abrahams Begräbnis gekommen. Einen Tag nach dem Tod hat Hensel sich einen Pass besorgt, einen Wagen gemietet und ist nach Leipzig aufgebrochen, um Felix zu benachrichtigen und abzuholen. Die Tage seither versucht sie seiner suchenden Unrast und seinen Tränenstürzen aus dem Weg zu gehen. Er leidet mehr als sie alle. Was soll ich ohne ihn, was meine Musik, fragt er Fanny, die seine Erregung übertrieben findet.

Er hat noch Stücke aus deinem »Paulus« gehört, Felix. Du bist Gewandhauskapellmeister. Ich traure wie du um Papa. Aber Trauer kann dich auch ersticken.

Ich muss hier fort, er lässt seinen Finger heftig zwischen den Atemfeldern wandern. Fort, sagt er.

Du hast auch hier deine Pflichten, sagt sie.

Und du, fragt er so heftig, dass sie erstarrt.

Und ich? Ich bleibe im Haus, im Gartenhaus.

Auf einmal ist er nah neben ihr, sie spürt seinen Arm, seine Wärme. Wenn ich morgen abreise – sie wundert sich wieder, mit welcher Geschwindigkeit seine Launen wechseln, sein Tonfall sich verändert –, wenn ich abreise, überlegt euch, wie ihr Mama, die allein geblieben ist, im Herrenhaus Gesellschaft leistet.

Die Mieter kommen manchmal zu Tisch, Hauser neuerdings.

Ich meine Menschen, die ihr nah sind. Vielleicht könnten Bekchen und Dirichlet hinüberziehen.

Noch ehe Felix abreist, überredet er die kleine Schwester und den »gescheiten Schwager«, ins Vorderhaus zu ziehen.

Lea heißt sie willkommen im Herrenhaus, das sie, in Gegenwart ihrer Kinder, von nun an »Vaterhaus« nennt.

Den Winter verbringt die Hausgemeinschaft, so erinnert sich Fanny, traurig und still. Da der Gartensaal sich wieder in eine riesige Eiskammer verwandelt hat, fallen die Sonntagskonzerte aus, das leidende Klavier wird in ihr Zimmer transportiert.

Lea, die unbedingt erleben möchte, wie Felix zum Ehrendoktor der Universität Leipzig promoviert wird, stiftet Fanny an, sie dorthin zu begleiten, Hensel und Sebastian versprechen lauthals, aufeinander aufzupassen.

Erwartungen austauschend sind sie unterwegs und kommen redend und voller Erwartungen in Leipzig an. Fanny hat Noten im Gepäck, die sie mit Felix durchgehen möchte, Vorrat für die kommenden Sonntagskonzerte, Lieder, Duette, Terzette, ein

Allegro con spirito fürs Klavier. Nach Abrahams Abschied hat sie in der Stille ihre Stimme gehört, hat für sich gesungen und ihre Einsamkeit durchbrochen.

Felix erwartet sie im Hotel, er ist, wie Fanny überrascht und nicht ohne Stolz feststellt, in der Stadt bekannt und geachtet, wird in der Halle von Gästen begrüßt, bekommt von Livrierten Billetts gereicht, Botschaften, die ihn, kaum hat er sie gelesen, zappelig machen. Das kennt sie.

Ist die Nachricht wichtig für dich?

Er springt auf. Jaja. Ich bin gleich wieder zurück, küsst die Mutter auf die Stirn, schon fort, schon in Gedanken in einer anderen Szene.

Wie immer, lacht Lea, bittet Fanny, einen Hausdiener zu rufen, der das Gepäck auf die Zimmer bringt. Dort kann ich mich ausruhen von der Reise und warten. Was du vorhast, Fanny, weiß ich nicht.

Fanny umschlingt die Tasche mit den Noten und dem geliebten Allerlei: Ich bleib hier sitzen, bis er kommt.

Er kommt in noch größerer Eile, bittet sie, ihn zu begleiten, ins Gewandhaus, er müsse für seinen nächsten Auftritt probieren, sein Klavierkonzert.

Hast du ein neues geschrieben?

Nein, das in g-Moll. Er nimmt sie an der Hand, der kleine Bruder, der inzwischen der große Bruder geworden ist: Komm, Fenchel.

Sie lässt es zu, genießt seine brüderliche Hast.

Mein Gewandhaus, sagt Felix mit ausladender Geste, als sie ins Foyer treten, und Fanny freut sich über den ironischen Unterton.

Das Orchester begrüßt sie mit Applaus. Felix lässt ihr kaum Zeit, einen Platz im Saal zu finden. Er sitzt schon am Klavier und hebt die Hand zum ersten Takt.

Das Haus stimuliert dich, sagt sie, als er wieder zu ihr kommt, um eine Überraschung anzukündigen. Schau!, bittet er.

Auf die Bühne tritt eine junge Dame, ein Schwälbchen aus Stoff in den Händen, wie in einem Nest. Ein ebenso junger Mann folgt ihr, setzt sich ans Klavier.

Die Dame singt, was Fanny wohlbekannt ist, ein brüderliches Geschenk dieser besonderen Stunde:

> O Schwälblein aus dem warmen Land,
> Wer hat dich denn hierher gesandt?
> Umsonst suchst du hier Liebe.
> Ich rate dir mit treuem Sinn
> Zieh wieder nach dem Süden hin,
> Hier ist es rau und trübe.

> O Schwälblein mit der weißen Brust,
> Wer hat dich denn von Lieb und Lust
> So weit hinweggetrieben?
> Hier findst du nicht den Sonnenschein
> Und nicht das warme Nestchen klein
> O wärst du weggeblieben.

Sie hört es nicht ohne Rührung und hinter der Stimme des Mädchens eine andere, hell und schwingend: O Schwälblein mit der weißen Brust. So hat sie gesungen, die schöne Friederike. Sie ruft ihren Dank zur Bühne hoch, wendet sich an Felix: Wie kommst du gerade auf dieses Lied? Auf Friederike Robert. Sie lebt schon lange nicht mehr.

Er sieht vor sich hin, meidet ihren Blick: Ich wollte dich nicht traurig stimmen, Fanny, mich nur erinnern, wie wir miteinander musizierten.
Ja?
Weshalb zweifelst du?
Nach allem, was du mir über meine Kompositionen gesagt hast, nach allen *deinen* Zweifeln.
Wir haben Lieder miteinander veröffentlicht!
Haben wir, mein Bruder.

Die Promotionsfeier erfüllt Lea mit Genugtuung: Abraham müsste das erlebt haben. Da pflichtet ihr Fanny bei.
Mit einer Intrigantenkomödie endet ihr Leipziger Besuch. Sie hat sich bereits von Felix verabschiedet, ihm versichert, dass sie zur Aufführung des »Paulus« nach Düsseldorf kommen werde, er ist zu Lea ins Zimmer nebenan gegangen, sie hört sie reden, hört ihren Namen, tritt an die Tür, lauscht und schämt sich. Felix redet auf Lea ein: Aber ich höre ihre Sachen ja sehr gerne, hört sie und spürt das Blut den Hals hochsteigen.
Und was hast du gegen eine Veröffentlichung?, hört sie Mama fragen, was hast du dagegen, dass ich sie unterstütze? Sie weiß voraus, was Felix antworten wird: Sie kann sich als Frau und Mutter doch diesen Ehrgeiz nicht leisten, Mama. Und sie erhofft sich auch Leas Antwort:
Ich hätte ihn mir gerne geleistet, Felix, sie ist eine gute Musikerin.
Das ist sie, hört sie ihn, nickt zustimmend, als nähme sie an der Unterhaltung teil.

33.

SCHWESTERNETÜDE

Wieder muss sie zu einer Reise überredet werden. Sie hatte Felix versprochen, an der »Paulus«-Premiere beim Rheinischen Musikfest in Düsseldorf teilzunehmen. Nun war sie unschlüssig, wollte Hensel nicht wieder allein mit Sebastian lassen, doch Rebekka und Luise erwiesen sich ohnehin als geschätzte »Spieltanten«, und Walter war ein einfallsreicher Freund. Lea streifte beinahe täglich durchs Gartenhaus, schaute bei Fanny und Bekchen herein, mit der Ausrede, sich nicht lang aufhalten zu wollen, da sie im Garten spazieren möchte – und sich auf diese Weise eine Begleitung angelte.

Paul überredete sie. Stolz erzählte er, Felix habe ihn brieflich eingeladen, sich unter die Cellisten im Orchester einzureihen. Und du, setzte er hinzu, wirst ihm im Alt fehlen, Fanny. Komm doch mit. Albertine müsste nicht nur mich aushalten.

Sie nahmen die Post bis Frankfurt, besuchten dort die alte Brendel, die ihrem zweiten Ehemann Friedrich Schlegel nachtrauerte, eine städtische Berühmtheit, und fuhren weiter bis Bingen, gingen dort aufs Dampfschiff, reisten nach Koblenz, wo Paul und Albertine sie verließen, sie alleine blieb ohne Aufsicht und in Gedanken. Paul würde in zwei Tagen nachkommen, pünktlich zur Probe, hatte sie Felix auszurichten.

Sie genoss die Aufregung, den Trubel vor der Aufführung sehr und litt, wenn sie sich in ihr Hotel zurückzog, für eine Weile Ruhe hatte, unter schlechtem Gewissen. Der Gedanke, dass Hensel ohnehin nicht singen und kein Instrument spielen konnte, beruhigte sie immerhin.

So allein wurde sie sich fremd und alles, was sie unternahm, kam ihr abenteuerlich und dazu auch unterhaltsam vor: Zum Beispiel durch die Stadt zum Schiffsanleger am Rhein zu gehen und inmitten ungeduldig Wartender selbst ungeduldig zu warten, bis Albertine und Paul auf dem Steg erschienen, winkten. Es sind lauter Bilder, die ich Hensel schildern muss, dachte sie.

Der Reichtum, die instrumentale Vielfalt des »Paulus« überwältigte sie. In einer Pause, während der Probe, hielt sie Felix auf, um ihm ihre Bewunderung zu erklären: Das ist groß, Bruder, das ist ein Stück Unsterblichkeit.

Sie machte ihn verlegen: Übertreib nicht, Fanny, du neigst zu Schwärmereien.

Sie meinte es ernst. Und er tat ihr weh, als er sich von ihr abwandte und murmelte: Du bist ein wenig anstrengend, Fenchel.

Diese Auseinandersetzung schärfte ihr Gehör. Sie fand die Aufführung zwar sehr gelungen, doch der Wackler im Duett der falschen Zeugen »Wir haben ihn gehört Lästerworte reden« entging ihr nicht und als sie, aufgewühlt vom Erfolg, in kleiner Runde resümierten, wagte sie den schwachen Schluss des zweiten Teils zu bemängeln. Ich stelle mir da einen frischeren, erregteren Chor vor. Felix wollte zuerst nicht hören, redete mit einem der Solisten und Albertine. Ja, fragte er danach. Und sie wiederholte, was sie gesagt hatte. Hast du tatsächlich im Chor gesungen, fragte er mit abwehrender Schärfe. Sie erwiderte leise: Aber ja!

Am Abend erfuhr sie, dass Bekchen bereits zwei Tage nach Fannys Abreise eine Fehlgeburt erlitten habe und sehr krank sei. Paul habe sie nicht beunruhigen wollen.

Bekchen! Die drei Geschwister rückten bedrückt zusammen. In zwei Etappen reisten sie über Kassel zurück, Pauls Auftrag als Bankier sorgte für die Geschwindigkeit, »weil« – wie sie ins Tagebuch einträgt – »Paul den ganzen Wagen voll Gold mitnahm, das er abliefern sollte«. An wen, schreibt sie nicht und auch nicht, ob sie sich wie eine Goldmarie vorkam.

Bekchen wartete ungeduldig auf sie. Dirichlet führte sie in das abgedunkelte Zimmer. Sie habe viel Blut verloren.

Die Kranke richtete sich auf, als Fanny das Zimmer betrat. Ihr Kindergesicht war eigentümlich verzerrt zu einer Grimasse.

Fanny setzte sich vorsichtig auf den Bettrand.

Umarme mich doch, bat Rebekka. Fanny tat es so behutsam wie möglich.

Du weißt ja Bescheid, du weißt ja, wie es einem da geht.

Fanny suchte unter der Decke nach Bekchens Hand: Ich weiß es, Schwesterherz, doch dich hat's schlimmer erwischt.

Mama war immer da, eine wunderbare Hilfe.

Jetzt sah sie wieder vorbei, froh, Fanny bei ihrer Schwester zu sehen. Von Lea erfuhr sie, dass der Arzt Rebekka zu einer Kur im böhmischen Franzensbad geraten habe. Vor allem um den schlimmen Gesichtskrämpfen abzuhelfen. Da Dirichlet sie nicht begleiten konnte, erklärte sich Fanny bereit, ein Stück mit ihr zu reisen, obwohl ihr unterwegs klar wurde, was sie später ins Tagebuch schrieb, dass es »für eine Frau keine Vergnügungsreise ohne Mann und Kind geben kann«.

Doch noch war sie unterwegs, schwesterlich gestimmt.

Dirichlet, der Rebekka mit Walter folgte, nahm Rebekka, nachdem sie sich erholt hatte, mit auf eine Reise nach Salzburg und München.

Fanny horchte den Geschichten der andern nach: Rebekka, Dirichlet, die Devrients ... Luise und Minna sollten ins Herrenhaus ziehen, die Wohnung der Dirichlets übernehmen und Lea ein wenig helfen. Denn Rebekka drängte es fort. Sie wollte aus dem Teufelskreis springen, der ihr Elend und ihre Qual umschrieb.

Es waren lauter Veränderungen, die gegen ihre Vorstellungen gingen. Sie schrieb Briefe. Nur vier Sonntagskonzerte schaffte sie noch. Wie immer lasen sich Fanny und Lea gegenseitig die Briefe von Felix vor und redeten sich sein Leben nah und erfuhren, dass er, für den erkrankten Leiter des Cäcilienvereins tätig, dort von Tante Brendel mit einer jungen Dame bekannt gemacht worden sei, Cécile Jeanrenaud. Eine Post später teilte er Mutter und Schwester mit, dass er sich verlobt habe, und kündigte an, nach Berlin zu kommen, seine Braut vorzustellen. Dass das Paar nicht erschien, nahm sie Felix übel.

Sie trotzte, zog sich ans Klavier zurück, riet Lea, die Briefe aus Leipzig oder Frankfurt für sich zu lesen, worauf Lea ihr Eifersucht vorwarf.

Ich bitte dich, Mama, auf wen soll ich eifersüchtig sein?

Vielleicht auf sie.

Auf wen?

Auf die junge Dame, die du noch nicht kennst.

Und weswegen?

Wie soll ich dir das erklären, Madamchen.

Es könnte mir helfen.

Du kannst dir nur selber helfen, Fanny.

Sie war wieder schwanger. Dass sie unleidlich war, sogar Sebastian zu zornigen Ausfällen herausforderte, führte sie darauf zurück. Hensel allein gelang es, sie zu beruhigen. Manchmal holte er sie ins Atelier, führte ihr seine Bilder vor, blätterte die Porträtzeichnungen auf, wusste Geschichten dazu, deren Banalität sie beinahe schon vergnügte.

Auch Rebekka war wieder schwanger; sie war wieder bei Lea eingezogen. Der Plan, dass Minna und Luise die Zimmer übernehmen sollten, schien voreilig und unter dem Druck der Ereignisse getroffen worden zu sein. Lea rief die Töchter manchmal zu sich, musterte sie, maß den Schrecken im voraus. Schont euch, Kinder.

Im März 1837 heirateten Felix und Cécile in Frankfurt. Die Berliner trafen sich zu einem Abendessen bei Lea, die in einer kleinen Rede Abraham an ihre Seite rief und die rätselhafte Anziehungskraft der Hugenottenkinder bedachte, was den sonst zurückhaltenden Dirichlet zum Strahlen brachte. Fanny spielte die »Lieder ohne Worte« von Felix. Sie komponierte kaum mehr, hatte, wie sie Rebekka gestand, nicht mehr die Traute. Rebekka stand vor ihr, rieb ihren Bauch an dem Fannys und fragte, ganz kleine Schwester: Und wann kommt die Traute wieder?

Rebekka ging, wie bei jeder Schwangerschaft, auseinander, ihr Gesicht quoll auf, Wasser ließ die Beine schwellen. Fanny überredete sie täglich zu einem Spaziergang im Park. Es genügt nicht, nur über den Hof zu gehen, Bekchen. Dabei griff die alte Angst sie an, das Kind könnte ihr verloren gehen.

Im Oktober brachte Rebekka einen Sohn zur Welt. Sie hat liegen müssen. Fanny und Lea wachten darüber.

Ich weiß, wie es geht.

Ich auch.

Der Erfolg war ein bildschöner Junge, der Felix getauft wurde. Hensel wartete ungeduldig darauf, dass er ins porträttaugliche Alter hineinwachse.

Manchmal liefen die drei Frauen hintereinander durchs Haus, beunruhigt, aufgescheucht, sie riefen sich Sätze zu, die nicht verstanden werden wollten:

Du musst dich schonen.

Du in deinem Alter.

Wenn Abraham das noch hätte erleben können.

Das Kind muss versorgt werden.

Weißt du, wer den Gärtner bestellt hat?

Manchmal, im Hof, sammeln sich Geräusche.

Ich frage mich, wieso du aufgehört hast zu singen.

Das Klavier müsste gestimmt werden.

Felix hatte sich angesagt, mit Cécile. Sie erwarte ein Kind.
Er sagte sich an, sagte ab.

Der Winter besetzte die Stadt mit Schneewällen, Eis und einen Hof, der tief verweht, Herrenhaus und Gartenhaus trennte. Fanny durfte sich nicht mehr übermäßig bewegen. Sie musste liegen. Das Kind drohte abzugehen. Es war kalt im Zimmer. Der Hauch stand ihr vorm Mund. Der Arzt machte ihr keine Hoffnungen. Da bin ich nun in guter Hoffnung, sagte sie und seufzte dem Satz nach.

»Am 2. April machte ich fausse couche«, schrieb sie lakonisch ins Tagebuch und stellte fest, dass sie mit der Datierung nicht zurechtkomme.

Hensel arbeitete unbeirrt an einem Gemälde, das er in Berlin und England ausstellen wollte: Christus in der Wüste. Sie tröstete sich mit Sebastian.

Ein Brief von Felix brach mit heller Stimme in ihre Melancholie ein: In einem seiner Leipziger Konzerte sei eines ihrer Lieder aufgeführt worden: »Ich will Dir über Dein Lied gestern schreiben, wie schön es war. Meine Meinung weißt du zwar schon, doch ich war neugierig, ob mein alter Liebling, den ich immer nur im grauen Kupferstichzimmer oder im Gartensaal von Bekchen gesungen und von dir gespielt kannte, nun auch in dem sehr gefüllten Saal, bei hellem Lampenlicht, nach vieler lärmender Orchestermusik, die alte Wirkung tun würde. So war es mir ganz kurios, als ich ganz still und allein deinen netten Wellenschlag anfing und die Leute mäuschenstill horchten; aber niemals hat mir das Lied besser gefallen als gestern abend, und die Leute begriffen es auch. Zwar sang die Grabow lange nicht so gut wie Bekchen, indes war es doch sehr rein und die letzten Takte sehr hübsch.« Fenchel! Lang hatte sie keiner mehr so gerufen.

Es waren seine Briefe, auch seine Anspielungen aufs gemeinsame Musizieren, die sie herausforderten. Sie brach auf nach Leipzig, zum ersten Mal die Schwägerin zu sehen, Cécile. Schön und selbstbewusst trat die auf. Sie umarmten sich vorsichtig, und eine Spur Prüfung blieb in der Berührung. Was sie ins Tagebuch eintrug, hat Fanny sich ein paarmal vorausgesagt, bis die Feststellung fest wurde: »Ich kann nicht sagen, wie glücklich ich Felix preise, dass gerade er diese Frau gefunden, die einen so überaus wohltätigen Einfluss auf ihn ausübt.«

Als sie für einen Augenblick mit Felix allein war, überfiel sie ihn mit einem, wie sie sich verteidigend erklärte, Schwestersatz: Ich kann mir überhaupt nicht vorstellen, dass du Vater wirst.

Er reagierte ernst und kindlich: Cécile und ich haben beschlossen, dass er Carl heißen wird.

Sebastian, Walter, Felix, Carl. Sie lachte: Lauter Jungen. Papa hätte seine Freude. Keine komponierenden Mädchen mehr!

Die Sonntagskonzerte wurden Mode. Der Zulauf war gewaltig. Oft drängten sich dreihundert Personen im Gartensaal und auf der Terrasse davor, nahmen den Musikern ihren Platz und den Atem. Mozarts »Titus« wurde aufgeführt, die Nobello sang und die Faßmann, die Fanny anbot, bei Gelegenheit einzuspringen. Sie dirigierte energisch das übliche Orchester, und Paul am Cello sorgte für das Continuo.

So gestimmt trat sie zum ersten Mal als Pianistin öffentlich in einem der etwas herablassend bezeichneten Dilettantenkonzerte der Singakademie auf.

Ich spiele Klavier, doch ich dilettiere nicht, ich habe es gelernt, es ist meine Profession, ließ sie die einladenden Herren wissen, die ihr verlegen zugestanden, dass sie ihr Können außerordentlich schätzten.

Das Publikum bestand ohnedies fast nur aus jenen, die sich sonst im Gartensaal drängten. Sie spielte, was sie wie eine eigene Komposition kannte, das Klavierkonzert in g-Moll von Felix. Später, als er mit Cécile und dem kleinen Carl nach Berlin zu Besuch kam, erzählte sie ihm und den anderen zu deren großem Vergnügen, wie sie, als der Applaus sie immer wieder auf die Bühne rief, sich unwillkürlich umsah, in den Bühnengang hineinschaute und sich sagte: Du kannst jetzt herauskommen, Felix.

Ach Fenchel.

Der Sommer danach wollte kein Sommer werden. Die Wolken schleiften tief über die Stadt, es regnete ausdauernd, und Fanny verlor die Lust an den Sonntagskonzerten. Immerhin konnte sie mit Felix, der mit seiner Familie zu Besuch war, musizieren, und ein paarmal traf sich der Chor und Felix dirigierte seine Kantaten.

Die beiden Neuankömmlinge, Carl und Felix, wetteiferten um die Gunst der Großen. Das dicke Kind und das schöne Kind. Cécile »fremdelte« nicht mehr. Sie gehörte, selbstbewusst, zum Clan. Sie malte und Hensel lud sie ins Atelier ein.

Ich bin stumm, in mir klingt nichts, gestand Fanny ihrem Mann, der sie, um sie von sich abzulenken, zu einem Abendessen in die Stadt einlud. Das Licht fehlt mir, klagte sie, und er, der ihre Melancholien kannte und mit ihnen umzugehen verstand, erwiderte spielerisch vorwurfsvoll: Das musst du mir als Maler nicht sagen. Sie redeten über die Mütter, über die Kinder, wie Walter sich mit dem winzigen Felix abgefunden habe. Merkwürdig, sagte Hensel, es liegt ein Schatten auf diesem besonders anziehenden Kind. Das siehst du als Maler, widersprach sie. Nur Bekchen macht mir Kummer mit ihrer übertriebenen Angst um den Jungen.

Es waren Vorahnungen, die sie bewegten, vielleicht bestimmt von den bevorstehenden Abschieden. Hensel brach auf, um seine Bilder zu einer Ausstellung nach Liverpool zu begleiten; Felix musste zum Musikfest nach Köln. Der Weg hinaus vor die Tür, die Umarmungen, die paar Schritte hinterm Wagen her, und schon taumelten sie, die Frauen, die Kinder von Katastrophe zu Katastrophe.

Der dumme Junge, der dumme Junge! Lea und Bekchen beruhigten sich und Walter, der zu einem Hund, dem Generalshund, dem Hund von General Röder, in die Hütte gekrochen und von dem Tier ins Gesicht gebissen worden war. Er schrie und hörte nicht auf zu schreien, nachdem der Doktor ihm Blutegel in die offenen Wunden gesetzt hatte. Fanny sprang für Bekchen ein, die zu flattern begann, Felix an sich riss und in den Park floh.

Das Felixchen, das Felixchen. Bekchens Fürsorge half nicht. Das Kind bekam die Masern. Sie quälten es, ehe sie ausbrachen, als Ausschlag sichtbar wurden.

Fanny erklärte sich bereit zu wachen, aufzupassen, den kleinen Menschen zu beruhigen. Sie pflegte ihn gesund. Zur Belohnung lud sie sich und die ganze Familie zu einem Spaziergang ein, nach Schöneberg. Dort konnte man beobachten, wie die Schienen für die Eisenbahn gelegt wurden. Walter und Sebastian beeindruckte die Aussicht, dass hier bald Dampflokomotiven vorüberführen. Dirichlet erkältete sich, musste nach dem Ausflug das Bett hüten, ängstigte Rebekka, die, als brütete sie alle ihre Ängste aus, auch noch bös die Masern bekam, fieberte, kaum mehr ansprechbar war und Fanny die Sorge für das Felixchen überließ. Walter und Sebastian verzogen sich ebenfalls ins Bett und hielten den Doktor auf Trab. In Leipzig, erfuhr Fanny später durch die Post, kämpften Cécile und Felix gleichzeitig mit den Masern. Hensel, der von der die Familie belagernden Krankheit erfuhr, machte schon in London kehrt, schickte seine Bilder nach Liverpool und reiste heim nach Berlin.

Sie sprachen leise miteinander, bewegten sich vorsichtig. Das ohnehin unfreundliche Jahr kühlte aus. Der Gartensaal wartete vergeblich auf Musikanten, auf Gäste.

Bedrückt und bedrängt begann Rebekka erneut über unmäßige Gesichtsschmerzen zu klagen, Krämpfe, die ihr Gesicht entstellten. Als Fanny einen der Dienstboten zum Arzt schicken wollte, sie ins Haus hineinrief – sie hielt sich nun kaum mehr im Gartenhaus auf –, meldete sich Hensel zurück. Jetzt merkte sie erst, wie ihr sein stoisches Malergemüt gefehlt hatte.

Ach, dass du kommst. Sie fiel ihm um den Hals.
Wie gerufen, nicht wahr?
Hier geht es drunter und drüber.
Und Bekchen, fragte er.
Es ist ein Elend mit ihr.
Sie wurden von den Buben, Sebastian und Walter, unterbrochen, die mit Getöse in den Vorsaal drangen, den Vater, den Onkel begrüßten und wissen wollten, was er ihnen von der Reise mitgebracht habe.
Nur Fahrtwind, erfuhren sie.
Fanny bestand darauf, dass Bekchen liegen bleibe, und schob tagsüber den Stubenwagen mit Felix neben ihr Bett. Wenn du schläfst, schläft er auch, meinte sie.

Als Bekchen wieder aufstand, begann das Kind zu kränkeln. Es schrie und greinte ununterbrochen, brachte alle durcheinander, machte den großen Buben Angst, die sich in den Park, ins Gartenhaus verzogen.

Das Kind schrie und schrie. Es schrie das Haus zusammen und trieb seine Hüter panisch auseinander. Bis Lea, die Großmutter, erkannte, dass es die Zähne, die nicht vorhandenen, die zu erwartenden, sein könnten. Rebekka wiegte es auf ihren Armen, schleppte es von Zimmer zu Zimmer, begann sogar leise zu singen, was Fanny erleichtert hörte. Sie bestand darauf, dass Dirichlet nicht von ihrer Seite weiche. Worauf Fanny, die mit der aufgeregten Wehleidigkeit ihrer Schwester nicht zurechtkam, mit einem einzigen Satz einen Streit auslöste: Er wird dir schon nicht davonlaufen, Bekchen.

Herzlos sei sie und hochmütig dazu! Rebekka konnte sich gar nicht beruhigen. Fanny wehrte sich, indem sie still wurde. Es fiel ihr ohnehin schwer, auf derartige Gefühlsattacken zu reagieren. Mit Hensel hatte sie anfangs ihre Mühe. Ich schreie nicht zurück. Das war ihr Satz. Bei Felix schaffte sie es noch.

Der kleine Felix bekam eine Art Wechselfieber, war einmal heiß, dann wieder kalt und blass. Der Doktor schnitt das Zahnfleisch auf und behandelte die Zähnchen mit Moschus und Senfpflastern. Sie schienen auch den Schmerz zu lindern. Das Kind schrie nicht mehr, es wimmerte nur noch. Das regte alle noch mehr auf.

Doktor Stoch blieb bis in die Nacht, sein Patient schlief erschöpft, Mutter Dirichlet wachte bei ihm auf dem Sofa.

Die Familie versammelte sich, als erwarte sie ein Unheil. Paul und Albertine kamen, von Fanny gerufen. Ein jeder trat neben das Bettchen, in dem der »kleine Engel« schlief. Doktor Stoch schickte einen jungen Arzt, der die Nacht über bei dem Kind wachen sollte. Bis Madame Dirichlet sie alle rief und weckte. Sie liefen ins Schlafzimmer zu Rebekka, die mit einem Gesicht, das nun von den Tränen gewaschen war, neben dem Bett saß. Ihr schien der Atem in der Brust zu stehen, denn ab und zu löste er sich in einem furchtbaren Seufzen, einem Stöhnen, das alle Wörter ausschlug. Fanny lief zu ihr, warf einen Blick auf den in eine tiefe Stille gebetteten »kleinen Engel«, kniete sich neben der Schwester nieder und half ihr zu weinen. »Es ist schwer und jammervoll, ein Kind sterben zu sehen, aber es ist noch jammervoller, die Mutter dabei zu sehen«, trägt sie später, schon in Heringsdorf, in ihr Tagebuch ein. Dorthin war sie mit Rebekka gereist, die sich, nachdem sie weiter von Krämpfen und Todeswünschen gepeinigt wurde, an der See erholen sollte.

Bald waren sie auf der Promenade bekannt. Zwei junge ansehnliche Frauen aus Berlin, Madame Hensel und Madame Dirichlet, Fanny und Rebekka, die Schwestern.

»Das Verhältnis der Badebevölkerung in Heringsdorf war etwa Folgendes: 90 Frauen, 100 Kinder und 3 Männer, worunter wenigstens 4 fürstliche Bediente. Dass es in dieser ganzen weibernen Colonie, von denen ein guter Theil täglich mehrere Male zusammenkam, keine kleinste Klatscherei gegeben hat, gereicht doch dem schönen Geschlecht zu hoher Ehre«, schreibt sie an Felix, selbstbewusst und ironisch, in bestem Fanny-Stil.

34.

INTERMEZZO ALS SELBSTGESPRÄCH

Sie läuft mir fort, sie ist mir voraus. Darum halte ich im Erzählen inne und kann über sie und von mir reden. Ich bin mit meinen Sätzen und Vorstellungen in ihre Zeit geraten und muss gestehen, dass ich manchmal in der schönen Kulisse, unter den vielen Personen suchend, umherirre und mich nur zurechtfinde, sobald ich mich Fanny anvertraue, ihrer Musik, ihren Briefen, ihren Tagebüchern. Ich muss sie nicht zitieren, muss mich nur auf sie einstimmen. Da ich ihr Leben von seinem Ende her lesen kann, verstehe ich, wie wichtig die Pause nach dem Unglücksjahr für sie ist. Sie schafft kaum noch Aufbrüche, kommt nicht zum Atmen, komponiert nicht. Sie muss fort, ihrer Sehnsucht, ihren Wünschen folgen. Das weiß auch Hensel.

Sicher fiel es ihr nicht leicht, das Haus in der Leipziger Straße und die Mutter zu verlassen. »Die Mutter« schreibe ich und denke »Lea«: Sie ist immer gegenwärtig, doch in vielen Sätzen nicht vorhanden; sie ist eine begnadete Lehrerin, die ihren Kindern Sprachen beibrachte, Musik, Lesen und Noten lesen, vor allem die Liebe zu Bach. Oft habe ich mich von ihrer Mütterlichkeit täuschen lassen. Sie muss eine große Dame gewesen sein, Gesellschaften beherrschend, lebensklug und gewitzt – das belegen ihre Briefe an ihre Cousine Henriette von Pereira-Arnstein. Abraham freilich, der Finder und Erfinder des Paradieses an der Leipziger Straße, fehlt ihr sehr. Und nun verlassen die Kinder ganz oder zeitweilig das Haus: Rebekka und Dirichlet suchen eine Wohnung, Felix und Cécile leben und arbeiten in Leipzig – jetzt haben auch noch Fanny und Hensel vor, das Gartenhaus für ein langes Jahr zu verlassen. Lea klagt nicht, sie ist kundig und stark in Abschieden. Aber Fanny spürt ihre Angst vor dem leeren Haus, die Lea überwindet, indem sie Wohnungen vermietet und sich mehr oder weniger als Gastgeberin wiedersieht.

Alles, was Fanny noch bewegt, kann ich nachlesen. In Gedanken bewege ich mich mit ihr, plane, rufe zusammen, hege Erwartungen. Felix, der zufällig wieder einmal zu Besuch ist, hilft mit einer ellenlangen Liste von Adressen aus. Alles freundliche Menschen, die er auf seinen Reisen kennenlernte und bei denen sie für eine Nacht unterkommen könnten. Sie mussten nicht sparen, das weiß ich. Das Reisen jedoch war damals komplizierter. Es gab in den kleinen Städten, an den unbedeutenderen Stationen nur wenige und nicht sonderlich einladende Gasthöfe. Also würden sie, wenn es möglich schien, die Empfehlungen von Felix in Anspruch nehmen. Bestimmt fanden sich Gastgeber darunter, die der Musik wohlgesinnt waren, in deren Haus es ein Klavier gab. Solche Adressen versah Felix mit einem Sternchen. Er beneidete sie um Italien, um Rom und warnte zugleich – Fannys überspannte Erwartungen einschätzend – vor Enttäuschungen. Vergesst, riet er, eure preußische Ordnung.

Ich lasse ihr (und mir) noch etwas Zeit, ehe die Reisekisten gepackt sind, der Wagen bestellt ist, nach einer geeigneten Reisebegleitung gesucht wird, nicht zuletzt als Hilfe für Sebastian. Sie entscheiden sich für Jette, die junge und resolute Köchin, auf die Lea verzichtet. So brechen sie auf, für ein Jahr, um sich zu finden und zu verwandeln, ein anderes Leben zu beginnen, der Musik auf die Spur zu kommen, den Bildern.

35.

Etüde in Erwartungen

Sie zappelt, scheucht Sebastian vor sich her, weist Jette ein und bringt Hensel auf: Man könnte meinen, Fanny, du gehst zum ersten Mal auf eine Reise.

Aber unser Reiseziel ist Italien. Ich habe nur ein einziges Mal hineingesehen.

Dennoch fallen ihr, auch wenn sie fortdrängt, die Abschiede schwer. Felix fragt sie noch einmal, ob sie seine Empfehlungszettel in der Tasche verstaut habe, Lea bittet sie wiederholt, von jeder Station zu schreiben, Hensels Schwestern sorgen sich um Sebastians Befinden.

Als die Kutsche losfährt, die Hufe der Pferde übers Pflaster schleifen, lehnt sie sich zurück. Sebastian schaut hinaus und buchstabiert Haus für Haus die Straße, durch die sie eben fahren, alles was er kennt. Nach einer Weile lehnt er sich gegen Fanny und stellt fest: Wir sind noch immer in Berlin.

Er schläft ein, schläft lang, mit ihm seine Mama, die den Jungen, als wüsste sie den Refrain für ein Kinderlied, mit dem Ausruf weckt: Wir sind schon im Bayernland.

Sie wiederum war daran aufgewacht, dass Hensel an der Zollstation sich Geld wechseln ließ und mit den Zöllnern so betont sprach, als verstünden sie ihn nicht.

In Regensburg quartierten sie sich in einem Gasthaus ein, im »Schwanen«, den Felix als »hinnehmbar« gekennzeichnet hatte. Der Wirt schien von Missmut zerfressen, seine Frau gab hemmungslos ihrer Neugier nach. Sie folgte ihren Gästen auf Schritt und Tritt und hielt nur vor den geschlossenen Zimmertüren an, um nach einer Pause anzuklopfen und sich nach Wünschen zu erkundigen und ein paar Blicke ins Zimmer zu werfen. Jette lenkte sie ab, indem sie sich mit ihr anlegte: Sie wolle für ihre Herrschaft nach deren Geschmack kochen. Mit diesem Vorsatz und ein paar Schritten auf die Küche zu, versetzte sie die Madame in Rage. Wozu, möchte sie von dem auswärtigen Fräulein wissen, wozu es eine Gastwirtschaft gebe, welchen Sinn und Zweck sie habe? Sicher um fremden Dienstboten Kasserollen auszuleihen und Fisch und Geflügel für die Küche anzubieten. Sie, sie, sie!

Jette, die Fanny und Hensel die Auseinandersetzung schildert, gesteht, sie habe nicht viel verstanden und müsse eben das Ganze ins richtige Deutsch übersetzen.

Hensel, angeregt von dieser Sprachverwirrung, findet es überaus interessant, das Bayerische als Vorstufe fürs Italienische anzusehen.

Sie schieden dennoch in Frieden von dem Wirtspaar, nachdem Fanny ihm als Erinnerung eine kleine Zeichnung Hensels geschenkt hatte.

Aufgeräumt begann sie während der Fahrt über Reisebekanntschaften zu schwadronieren, was und wer ihnen begegnen werde, welche Wiegebürtigen und welche Ausgeburten. Hensel, der ihrer Munterkeit misstraute, beruhigte sie: Schau lieber hinaus, Fanny. Er wies auf einen Hügel, auf dem fremd und ausgedacht ein Tempel sich breit machte: die Walhalla!

Wieder nahm sie atemlos Anlauf. Dieser König, rief sie, dieser Ludwig, er geht mit seinem Land um, als wär's ein Baukasten. Hier ein Tempel, dort ein Schloss. Denkt er sich etwa, das sei Regieren? Und das dumme Volk betet auch noch den Verschwender an.

Womit sie Hensel zu weit geht: Ich bitte dich, Fanny, wir sind momentan Gäste.

Sie kichert, hält die Hand vor den Mund: Wie fein du dich ausdrückst, Liebster. Nun will ich mich wie ein Gast freundlich äußern, und du kannst zufrieden mit deiner Frau sein.

Auf einer Poststation vor München wiederholte sich einer ihrer Träume in der Wirklichkeit. Das geschah ihr oft – nicht nur, weil sie zu Hause davon träumte, unterwegs zu sein. Manche ihrer Träume kamen ihr, nachdem sie aufgewacht war, geradezu unheimlich wirklich vor. Jetzt sah sie, als sie mit anderen Passagieren auf die Kutsche zuging, was sie im Traum gesehen hatte: ein zerlumptes, abgerissenes Paar, einen sehr alten Mann, gebeugt unter einem schweren Buckel, und einen schlanken, tänzerischen Jungen, schmutzüberzogen, aber eigentümlich leuchtend. Der Alte gab dem Jungen einen Stoß, und der lief, wie sie es wusste, geradenwegs auf sie zu, angriffslustig, sodass sie stehen blieb, Hensel neben sich zurückhielt. Er hatte den Jungen nicht bemerkt und sah Fanny fragend an: Was ist?

Schon stand der Junge vor ihnen, streckte die Hand aus, bitte, die Herrschaften, nur einen Heller, sagte er mit einer Stimme, die, fand Fanny, vielleicht auch singen könnte. Bitte! Hensel trat einen Schritt auf ihn zu, um ihn aus dem Weg zu scheuchen. Nicht, bat Fanny und wiederholte sich wie im Traum. Nicht, gib ihm etwas, bitte. Unwillig suchte Hensel nach Münzen in der Jackentasche und drückte sie dem Jungen in die Hand. Danach rieb er sich seine Hand an der Jacke, als müsste er sich von dem Schmutz, der an ihr hängen blieb, säubern.

Sebastian fragte, als sie im Wagen saßen, ob der Bursche denn hätte böse werden können.

Ein Bettler, sagte Hensel und Fanny fügte hinzu: Ich habe auf ihn gewartet.

Warum, fragte Sebastian.

Sie legte dem Kind den Arm um die Schulter: Weißt du, ich bin ein bisschen verrückt.

Sie hatten vor, in München zwei Wochen zu bleiben, mieteten für diese Zeit eine Wohnung, und Jette hatte gleich Gelegenheit, den Markt in der Nähe zu besuchen und die Küche auszuprobieren. Auf dem Programm, das ihnen Felix vorgeschrieben hatte, stand die Leuchtenbergische Galerie.

Ein Stichwort auch für mich: Erzählend habe ich sie schon vor Längerem besucht mit Robert Schumann und Heinrich Heine, der seinem jungen Besucher partout den Feldsessel Napoleons vorführen wollte. Der wird die Hensels wenig interessiert haben. Fanny setzt die Kunst, die ihr da geboten wird, gegen die Großspurigkeit der Münchner – alles müsse in dieser Stadt kolossal sein, das sei schwer zu ertragen. Dafür ergötzte sie sich an der Glasmalerei, ihrem Glanz, dieser Kunst, die Licht einfängt und farbig bündelt. Vielleicht kann sie davon träumen. In der Pinakothek verschaut sie sich in ein Gemälde van Dycks, das einen Antwerpener Organisten zeigt – und die Musik hat sie wieder. Sie denkt sich aus, was er gespielt haben könnte und ob er, so sehe er aus, gesungen habe. Das singt sie Hensel vor, der, kaum hat sie angestimmt, den Finger beschwörend an die Lippen legt. Da es sie drängt zu musizieren, mit Kundigen über Musik zu reden, besucht sie – ebenfalls eine Empfehlung von Felix – die Pianistin Delphine Handley, der Felix sein Klavierkonzert in g-Moll gewidmet hat, eine sehr schöne Person von fünfundzwanzig Jahren, selbstbewusst und welterfahren. Bei der Begrüßung umarmen sie sich spontan und heftig – seelenverwandt, findet Hensel im Nachhinein. Sie könnte ihm widersprechen: Nein, Hensel, seelen- und leibverwandt, beides. Nach einer kleinen Empfangspause bei Tee und Konfekt stürzen sich die beiden Frauen an den Flügel. Vierhändig spielen sie die Klavierfassung des g-Moll-Konzerts. Danach demonstrieren sie ihr Können, applaudieren sich gegenseitig. »Was mir an ihrem Spiel noch besonders gefallen hat, das ist ihr geistreiches Präludieren, das findet man so selten bei Frauenzimmern«, schreibt sie an Felix und Cécile. Sie wollte Delphine gar nicht verlassen, setzte sich, erzählte von ihren Ängsten und Erwartungen, dass sie sich oft vor Unbekannten fürchte, Wortwechsel vermeide, dass sie jetzt, vor der Fahrt nach Italien, immerfort an das Gebirge denke, an Schluchten und Seen, Schneegipfel und Felsen. Delphine erwiderte gelassen: Sie wandere oft allein in den Bergen und vertraue sich mitunter Häuslern und Hirten an, sie seien karg in der Rede, die sie ohnehin nicht verstehe, und ganz selbstverständlich hilfreich. Bleiben Sie nur offen und erwartungsvoll, Fanny, Sie kennen ja die Berge von Ihrer Reise in die Schweiz und das Stilfser Joch, das Sie passieren werden, ist ein Mythos, eine Steinwüste über den Wolken.

Der Kutscher, der sie über die Alpen nach Italien bringen soll, schlägt ihnen den Weg über den Finstermünzpass vor und über das Stilfser Joch. Das seien erprobte Wege, wenn auch mitunter schwierig, aber seine Rösser seien trittsicher und wüssten Bescheid.

Hensel beschließt nach dieser Auskunft, dem Mann zu trauen. In deinen Liedern kommen Seen und Berge und Täler vor, Fanny, da musst du ja gewappnet sein.

Im Morgengrauen brachen sie auf. Sebastian war noch schlaftrunken und wurde von Jette getragen. Die Stadt, die sie nach Süden hin verließen, lag grau ausgebreitet unter einem wolkigen Septemberhimmel. Jette teilte rundum ihre Spannung mit, mal ordentlich hohe Berge sehen zu können. Sebastian fieberte mit ihr. Bis die Berge sich in den Horizont schoben, noch entfernt, bis sie aus der Erde wuchsen, schrundig, felsig, mit weißen Mützen, brauchte es einige Zeit. Sie wurden von einer Diligence überholt. Die halte, erklärte der Kutscher, an der Talstation.

Die Straße begann zu mäandern, wurde holprig, mitunter sprang der Wagen, senkte sich, wenn er in ein Loch geriet. Sebastian wurde es übel, er stöhnte, speien zu müssen. Der Kutscher hielt an. Hensel sprang aus dem Wagen, hielt dem Kind den Kopf. Sind wir bald in Italien?, fragte es. Wenn es nach mir ginge, rief Fanny und verblüffte den Kutscher, sofort!

Bevor sie ankamen, am Fuß der Berge, erlebten sie noch die steinerne Einsamkeit des Stilfser Jochs. Hensel reagierte auf sie, indem er Fanny und Sebastian in die Arme nahm, ein Schutz gegen das, was Fanny in einer Mischung von Entsetzen und Erstaunen ausdrückte: So hat die Welt vielleicht ausgesehen, als sie zur Welt kam.

Sind wir bald da?, fragte Sebastian zum wiederholten Mal, als sie auf der wüsten Höhe vor der Abfahrt ins Tal anhielten, um mit dem Rotwein, den ihnen Bekchen mitgegeben hatte, auf alle anzustoßen, an die sie und die an sie dachten. Der Weg, der talwärts nach Bormio führte, war makellos, kein Brocken, kein Loch rüttelte am Wagen, der mit gebremstem Rad ungefährdet hinter den Pferden rollte.

Italien, rief Fanny, als Häuser in Sicht kamen, Italien, Sebastian, jetzt sind wir wirklich hier. Hensel fing auch gleich an, Italienisch zu parlieren, was der Kutscher und Sebastian ihm nicht glaubten. Er erfinde eine Sprache.

Das Gasthaus, dem Kutscher in München empfohlen, erwies sich als Spelunke, sie rissen die Fenster ihres Zimmers auf, genossen die Bergluft, die Fanny lobte, und schliefen bis tief in den Morgen. Das gute Wetter blieb hinterm Berg. Es regnete. Sie nahmen ein paar Flöhe, die sich an ihnen gütlich getan hatten, mit. Jette brachte ihnen bei, wie sie zwischen den Fingernägeln geknackt werden konnten.

In Mailand überfielen die Windpocken Sebastian, und sie mussten eine Pause einlegen. In Monza bekamen die Flöhe Zuwachs und Fanny bekämpfte mit scharfen Sätzen den alles einnehmenden Schmutz. In Monza geriet sie mit Hensel in Streit, als sie einen Palast Friedrich Barbarossas betrachteten, der sich in eine Ruine aufzulösen drohte, und sie mit Laune wünschte, dass der bayerische König hier seinen Zuckerguss als Mörtel ausbreiten sollte, damit der Palazzo zusammenhalte. Das fand Hensel keineswegs amüsant, warf ihr vielmehr vor, absichtlich despektierlich über den Monarchen zu sprechen, das sei ungehörig. Ja, rief sie gegen die Düsternis von Monza mit heller Stimme, ja, lieber Hensel, dein Monarchismus kommt mir doch übertrieben vor. Ich habe nichts dagegen, wenn du unsere gekrönten Preußen zeichnest und malst, um auf deine Kunst aufmerksam zu machen, aber den Glauben an die Monarchie als Lebensform, den nehme ich dir nicht ab.

Derart verstimmt, erreichten sie Venedig.

Sie fanden in Mestre eine Remise, um die Kutsche unterzustellen, luden das Gepäck auf ein Boot um, verabschiedeten den Kutscher, der die Pferde für die Heimfahrt tauschte, und warteten gespannt, was auf sie zukomme. Der Tag verlor schon sein Licht, und ein golddurchwirkter Schleier wehte auf dem Wasser: So stieg die Stadt vor ihren Augen über den Horizont, wurde immer größer und deutlicher, zu dem Bild, das sie erwartet hatten, das jedoch ihre Vorstellungen übertraf. Fanny legte die Hände vor die Augen, als wolle sie wie ein Kind aus dieser wunderbaren Welt verschwinden, und kehrte, die Hände öffnend, in die Welt mit Namen Venedig zurück.

Ich kann es auswendig, sagte sie und überraschte Hensel.

Aber das ist doch neu für dich, Fanny.

Ich hab dir diese Sätze noch vor ein paar Tagen aus Goethes Tagebuch vorgelesen, Hensel. Jetzt komme ich mit ihnen an: »So stand es denn im Buche des Schicksals auf meinem Blatte geschrieben, dass ich 1839, den 12. Oktober nachmittags, nach unserer Uhr um 2, Venedig zum ersten Mal, aus der Brenta in die Lagune einfahrend, erblicken und bald darauf diese wunderbare Inselstadt, diese Biberrepublik, betreten und besuchen sollte.«

Biberrepublik, fragte Sebastian und spähte über die Reling. Hensel nahm einen Anlauf, ihm das zu erklären. Doch Fanny war schneller: Jaja, so sieht eine Biberrepublik aus, so wunderschön.

In der Herberge, die ihnen Delphine empfohlen hatte, stank es tatsächlich nach Bibern, nach Ratten, und die Zimmer, die ihnen zugewiesen wurden, feuchte Löcher mit Fensterluken knapp über dem Wasserspiegel, schienen selbst Wanzen und Flöhen unbewohnbar. Alles, was sie gesehen hatte, kehrte sich um. Die Verheißung der leuchtenden Stadt – sie waren in ein Dreckloch geraten, und sie musste die Erfahrungen der letzten Tage in einer Verwünschung loswerden: Mit Schwung warf sie eine Reisetasche auf das schmale Bett, wendete sich Hensel zu, der dem Hoteldiener in raschem Italienisch Anweisungen gab, und rief: Das ist dein ersehntes Italien, Hensel, nichts als Dreck und Ungeziefer. Und was hast du dem Kerl eben gesagt? Ihr warmer Alt wurde eisig und spitz.

Hensel lachte. Ich übersetze es dir nachher, sobald

ich Jette und Sebastian in ihre Kammern gebracht habe. Was er dann vergaß.

Nach einem kargen Abendessen, das sie in der Wirtsstube einnahmen, in der sich die Gäste von Tisch zu Tisch unterhielten, ein Theater aufführten, aufgeregt und voller Pathos, die Sangbarkeit ihrer Sprache nutzten, nach dem Abendessen zogen sie sich zurück, legten sich hin und lauschten auf die fremden Geräusche der Wasserstadt. Sie träumte von einem altmodisch gekleideten, kleinen Herrn, der sich als Tizian vorstellte und den sie, noch im Traum, für einen Schwindler hielt.

Das Morgenlicht veränderte die Umgebung, die Menschen. Mit einem Mal erschien das Zimmer wohnlicher. Es stank nicht mehr nach Biber, es roch nach Kaffee, die Wirtsleute lächelten, gestikulierten, tätschelten Sebastian, redeten auf Hensel ein, der sich mit einem befreundeten Maler, Friedrich Christian Nerly, verabredet hatte.

Ich habe von Tizian geträumt, sagte sie über die Tasse weg und warf dem Wirt einen fragenden Blick zu, als könnte der gleich in Gelächter ausbrechen. Hensel reagierte gleichsam vorbereitet: Es wäre mir angenehmer, du hättest im Traum Veronese getroffen.

Sie lief, Sebastian an der Hand, durch die Stadt, redete auf das Kind ein, erklärte, dass die engen Gassen den blauen Himmel brauchten, denn nirgendwo leuchte der Himmel blauer als über diesen Häuserschluchten. Er ist extra für sie gemacht. Sie schauten den Gondeln nach, wanderten an Kanälen entlang, über Brücken, bis Fanny die Hand Sebastians fester packte und sagte: Jetzt geht's zu den

Bildern. Die Akademie gab es auch in Goethes Erinnerung, doch ohne Bilder. Sie wanderten von Bild zu Bild, wobei sie redete und redete, Bilder erzählte, damit der Junge sich nicht langweilte: Schau, schau, wie hier Marie in den Himmel fährt, das hat der Maler Tizian so gesehen, so innig und voller Zuversicht. Das hier, dieses schöne Gemälde, ist von Paolo Veronese. Paolo, fragte Sebastian. Nennen wir ihn Paul, oder besser, weil er uns mit vielen Bildern begegnen und uns immer vertrauter wird, Onkel Paul.

Die Vertrautheit erlaubte Sebastian, den Gang zu unterbrechen: Ich hab jetzt aber genug von Onkel Paul.

Nach einer Woche, nach Besuchen in Palazzi, in Galerien, nach Gesprächen mit Malern, hatte sie auch genug von Bildern, sie verstopften ihren Kopf, versperrten ihren Blick auf die Stadt, trieben ihr die Musik aus. Hensel konnte ihre Klage nicht verstehen. Wenn sie die Musik wiederfinden wolle, solle sie in die Kirchen gehen, Messen besuchen.

Dieses Mal nahm sie Jette mit, die mit dem »katholischen Gewese« nichts anfangen konnte, in den Kirchen meistens in den Kapellen verschwand, als Fremde nicht auffallen wollte. Aber Musik sei das nicht, fand sie, dieses falsche Gekreisch der Weiber und das zittrige Abrakadabra der alten Priester.

Als auf dem Markusplatz eine Militärkapelle auftrat, fühlte sich Jette hingegen gut unterhalten, wie die vornehmen Damen, die unter den Arkaden lustwandelten.

Fanny gab ihr recht. Das sei nach dem frommen Gejammer, das zum Beispiel nichts mit Johann Sebastian Bach zu tun habe, endlich eine ordentliche Musicke.

Von schnellen Märschen aufgemuntert, kehrten die Frauen zurück in die Herberge, ungleich besser gestimmt. Noch zögernd erklärte sich Jette bereit, italienische Küche zu lernen, und Fanny fand die Mücken überhaupt nicht mehr lästig und mit den Bildern, auch denen von Onkel Paul, wolle sie sich weiter beschäftigen, bis sie die Musik wiederfinde. Dem erstaunten Hensel erklärte sie nicht, welches Wunder auf sie gewirkt habe.

Ehe sie abreisten, besuchten sie – Jette kaufte inzwischen den Reiseproviant ein – Tizians Mariä Himmelfahrt. Wenn Anbetung und Bewunderung zusammenkommen, sagte sie zu Hensel, fühle ich mich am besten. Und mit diesem Gefühl spielte sie auch in einem Brief an Cécile: »Gerade als wir gestern Felixens Weisung erhielten, Tizians Himmelfahrt Mariä öfter zu sehen, waren wir im Begriff, unseren zweiten Besuch abzustatten: ich habe seinen Gruß an die Glorie ausgerichtet und kann ihm versichern, dass ich wenigstens nicht das Rindvieh bin, welches zwei und noch einige Engelsköpfe nicht schön fände. Dieser Blumenkranz von Kindern ist gewiss eine von den Sachen, die Tizian am besten gelungen sind, und Tizian ist gewiss eine von den Sachen, die dem lieben Gott am besten gelungen sind, und wenn der liebe Gott und Tizian sich Mühe geben, so lässt sich's schon ansehen.«

Sie blieb regungslos vor dem Bild stehen, ging in Gedanken hinein, erschreckte Hensel und Sebastian, als sie sich brüsk aufmachte: Ich geh nach draußen, lasst euch nicht stören. Sie setzte sich auf eine steinerne Mauer, die den Canal Grande säumte, und wusste, ohne melancholisch zu werden, dass sie mit diesem verspäteten Übermut, der sie bei der neuerlichen Betrachtung des Bildes ergriffen hatte, die Stadt anders verstanden und erlebt hatte.

Sie verließen früh ihr Quartier. Ein Boot brachte sie nach Mestre. Sie fröstelte, zog Sebastian an sich: Ich wärm dich, du wärmst mich.

Der steinerne Bühnenaufbau, dem sie gleich bei der Ankunft verfallen war, verschwand hinter einem Novemberschleier. In Mestre wartete der italienische Kutscher. Er hatte schon angespannt. Hensel besprach mit ihm die Route, zahlte im Voraus. Plötzlich waren über ihnen, im Schwarm, Tauben, eine letzte Botschaft der Serenissima. Tauben gibt's auch in Mestre, Sebastian legte den Kopf in den Nacken und war zufrieden mit seiner Einsicht. Es begann zu regnen. Der Regen hörte nicht auf bis Padua, wo sie übernachteten und bei strömendem Regen die Kutsche wiederbestiegen. Es regnete den ganzen Himmel herunter.

36.

Intermezzo mit Hochwasser

Es regnete. Sie kamen nicht weiter. Der Schlamm hielt sie auf, die Straße war unter ihnen verschwunden.

Sebastian bekam es mit der Angst zu tun, wünschte sich endlich schönes Wetter und Sonne, Hensel reagierte stoisch, fragte sich mit dem Kutscher, wie sie über den Po kommen würden, Fanny merkte jedoch, wie eine Laune in ihr aufstieg, die den Übermut der letzten Tage in Venedig fortsetzte – sie fühlte sich allem, was passieren würde, gewachsen.

Der Po, hieß es, sei über die Ufer getreten und ein Übersetzen mit der Fähre unmöglich.

In Rovigo – nach Fannys Urteil einem »unbehaglichen Nest« – machten sie Quartier, überredeten den Kutscher, die kurze Strecke bis zum Fluss auszuprobieren. Die Fähre läge, aufs Land getrieben, bereit, erzählte er, und die Fährleute seien nach langem Hin und Her bereit gewesen, die Sintflut zu überlisten und zu sehen, wo das jenseitige Ufer geblieben sei. Aber – das konnte sie italienisch verstehen – aber der Kardinallegat in Ferrara habe das Übersetzen verboten. Das *Über*setzen, das über*setzen*. Sie spielte, überspielte, Hensel blieb ruhig und erwog gelassen mit dem Fährmann, ob es mit dem oder gegen das Wort des Kardinallegaten – was ist das überhaupt für einer? – möglich sei, das jenseitige Ufer zu erreichen.

Sebastian amüsierte es sehr, dass ständig vom Po die Rede war. Po mal hier, Po mal da.

Sie übernachteten in Rovigo, saßen den folgenden Tag noch fest, der Kutscher hingegen war ständig unterwegs zwischen Fluss und Gasthof.

Es regnete weiter.

Eine Sintflut auf Probe – Fanny stromerte in der Gaststube auf und ab, blieb immer wieder am Fenster stehen und starrte eigentümlich vergnügt in den strömenden Regen.

Ehe sie nach zwei Tagen ein weiteres Mal prüfen wollten, ob die Fähre den Strom überquere, sprach der Kutscher Fanny überraschend an: Signora Hensel, und sie versteht, ohne sich zu wundern, was er sagt: Signora Hensel, ich habe keine Geduld mehr.

Der Regen hatte nachgelassen. Der Schlamm auf der Straße machte es für die Pferde mühsam. In der Poststation legte sich ihr Kutscher mit dem Posthalter an. Der Fluss, gab der zu bedenken, sei noch mehr angeschwollen, die Strömung unberechenbar für den Fährmann. Als dann aber eine Extrapost vom Po kam, von der anderen Seite, wurde er kleinlaut. Gut, die Fähre sei ohne Schaden angekommen, sie könne auch ohne zurückkehren, aber sie koste 26 Paoli anstatt drei, was Hensel aufbrachte und seinen Zorn schürte, als er erfuhr, dass der Kardinallegat, ständig beschworen, ein Drittel von dieser Summe erhalte.

Der Strom erschien ihnen wie ein dahingleitender

See, unendlich weit und tief. Die Fähre trieb, kaum hatte sie abgelegt, mit dem Wasser, und sie kamen weiter unten am Fluss an. Sie sahen, wie Häuser und Baumgruppen vorübereilten, fassten sich an den Händen, als könnten sie sich auf diese Weise gegen den Strom stemmen, und der Kutscher hatte Mühe, die unruhigen Pferde zu bändigen.

In Florenz wärmten und trockneten sie sich im Hotel, stanken, wie Sebastian konstatierte, nach Nässe und Schmutz und liefen dann doch, an den Uffizien vorüber, zum Palazzo Pitti, der vom Großherzog bewohnt und dennoch fürs Publikum zugänglich war. Dort verschaute Fanny sich in die Flora von Tizian, es sei, hörte sie, ein Porträt seiner Geliebten in Paris, »unerhört schön«.

Es reicht, wiegelte Hensel ab, als sie auf Tizians ganz und gar wirkliche Verbindung zum Schönen kam.

Wenn's nicht sein kann, rief sie, nach Rom!

»Von Florenz bis Rom habe ich allemal um neun gesagt: die Tour ist doch langweilig und beschwerlich; um zehn, es ist doch wunderschön! Um elf war es wieder langweilig, um zwölf wieder schön, und so ging es die ganzen sechs Tage hindurch. Überhaupt ist man hierzuland immer entzückt oder empört ...«

Das war der Tonfall, von dem sie sich tragen ließ, im Auf und Ab. Und sie hatte vor, die Gegensätze noch intensiver auszuprobieren.

37.

ERSTE RÖMISCHE ETÜDE

In Rom kam sie anders an als in Venedig. In Venedig hastete sie, kaum da, aus dem unwirtlichen Gasthaus in die Stadt, die sie schön und düster zurückwies; in Rom kutschierten sie, nach einer Nacht im Hotel, geleitet von einem kundigen, sichtlich auflebenden Hensel, aus einer Stadtgegend in die andere, sahen sich Wohnungen an und fanden schließlich eine günstige Unterkunft am Fuße des Pincio: »Vier Stuben, nahe der besten Gegend, freilich zwei Treppen hoch und ohne schöne Aussicht.« Kein Park, kein Gartensaal wie in der Leipziger Straße, doch eine Stadtwohnung mit neugierigen Nachbarn, die hereinschauten, Auskünfte gaben, wo der nächste Markt sich befinde, nicht wussten, wo ein Klavier auszuleihen sei, sie wagte alles auf Italienisch, Hensel, der ihr helfen könnte, verschwand, kaum hatten sie sich eingerichtet, Feuer im Kamin gemacht und der frierende Sebastian sich aus seinem Plaid geschält, er verschwand, um sich bei seinen Malerfreunden anzumelden, nach einem Atelier umzusehen. Und ich? Wo kann ich musizieren?, rief sie ihm nach, bekam aber keine Antwort. Die Tage darauf kam er spät heim, erzählte von alten Freunden und aufgefrischten Bekanntschaften, von Ateliers und Cafés. Sie saßen in dem großen Zimmer, in dem auch ein Klavier, wie sie insistierte, Platz finden könnte; sie hörte ihm zu und erwiderte ihm mit ihren römischen Erfahrungen, den Gängen mit Jette und Sebastian auf den Markt, den Einkäufen, der vergeblichen Suche nach einem Klavier, und dass Rom im Winternebel nicht sonderlich anziehend wirke.

Sie half Jette in der Küche, redete sich aus, sie suche nur Wärme, sang der immer präsenten Berlinerin vor, was sie aufs Papier zu bringen dachte: Es stellt sich von selber ein, erklärte sie lachend.

Das Arioso, das sich so leicht und überredend eingestellt hatte, passte dann doch nicht für das Gedicht von Ludovico Ariosto, das sie fand, so bedurfte es eines langen Abends (ohne Hensel, der mit seinen Malern unterwegs war), einen Einfall zu vergessen und auf die ungewohnte Sprache zu horchen: eine Cavatine! »Deh torna a me«.

Hensel, der etwas gutzumachen hatte, schlug einen Besuch der Sixtinischen Kapelle vor.

Wir gehen zu Papstens, erklärte sie Jette, die sie nicht begleiten wollte. Dass sie in der Kapelle, die sie mit den Fresken Michelangelos beeindruckte, sich von Mann und Sohn trennen und »als armes Weib ganz hinten« auch noch hinter einem Gitter Platz nehmen musste, stimmte sie derart kritisch, dass sie während der Messe kein Instrument, sondern nur die »zittrigen Kardinalsstimmen« hörte. Nein, das war nicht ihre Musik. Sie wünschte sich eine Bach'sche Motette und Sänger! Keine greisen Kardinäle.

Hensel wehrte sich gegen die Aufträge, mit denen

sie ihn ständig quälte: Entweder Musiker oder Kinder solle er auftreiben.

Beides gelang eher zufällig.

Fanny suchte für Sebastian einen gleichaltrigen römischen Jungen, mit dem er von einem bereits angesprochenen Lehrer in Französisch und Italienisch unterrichtet werden sollte. »Kinder gehören hier unter die Raritäten, Antiken kommen viel häufiger vor!«

Hensel wies, in die Enge gedrängt, auf einen Buben im Haus hin. Etwa acht Jahre. Noch am Abend wurden die Eltern gefragt und der Knabe als Kompagnon Sebastians engagiert.

Vielleicht könnten sie bei einem gewissen Cavaliere Landsberg ein Klavier leihen. Ein deutscher Geiger, der im Musikleben der Stadt eine Rolle spiele. Hensel hatte den Namen bei seinen Malern gehört.

Sie wurde, als er ihn nannte, hellwach, und eine vergangene Wut blitzte in ihren Augen: Erinnerst du dich an diesen Geiger vom Königstädter Theater, Hensel, der an einem Sonntagskonzert teilnahm, eine alerte Person, die aber keineswegs alert auf der Geige war? Papa hat ihn schleunigst durch einen tüchtigeren Geiger ersetzt. Und nun?, fragte sie und dachte die Frage weiter, wie der Kerl reagieren werde, wenn sie ein Klavier zu leihen wünsche.

Sie besuchte ihn. Er stellte sich überrascht. Nein, er habe noch nicht von ihrer Anwesenheit gehört, obwohl sich solche Neuigkeiten rasch herumsprächen. Ein Klavier könne er ihr leihen. Für zehn Scudi monatlich.

Zehn Scudi, fragte sie oder drohte sie.

Neun Scudi, gab er nach, aus Freundschaft und alter Bekanntschaft.

Sie schüttelte den Kopf. Als sie sich von ihm abwendete, erschien ihr die Szene wie von anderen gespielt.

Er ließ sie den Flügel in dem hübschen Salon, in dem er Gäste empfing, ausprobieren. Es ist, stellte sie nach den ersten Takten fest, ein wunderbares Instrument, und sie ist nahe daran, es mit einem Schlag zu zerstören. Herrlich, rief sie und Landsberg dankte es ihr mit einer tiefen Verbeugung.

Der Cavaliere lud sie ein, an einer Soiree teilzunehmen. Am Tag darauf schilderte sie Hensel, der es vorzog, sich mit Freunden in einem neuen Atelier zu treffen, was er in dem Konzert hätte hören können: Ein Tenörchen zum Beispiel, das Beethovens Adelaide mit Grazie grottenfalsch sang, und – das ist dir wirklich entgangen! – eine Dame, die sich am Klavier übte und zwei Trios zum Besten gab. Zum Besten! Und danach ich. Und das Publikum, liebster Hensel, merkte den Unterschied nicht! Im Übrigen mehr Deutsche als Italiener.

Hensel, den Fannys Zorn eher amüsierte, fragte gespielt nachdenklich: Und das Publikum im Gartensaal, hätte das Ohren für diesen Unterschied gehabt? Womit er Fanny in Bewegung setzte. Sie sprang vom Sofa auf, lief zur Tür, stellte sich in den Rahmen, der sie wie eine Bühne aufnahm: Die hatten von Felix und mir geschulte Ohren. Ich bitte dich. Und wo, fragte sie nach einer Pause und prüfende Blicke ins Zimmer werfend, und wo soll der römische Weihnachtsbaum stehen?

Mit dieser nordischen Anwandlung hatte Hensel

nicht gerechnet. Ach Fanny! Nach einer nachdenklichen Pause erwiderte er: Ich werde uns einen Weihnachtsbaum wachsen lassen.

Wie, fragte sie.

Das verrate ich dir nicht, antwortete er, evangelisch wird der nicht sein, eher ein bisschen katholisch. Direkt dir gegenüber wird er stehen, er deutete zum Fenster hin, da du danach gefragt hast.

Da stand er nun, vor der Bescherung, die früher stattfand als geplant, da Sebastian nicht zu bändigen war und Jette das Abendessen nicht warm halten konnte, vor der Bescherung den ganzen Nachmittag von Hensel aus Zweigen von Zypressen, Myrten und Orangenbäumen zusammengebaut, gespickt zwischen den bereits vorhandenen Orangen mit Früchten aller Art, auch mit Backwerk und Bonbons, die Lichter kühn aufgesetzt.

Sebastian jubelte und klatschte in die Hände. Jette sprach ein andächtiges O Gottchen. Fanny schloss Hensel in die Arme, ehe sie allen befahl, das Lied vom »Tannenbaum« zu singen, damit dieses künstliche Bäumchen erfahre, was es darzustellen habe. Sie sangen, nicht allzu laut, um die Nachbarn nicht zu stören.

Hensel überraschte Fanny mit einem Schränkchen aus Holz und Elfenbein, das er enthüllte, indem er seinen langen Winterschal von ihm fortzog. Und alle, auch Sebastians neuer italienischer Lernkamerad Giulio, wurden von ihr zusammengerufen, das neue Möbelstück zu bewundern und vorzuschlagen, wo es endgültig seinen Platz haben solle. Sie kamen nicht dazu, sich zu einigen, denn Fanny drängte, Hensel ihr Geschenk zu überreichen. Sie lief in ihr Zimmer, kehrte zurück mit einer Zeichnung von Paolo Veronese, die sie ein paar Wochen zuvor in einer Galerie entdeckt und nach längerem Verhandeln gekauft hatte. Es war ihr gelungen, ihrem sonst so zurückhaltenden und beherrschten Mann ein Freudengestöhn zu entlocken. Vorsichtig nahm er ihr das Blatt ab, breitete es auf dem Spieltisch neben dem Sofa aus, glättete die Falten behutsam mit der Handkante, war mit einem Schritt bei ihr und umarmte sie derart heftig, dass ihr der Atem ausging. Von Onkel Paul, gab Sebastian dem verdutzten Giulio zu verstehen. Paolo Veronese, capito? Dieses Kauderwelsch gab Fanny die Gelegenheit, sich aus der herzlichen Umarmung Hensels zu winden: Ich bitte dich, Sebastian, sprich doch nicht so, als lerntest du gerade Italienisch.

Halt, rief Hensel, vor lauter Onkel Paul und Schränkchen haben wir unseren Sohn vergessen. Er deutete auf eine große Schachtel, die unterm Kunstbaum lag. Giulio kann dir beim Auspacken helfen. Aber Vorsicht. Aus dem Paket schälte sich eine kleine Ausgabe des Kolosseums, aus Holz gefertigt, wie frisch gebaut. Und dazu polterten eine Handvoll Figuren ebenfalls geschnitzt und farbig gefasst: Zuschauer, würdige Römer, schöne Römerinnen und Gladiatoren mit Schwertern, Speeren, Löwen, Tiger, Hunde. Sebastian bedankte sich stürmisch und war gleich, zusammen mit Giulio, ans Spiel verloren. Für Jette hatte Fanny eine leichte Leinenjacke ausgesucht, denn die Sonne würde sie bald wieder plagen.

Nach dem Essen meldete sich der bestellte Kutscher, brachte sie zur Weihnachtsmesse in die Sixtinische Kapelle. Fanny wurde wieder von Hensel getrennt und zwängte sich zwischen die von schwarzen Schleiern umhüllten Frauen. Es wurde aus Gewohnheit musiziert, die Liturgie zog sich hin, freudlos. Und ein Kind ist uns geboren, murmelte sie. Ihr schien es, als vergingen Stunden. Als sie den Kopf schüttelte, wurde sie misstrauisch von ihren Nachbarinnen gemustert. Erst nach Mitternacht trafen sie sich wieder und fuhren heim. Hensel war auf ihren Zorn vorbereitet, deutete auf den Kutscher, legte den Finger an die Lippen und nickte ihr gleichzeitig aufmunternd zu. Mummenschanz, rief sie, eine Trauergemeinde, die in Jammer das Jesuskind empfängt. Es ist der wahre Jammer. Und diese Musik, Hensel!

Er legte den Arm um sie: Wir sind evangelische Preußen, Fanny.

Aber sie stimmte ihm nicht zu, wie er es erwartete, sondern verblüffte ihn mit einer Antwort, die ihm für lange zu denken gab: Ich habe einen musikalischen Glauben, Hensel, Johann Sebastian Bach.

Er bestellte den Kutscher für den Morgen zu einer Fahrt zum Petersdom. Sie redete ihm drein: Warum noch einmal dieser Zirkus?

Weil es der wirkliche Zirkus sein soll, wie mir meine Freunde nahelegten. Wenn der Papst sich dem Volk zeigt und mit ihm die Geburt Jesu feiert.

Schlaftrunken stiegen sie im Morgengrauen in den Wagen. Der Kutscher erwiderte nur angedeutet ihren Gruß. Fanny war mit einem Mal hellwach und horchte auf die Stadt, ihre Geräusche, ihre Sprache. Hinter ihnen und vor ihnen waren ebenfalls Wagen unterwegs, begleitet wurden sie von Fußgängern. Sie hörte sogar die eine oder den anderen singen, nicht mit bebender Kardinalsstimme, sondern fest und gut gestimmt.

Das gefällt mir nun doch, gab sie zu und bekam mit einem Hensel'schen »siehst du« die Bestätigung.

Im Petersdom wurden sie nicht getrennt wie in der Sixtinischen Kapelle. Sie bekamen Plätze auf einer Tribüne zugewiesen, auf der, wie Fanny verdutzt bemerkte, die schwarzen Weiber sich jetzt in aberwitzigen Verkleidungen ausstellten, gewaltige Hüte auf dem Kopf, Federboas um den Hals, geschminkte Dekolletés, und Duftwolken entsandten, dass den begleitenden Männern nur schwindelig werden konnte. Alles für den Papst, sagte sie vor sich hin. Und Hensel begann zu kichern wie ein Junge, der sich einen frivolen Gedanken erlaubt hat. Die Herren paradierten in Uniformen aller Art, Uniformen, die wahrscheinlich nur für diesen Anlass erfunden und geschneidert worden waren. An dieser Horde entlang wurde der Papst in einer Sänfte getragen, er schwebte, grüßte und segnete nach allen Seiten. Die Kardinäle, die hinter ihm her liefen, versuchten knappe Tanzschritte und es war auch ein Gesang zu hören, der Fanny allerdings lächerlich vorkam.

Denk dir mal, Hensel, sagte sie, als der Wagen sie nach Hause brachte, denk dir mal einen Chor wie »Jauchzet! Frohlocket!«. Den tauben Eseln würde der Kalk aus den Ohren brechen. Oder denk dir mal, Petrus verirrte sich in diese Versammlung von Geschminkten und Geplusterten und begegnete seinem Nachfolger. Er würde vor Ekel und Wut sichtbar für alle gen Himmel fahren. Sie machte eine Pause, sah hoch zum kalten blauen römischen Himmel und beendete ihre Philippika mit einem: Ja!. An diesem Tag hatte sie das Gefühl, die Musik erwarte sie, komme auf sie zu, aber nicht in Gestalt des windigen Cavaliere Landsberg, sondern als Geschenk, als Einfall. Zu ihrem Erstaunen folgte der Empörung über die fromme Komödie eine Heiterkeit. Rom detonierte im Winterlicht und beschenkte sie mit einer Freiheit, die sie erst noch auskosten musste.

38.

Zweite römische Etüde

Sie bewegt sich ständig, braucht immerfort Anrede und Berührung. In ihren Tagebüchern häuft sie Namen. Die Mendelssohns haben überall in Europa Freunde, Bekannte. Felix ist ihr Bote. Wer kennt ihn nicht?

Manchmal spürt sie den Abstand, den Reichtum, Begabung und Anderssein schaffen. Dann gibt es keine Bewegung mehr, dann meidet sie jede Berührung. In einer französischen Zeitung liest sie von einem Pogrom, dem Juden in einem Ort im Osten ausgesetzt seien; sie würden verfolgt, ermordet und vertrieben. Sie schreibt es hin, nebenher – als Warnzeichen, als Erklärung für gelegentliche Derbheiten und Gemeinheiten? Immerhin fällt ihr auf, dass der Papst die Juden aus seiner österlichen Fürbitte ausschließt. Und in ihrem Gedächtnis ist geblieben, was Zelter sich geleistet hat und dass Felix »als Jude« nicht die Leitung der Singakademie bekommen konnte. Dazu noch der Vorwurf, dass er jüdische Musik komponiere. Sie auch? Jedes Mal, wenn sie in Rom, wunderbar angeregt von dem Licht und dem Leben der Stadt, Noten hinschreibt, für ein Lied, ein Quartett, vertraut sie ihren Einfällen; wenn schon, misst sie sich an Felix. War es ihr nicht einmal gelungen, musizierend eine peinigende Glaubensfrage zu lösen, als sie Großmama Bella mit Bach überredete, sich mit ihrem Sohn Jacob Bartholdy zu versöhnen?

Hensel, der ihr Rom vorführen wollte, samt den Personen, die er kannte und mochte, einen Rattenschwanz von Malern, auch solchen, die ihr nicht passen würden, Hensel wurde nach Weihnachten krank, was Jette beunruhigte, denn sie befürchtete, in ihren mit Eifer zubereiteten italienischen Mahlzeiten hätte der böse Keim gesteckt. Der Patient litt unter Fieber, Atemnot, Ausschlag und einer selbst den herbeigerufenen Arzt der deutschen Kolonie irritierenden Müdigkeit. Er schlief und schlief. Doch er schlief sich nicht, wie sprichwörtlich zu erwarten war, gesund. Fanny wechselte sich mit Jette in der Pflege ab, bestand aber darauf, dass er, als er sichtlich das Fieber überwunden hatte, das Bett verließ und, in Decken gehüllt, auf dem Balkon Platz nahm. Dort las sie ihm vormittags aus Zeitungen vor und nahm an, dass die Schlechtigkeit der Menschen und alle Nachrichten darüber seinen Blutkreislauf beschleunigen würden. Doch er nahm eher mild zur Kenntnis, was sie erregte, dass sich nichts in Deutschland verändere, die großen Herren keine Einfälle hätten, wie mit dem Volk umzugehen sei. »Die Verschwörungen der Fürsten gegen die Völker gehen immer weiter«, schreibt sie in ihr Tagebuch, »und es möchte sich wohl keiner getrauen zu sagen, wohin das führen wird? Und gerade die kleinsten sind die allerschlimmsten.«

Hensel stimmte ihr zu, meinte aber, den König ausnehmen zu müssen. Sie widersprach ihm heftig: »Du bist monarchistisch gesinnt, Hensel, daran zweifle ich nicht, und den König brauchst du als Förderer. Na ja, und ich armes Weib brauche ihn auch.« Für diese Einsicht dankte er ihr mit einem Kuss.

Haben wir, fragte er, die Decke bis zum Kinn hochziehend, haben wir nicht über deinen Onkel Jacob Bartholdy gesprochen?

Die Stimmung wollte es, dass sie nach dem von der Familie ungeschätzten Jacob Bartholdy suchten, seinen Spuren folgten. Nicht wenige, die sie und Hensel auf ihn ansprachen, kannten ihn, rühmten seine Gastfreundlichkeit, seine wunderschöne Villa, seinen Kunstsinn, sein Sammlerglück, seine Extravaganz – was immer sie darunter auch verstanden. Ehe sie die Villa besuchten, aus der die Familie die für Bartholdy gemalten Bilder mithilfe Hensels retten wollte, ließen sie sich in der Kutsche zur Cestius-Pyramide bringen, zu den evangelischen Friedhöfen, und fanden Jacob Bartholdys Grab mithilfe eines kenntnisreichen Friedhofbewohners, wie ihn Hensel bezeichnete, und andächtig hielten sie vor dem Grabstein inne. Dem Toten zur Freude und zur Erinnerung summte sie das erste Präludium aus dem »Wohltemperierten Klavier«. Die Grabsteine der Fremden, der andersgläubigen Gäste Roms, rückten in der Nachmittagssonne zusammen und warfen bizarre Schatten. Ihr heruntergekommener Cicerone, erinnerten sie sich überrascht auf der Heimfahrt, hatte Englisch gesprochen und nicht Italienisch: Wohl einer, der darauf wartet, dort seine letzte Bleibe zu beziehen, meinte Hensel.

In der Villa Bartholdy, nahe dem Kloster Sant' Isidoro, wurden sie ebenfalls von Engländern, den derzeitigen Bewohnern, empfangen und geführt. Jaja, die Fresken. Derentwegen würden sie häufiger belästigt. Belästigt?, fragte Fanny und bekam ein verlegenes Kichern zur Antwort. Die Räume fand sie alle prächtig und Onkel Bartholdys Freskensaal – sein Zimmer, wie er es nannte – nötigte sie zu verwandtschaftsnaher Kunstbetrachtung. Die ganze Josephsgeschichte, stellte Hensel fest, den Kopf im Nacken und den Blick an der Decke. Nein, entgegnete ihm Fanny, nein, Hensel, nicht die ganze Geschichte, nur Anekdoten und manche nicht sonderlich überzeugend erzählt. Den Joseph von Overbeck und Cornelius sollten sie tatsächlich abnehmen, wie Paul es wünscht, aber die Bilder von Schadow und Veit könnten hierbleiben, bei den Engländern, die auch noch mit dem unpassenden Mobiliar eingezogen sind.

Noch am Abend beschäftigte sie Jacob Bartholdy und sie machte im Gespräch Sebastian neugierig. Habt ihr den heute kennengelernt, fragte er. Aber nein, Fanny machte eine theatralische Geste, als wollte sie eine Theaterszene ankündigen: Er lebt nicht mehr, dein Großonkel Bartholdy. Wir haben heute sein Grab besucht und sein Haus. Er war hier als königlicher Konsul Preußens, ein wichtiger Mann, ein Freund der Maler und Musiker, ein waghalsiger Geselle, also selten Gast in unserer Familie, und darum haben wir hier an ihn gedacht und die Stätten besucht, die an ihn erinnern. Während sie sprach, merkte sie, dass der lange Satz ihr den Atem nahm. Das fiel auch ihrem zehnjährigen Sohn auf: Jetzt hast du aber lang geredet, Mama. Sie erzählte ihm von Joseph und seinen Brüdern und endete mit einem Ausruf, in dem sie ihre Romerfahrungen einschloss: Lauter Bilder, lauter Bilder!

Sie hatten Galerien besucht und Kirchen, Bilder eingesammelt und Hensel hatte unzählige Köpfe porträtiert, unermüdlich sein gezeichnetes Tagebuch weitergebracht, nur sie hatte, bis auf die lächerlichen Abende beim Cavaliere, bisher nichts von der Musik gehabt, nur ein paar Noten geschrieben, Einfälle für später, wie sie sich einredete, dennoch wünschte sie sich von ganzem Herzen einen musikalischen Überfall. Der durfte auch in Rom nicht fehlen.

Ich kann mir denken, wie es dazu kam, dass der große Jean-Auguste-Dominique Ingres sie einlud, ein berühmter Maler, dazu Direktor der Akademie de France und, wie Fanny von Felix wusste, ein passabler Geiger. Wo immer sie auftauchten, war Hensel schon bekannt. Also sprach sich ihre Anwesenheit herum. Sie putzten sich für den Besuch sorgfältig heraus; Sebastian erkundigte sich, ob sie zum Papst wollten, und Jette verzog sich glucksend in die Küche.

Ingres und Madame Ingres erwarteten sie vor der Villa, um sie noch durch den Park zu führen, sie wüssten nämlich von dem großen Garten in Berlin, von den Konzerten im Gartensaal, Fannys Bruder Paul habe eindrucksvoll davon erzählt, dieser feinsinnige Mensch, der so vorzüglich Cello spiele. Fanny gestand, dass sie selbst in Rom, dieser Stadt der kostbaren und oft verheimlichten Gärten – wie es dieser hier sei –, Heimweh nach dem Park an der Leipziger Straße habe.

Während des Abendessens gab Ingres engagiert

und mit heftiger Geste Auskunft über die Stipendiaten und Preisträger der Akademie, und Hensel wiederum kam auf Horace Vernet zu sprechen, mit dem er sich bei seinem letzten Aufenthalt angefreundet habe, und gab dem immer pathetischen Ingres die Chance, als Magier aufzutreten: Sie sehen, Monsieur Hensel, ein fünftes Gedeck auf dieser Tafel, dazu fehlt uns der fünfte Gast, der gewünschte Gast! Er klatschte in die Hände, ein Diener riss die Tür auf und mit großem Schritt betrat eine sonderbare Person den Raum: ein bärtiger Mann, mit einem von der Sonne gegerbten und gezeichneten Gesicht, gekleidet in einer Art orientalischem Hemd und einer Pluderhose. Der spielte, wie erwartet, seinen Auftritt, riss die Arme auseinander, rief: Mein Freund, stürzte auf Hensel, der erst einmal einen Schritt zurückwich, und umarmte ihn. Nachdem die Szene sich beruhigt hatte, Ingres und seine Gäste Platz genommen hatten, berichtete Vernet anschaulich von seiner Reise durch das Osmanische Reich, von den Eigenheiten der Muselmanen, und Fanny, angeregt von den Erzählungen und der wunderlichen Person, bat Hensel, doch Vernet in seinem orientalischen Gewand unbedingt zu zeichnen, was Vernet gefiel. Von Monsieur Hensel porträtiert zu werden, ist eine Ehre. Sie verabredeten sich für den nächsten Morgen. (Da kam er auch, zum Frühstück, posierte, saß Hensel länger als eine Stunde. Er habe, fand Hensel, gegen seine Natur stillgehalten. Wahrscheinlich habe er es bei den Muselmännern gelernt.) Fanny erkundigte sich während der Mahlzeit, ob auch Musiker momentan Gäste der Akademie seien, und löste bei Ingres einen längeren Sermon über Arten und Unarten der jungen Leute aus, die sich kaum an die Regeln hielten, sich auf Abenteuer mit Rom, den Römern und Römerinnen einließen – und das zu glätten und zu korrigieren, Madame, bringt Ärger und kostet Kraft. Darauf kam er zu den Musikern, dreien, deren Begabung vom Eigensinn übertroffen werde, wenn Sie verstehen, was ich meine, drei Komponisten, von denen nicht sonderlich viel bekannt sei: Gounod – Bousquet – Dugasseau. Er sprach die Namen in einem Atemzug und Madame Ingres nahm sie wieder auseinander, indem sie sie prononciert nannte: Gounod, Bousquet, Dugasseau. Wir haben die drei gebeten, uns nach dem Essen musikalisch zu unterhalten.

Und ich, fragte Fanny, die sich mit Madame Ingres erhob und von Hensel festgehalten wurde.

Sie erfüllen uns einen dringlichen Wunsch, sagte Ingres mit Nachdruck und bat sie, ihm ins Musikzimmer zu folgen. Dort warteten die drei, sich verbeugend, der kleine, gedrungene, doch elegante Gounod, Bousquet, hager und gekrümmt wie ein Blumenstängel, Dugasseau aufs Merkwürdigste poliert, glänzend, die Haare, das Gesicht, die Augen, die Knöpfe an der Jacke. Ob Madame Noten dabeihabe? Sie wehrte lachend ab: Die brauche ich nicht, die habe ich in den Fingern. Sie warf einen prüfenden Blick zum Flügel, aber Gounod, flink und selbstbewusst, war schneller als sie, hatte den Klavierschemel erobert und kündigte eine kleine Improvisation an. Sie suchte sich einen freien Sessel, nahm Platz, schließlich spielte der junge Mann für sie, und was er spielte, fand sie gut gelaunt und etwas banal. Er brach ab. Und Sie, fragte er zu ihr hinüber, flankiert von seinen beiden Freunden.

Die Tage in Rom haben dafür gesorgt, dass sie sich jung fühlt, zu einem Anfang bereit; aber nun, sich mit diesen dreien messend, kommt sie sich älter vor, bei Weitem erfahrener, aus einer anderen Zeit. Sie spielt ihre Serenate in g-Moll, die sie an Venedig erinnert, mit einem Mal jedoch von dieser Stunde bestimmt ist. Sie vergisst sich, überlässt den Fingern die Erinnerung. So kann sie reden. Der Beifall fällt ihr ins Wort, mit einem Mal kniet Gounod neben ihr, strahlt sie an: Wunderbar! Er bittet sie, noch weiter zu spielen, für uns, Madame, für mich. Das Capriccio, das sie nun spielt, hat sie in Rom komponiert und auf dem Klavier beim Cavaliere geprüft und aufgeführt, zur Zufriedenheit der Zuhörer. Nicht mehr, wehrt sie sich danach. Selbst Ingres drängt nun, sie haben alle Platz genommen. Mir war zwar bekannt, mit welchen Gaben Sie beschenkt sind, Madame, aber nun können wir nur noch staunen. Sie schaut fragend die drei jungen Männer an: Nicht? Nein? Nicht? Wortlos demonstrieren sie, dass sie lieber zuhören wollten, heben abwehrend die Arme, lehnen sich im Sessel zurück, schütteln die Köpfe. Nun muss sie den Bruder sprechen lassen: ein Capriccio in a-Moll von Felix Mendelssohn, meinem Bruder. Es könnte, öffnete sich das Fenster zum Park, beinahe ein Sonntagskonzert sein, obwohl es mitten in der Woche ist. Gounod kniet schon wieder neben ihr, sie wirft Hensel einen Hilfe suchenden Blick zu, der lächelt in sich hinein. Danach auf der Fahrt zurück lästert er allerdings über diesen zügellosen Galan, der halb so begabt wie frech sei. Wenn sie entgegnet hätte, dass ihr die Bewunderung des dreisten Burschen wohlgetan habe, hätte sich sein Zorn sicher noch gesteigert. Ich hoffe, er versteht so viel von Musik, wie er vorgibt, beruhigte sich Hensel. Umsonst wird er wohl nicht den Akademiepreis bekommen haben.

Sie wünschte sich eine Fortsetzung dieses Treffens. Nur hat Hensel mit einer Überraschung dafür gesorgt, dass sie die Musik nicht mehr außer Haus suchen muss: Während ihrer Abwesenheit haben seine Malerfreunde ein Klavier in die Wohnung transportiert, unter Gestöhn und Gelächter, wie sie von Jette hören. Die Stube ist vor lauter Glück größer geworden. In einem solchen Abendlicht das Klavier zu traktieren, habe ich mir gewünscht. Sie spielt, spielt sich. Ich spiele mich. Sie sieht Sebastian an der Tür, Jette neben ihm, die ihn festhält, damit er vorm Abendessen nicht verschwindet, sie sieht Hensel in der Mitte des Zimmers, froh über diesen Streich, der ihm gelungen ist, ein Klavier für das Abendlicht und für Fanny.

In den Tagen darauf laufen sie auseinander, trennen sich ihre Wege: Hensel zieht in sein Atelier, trifft sich dort mit Freunden, vor allem mit Overbeck, über dessen Malerei sie trotz ausführlicher Debatten keineswegs einer Meinung sind. Sie trifft sich mit den drei Franzosen, aus Vergnügen und wegen der Musik, so erklärt sie sich die Ausflüge zur Akademie de France. Sie genießt nicht nur das gemeinsame Musizieren – auch Ingres tritt mit der Geige hinzu –, die geradezu hemmungslose Bewunderung Gounods, sondern die Spaziergänge im weitläufigen Garten der Akademie, durch das Wäldchen hinauf zum Belvedere, den Blick auf die Stadt, die ihre Gedanken zum Schweben bringt: Die Stadt, die sich vor ihren Augen in hellen Steinparzellen, in spitzen

Türmen und grün schimmernden Kuppeln ausbreitet, geteilt durch den mäandernden Tiber. So hat sie sich Italien erträumt. Sie komponiert fürs Klavier, für Stimmen, und sie nimmt die Bewegungen des Tages in Notenschrift auf. Hensel, der sich gelegentlich herablassend über ihre drei kleinen Franzosen äußert, über den ständig aufgeregten Gounod, gesteht sie, dass es denen gelungen sei, sie umgestimmt zu haben. Allmählich spreche sie Italienisch, gewöhne sich an das hiesige Laisser-faire, ertrage sogar jähe Regenfälle und höre die Kardinalsmusik mit anderen Ohren.

Die Ostertage überfallen sie, wie sie erwartete, mit musikalischen Erinnerungen. Sie und Hensel erinnern sich an die Aufführungen der Matthäuspassion: wie Felix Zelter den Dirigentenstab entwand. Doch ohne Felix wäre er gar nicht darauf gekommen, die Matthäuspassion aufführen zu wollen. Sie setzt sich ans Klavier, spielt seine und ihre Erinnerungen an. Das Osterlicht hier, sie zieht die Hände von den Tasten, es ist das Licht der Auferstehung. Bachs Passion entstand in der kühlen Helligkeit des Nordens, Leipzig und Berlin, wir sind daran gewöhnt. Ich bin daran gewöhnt, Hensel, sagt sie und setzt ihre Rede fort, indem sie anspielt, was gesungen gehört: »Aus Liebe will mein Heiland sterben.«

Für den Karfreitag hatte sie den Marchese d'Ossoli – den sie auf einer Gesellschaft bei Landsberg kennengelernt hatten – gebeten, sie in die Sixtinische Kapelle mitzunehmen, da sie ohne seinen römischen Beistand sicher keine Billette bekommen werde. Er half ihr generös und verließ sie an Ort und Stelle, wie es geboten war: die Damen hinters Gitter, die

Herren vor den Altar. Ein aufmerksamer Schweizergardist half ihr, einen Platz direkt hinterm Gitter einzunehmen. Die Stimmung hatte sich tatsächlich verändert; die Szene nicht. Es war, als hätten die Musiker ihre Instrumente vertauscht mit ihr vertrauteren und die Sänger die Stimmen gewechselt. Es gelang ihr sogar, der Handlung zu folgen. Nur die Bilder, die die Erinnerung an Bachs Musik in ihr hervorrief, überlagerten das ganze Gepränge, und selbst dem Bassisten, der den Jesus sang, gelang es nicht, sie zu überreden. Zwei Wochen später lud Gounod sie ein, an einer Messe ai Greci teilzunehmen, und sie hörte erstaunt eine feste und feine Musik – so erzählte sie es Hensel –, kein Kardinalsgegreine mehr, sondern Responsorien und Liturgie, gesungen von einem Tenor und zwei Bässen, und selbst der griechische Bischof erschien ihr, umgeben von solcher Musik, ungleich würdiger als der Papst.

Unterwegs trafen sie Hensel mit einer Gruppe von Malern und Modellen und, als wären sie bestellt, die beiden Franzosen; angeregt von der eben erlebten Missa, lud sie alle in die Wohnung am Pincio ein, Platz gebe es genug, Wein und Brot ebenso. Und sie werde ihnen Bach spielen, denn nach der Griechenmusik verlange es sie danach.

Im Pulk nehmen sie die Gasse spielerisch für sich in Anspruch, englische, französische und deutsche Sätze wechselnd, zum Erstaunen des römischen Stadtvolks, Artisten, Künstler, von denen manche längst stadtbekannt sind, über die geredet wird, die gleichsam Gerüchte aussenden: So Hensels Malerfreunde, die seit Jahren in diesem Viertel leben, immer dieselbe Kneipe frequentieren, die jetzt, wenn sie gemeinsam unterwegs sind, nach allen Seiten grüßen, viele beim Namen rufen.

Jette ist dem Andrang gewachsen und Sebastian genießt den Rummel. Wein wird ausgeschenkt und Weißbrot dazu gebrochen. Gruppen finden zueinander, reden; andere, für sich geblieben, setzen sich, nehmen Bruchstücke von Gesprächen auf, Fanny wird bedrängt von den drei Franzosen und dem Cavaliere, der ihr das Klavier neidet, da sie nun nicht mehr auf seine Gastfreundschaft angewiesen sei. Sie genießt diese erwartungsvolle Nähe, die hastigen und unbewussten Berührungen, die Blickwechsel, und sie weiß, dass sie dieser Erregung nur Herr werden kann, wenn sie sich ans Klavier setzt.

Sie dreht sich um die eigene Achse, sorgt dafür, dass die drei Franzosen auf Abstand gehen: Ich habe Sie eingeladen zu Bach. Ich spiele das Klavierkonzert in d-Moll. Das Orchester finden Sie hier, worauf sie auf die Tasten weist, und mich sehen Sie hier, am Klavier. Sie hört, wie ein Lachen durchs Zimmer läuft, und beginnt. Dieser Bach passt. Er passt ihr, passt zu diesem Tag, zu dem, was sie sich zu erfüllen wünscht. Er passt mit seinem Drängen, seinem Presto, dem skandierten Glück. Noch während der letzten Takte merkt sie eine Unruh um sich herum, die ins Spiel drängt, und mit dem letzten Ton erhebt sich ein frenetisches Geschrei: Bravo, hört sie, da capo (das ginge zu weit, denkt sie), unvergleichlich, hört sie, göttlich, und wieder kniet Gounod zu ihren Füßen und betet sie an.

Die Gesellschaft löst sich zögernd auf, als halte jeder und jede noch an dem vollkommenen Augenblick fest. Als Fanny und Hensel allein sind, sagt

Fanny nach einem tiefen Atemzug: Ach Hensel, es kommt mir vor, als verschlinge ich Zeit. Bald müssen wir Rom verlassen.

39.

Intermezzo als hastiges Adieu

Dass sie Rom einsammelt, in Bildern und in Tönen, fängt damit an, dass sie beinahe jeden Morgen auf den Pincio geht und dort von der Aussichtsterrasse hinunter auf die Stadt schaut, auf die schon belebte Piazza del Popolo und hinüber zur Peterskirche, deren Kuppel entweder im morgendlichen Licht die Schwere verliert oder golden ihr Gewicht ausspielt. Danach kehrt sie zurück in die Wohnung, durchquert noch einmal den Park, begrüßt Bekannte, die, wie sie, Frühaufsteher sind, buon giorno!, und wünscht sich den Tag wie alle Tage, voller Sonne, windbewegt, noch Vorsommer: Sie geht ans Klavier, spaziert durch eines der Präludien des »Wohltemperierten Klaviers«, weckt Hensel und Sebastian, nicht Jette, die sie schon im Treppenhaus erwartet hat: Sie sind ja ganz außer Atem, Madame Hensel. Ich bin gelaufen, sagt sie, wischt sich mit der Hand über die Stirn, hinunter geht's eben schneller als hinauf, und sie denkt an die Treppen zur Piazza del Popolo, diese schöne Kulisse, die sie sich für ihre Sonntagskonzerte wünscht, aber erst einmal drängt es sie in die Stadt hinein, nicht allein, sie bittet Hensel, der sich zu einem Spaziergang bereit erklärt: Wohin es denn gehen solle. Fanny schlägt vor, was ihr eben einfällt, es liegt ja nahe, zur Akademie und von dort aus zur Villa Borghese und zur Villa Ludovisi, weil ich die Ausblicke von dort liebe, weil ich sie wiederholen möchte. Und am Ende sind sie eine stattliche Schar, die Malerfreunde Hensels und ihre drei komponierenden Franzosen, eifrig und ergeben wie stets: Monsieur Gounod, Sie übertreiben.

Er übertreibt, schenkt ihr, wenn er es könnte, betont er: Wenn ich es könnte, Madame Hensel, schenkte ich Ihnen die Villa Borghese, mit dem Garten, mit den hundert Zypressen!

Ich bitte Sie, Gounod, wie kann ich dieses Geschenk annehmen, ich, die Frau eines preußischen Malers und Schwester eines berühmten Komponisten?

Und Sie, reagiert er empört, sind Sie nichts?

Aber ja, antwortet sie: Ich spiele ordentlich Klavier, bin Mutter eines Sohnes und manchmal fällt mir auch ein Liedchen ein.

Er reißt empört die Arme hoch: Ich bitte Sie, Madame! Und Hensel unterbricht die Szene, die alle amüsiert verfolgen, indem er heftig in die Hände klatscht und Genug! ruft. Sie lassen sich auf dem Rasen nieder, achten darauf, dass die Gruppen sich malerisch zusammenfinden, bis aus einer Tasche Weinflaschen und Gläser auf ein weißes Tuch gestellt und gebettet werden und alle, wie Kinder sich um ihr Spiel scharen, zusammenrücken und in angefangenen Sätzen und Seufzern dem Glück der Stunde Ausdruck geben: Ich war heute früh auf dem Pincio, erzählt sie, es war kurz vorm Regen, der Himmel schwärzte sich ein, wurde dramatisch, und die Kuppel von Sankt Peter brach in einem goldenen Gewitter auf, ich konnte mich gar nicht sattsehen, erzählt sie; und ein paar Engländer neben mir gerieten ganz aus dem Häuschen, bis der Regen uns vertrieb.

Auf dem Heimweg suchen die Musiker in der Akademie noch das Klavier auf, Ingres ist sofort mit der Geige zur Stelle: Ich bitte Sie, Madame Hensel, mich zu begleiten. Er legt ihr die Noten auf, Beethoven. Am Ende erbitten sie doch wieder Bach und eine Zugabe von ihrer Hand, ein Capriccio, erklärt sie, frisch gedacht.

Sie gibt der Atemlosigkeit weiter nach, wandert abends, begleitet von Hensel, über die Spanische Treppe zum Pincio, schenkt ihm mit einer großen Geste den Park – er ist nun doch wie mein Berliner Garten an der Leipziger Straße, nur die Zypressen wachsen nicht bei uns. Unvermittelt sagt sie, als sie unter das plaudernde Stadtvolk an der Fontana di Trevi gerieten: Merkst du, Hensel, dass die deutsche Musik, dass Bach und Beethoven Gounod verwirren und geradezu verrückt machen?

Hensel, angesteckt von ihrer Laune, antwortet, ohne einen grimmigen Unterton: Merkst du denn gar nicht, dass du den Hensel ziemlich verwirrst und beinahe verrückt machst?

Sie lehnt sich gegen ihn und spürt, wie schief sie ist, lacht über den unerwarteten Schreck weg: Erinnerst du dich noch an das Glück, das uns die Villa Wolchonski bescherte? Es war ein Maitag, der leuchtete, und die Luft prickelte beim Einatmen. Ich werde es nie vergessen, wenn ich an Rom denke. Und an Gounod, munter, aufgeschlossen für alle Regungen,

Berührungen, kindlich und begabt. Es ist die Musik, die ihn zu solcher Anbetung provoziert.

Und du, lachte Hensel, du bist die Musik, Fanny.

Dem widerspricht sie nicht. Denn es sind die Tage, die in die Nächte münden, die Morgende, die sie mit den Abenden vertauscht, wie jetzt: Sie haben sich verabredet zu einer Kutschfahrt durch die Stadt, die Franzosen, die Maler, auch Cavaliere Landsberg erscheint mit einem Freund. Noch können sie den Mond anbeten, aber der Himmel bezieht sich, Regen kündigt sich an, Hensel bittet Jette, die Kutsche abzubestellen. Bitte, spiel, sonst wird die Bagage unruhig, flüstert er Fanny ins Ohr, und als wolle sie Gäste und Wolken vertreiben, stürzt sie sich in Beethovens »Les Adieux«. Ehe sie den dritten Satz beginnt, stellt Landsberg fest, dass es aufklare. Ach ja, sagt sie, über die Klaviatur gebeugt, da habe ich euch die Zeit und die Wolken vertrieben. Sie brechen auf, der Mond scheint und versieht die Straßen und Gassen mit einem Schattenrand. Sie wandern zum Colosseum, das unter diesem Mond in seine turbulente Vergangenheit sinkt, immer summt eine oder einer Bruchstücke von Melodien. So ziehen sie übers Forum und werden empfangen von Gounod, der auf eine Akazie geklettert ist und sie, ein Abgesandter der Götter, segnend mit blühenden Zweigen bewirft, und derart beglückt und bestückt, beginnt einer – war's Gounod?, fragt sie sich hernach oder war es womöglich Landsberg? – das d-Moll-Klavierkonzert von Bach zu summen und auf einmal summen alle mit. Sie haken sich ein, eine sich windende Reihe, und marschieren im Takt, »um halb zwei kamen wir nach Hause, wir schlafen jetzt fast gar nicht«, schreibt sie ins Tagebuch.

40.

Etüde als italienische Reise

Schon Tage, bevor sie Rom verlassen, streiten sie, zum Vergnügen Jettes und Sebastians: Hensel hat für die sechs Wochen, die sie noch in Italien bleiben werden, einen Reiseweg entworfen, ohne sich mit Fanny über die einzelnen Stationen zu verständigen. Nun ringen sie um die Schönheit von Tempeln, Kirchen, Klöstern, Bergen und Aussichten, die Gelegenheit von Gasthäusern und Unterkünften. Auf diese Weise erfahren ihre angeregten Zuhörer, wohin es geht, wo sie alle pausieren werden, was sie an Schönheiten und Feinheiten erwartet, erfahren sogar, in welchem Zustand sich das Transportwesen am Ort befindet. Ganz einigen können sich Fanny und Hensel nicht, und schon deshalb geraten die Routen durcheinander, enden mitunter im Nirgendwo, was Hensel zu langen und erregten Dreinreden veranlasst und Fanny schon wegen der zu erwartenden Ungewissheit erheitert.

Sie sitzen am Tisch im Salon, reden aufeinander ein, flankiert von ihren schweigenden, vorzüglich unterhaltenen Zuhörern, sitzen zwischen gepackten Koffern und Kisten, werden ständig besucht von Abschiednehmenden, und Hensel macht Fanny Sorgen mit Tränenausbrüchen und davon verschwollenem Gesicht: Wir kommen doch wieder, Hensel.

Ich bin nicht sicher.

Und wir nehmen Rom mit. Sie hat recht: Er hat die Zeichnungen gehäuft und gebündelt, Porträts und Landschaften, und sie die Tagebücher und Hefte mit Noten, Einfällen und Liedern zusammengebunden: Ich werde die Römerin in mir nicht los.

Im Lauf des Nachmittags – es kommt ihr vor, als wechsle das Licht unaufhörlich – gelingt es ihr, Hensel umzustimmen, ihn in ihre gelöste Adieustimmung hineinzunehmen. Sie beschließen auszufahren, müssen noch bei Angrisani, dem Rosseverleiher, die Pferde für den nächsten Morgen bestellen, sie fahren hinaus aus der Stadt, zur Villa Pamfili, wo sie der Sonnenuntergang empfängt, die Stadt in Gold badet und die Pinien wie Kerzen angezündet werden, sie schauen, wünschen sich beide, dass dieses Bild in ihrem Gedächtnis bleibe. Sie schmiegt sich an ihn. Vor Sankt Peter halten sie an, auf dem Platz bewegen sich wieder, wie nach einer höheren Regie, einzelne Gruppen. Vor der offenen Kirchentür drängen sich vier Mönche in braunen Kutten, als zöge sie eine Kordel zusammen. Sie läuft an ihnen vorüber, in die Kirche hinein, nur für einen Augenblick, und kommt mit dem Gedanken wieder hinaus, dass sie noch nie so von sich aus eine Kirche betreten habe. Das Ave-Maria wird geläutet. Sie gehen schnell nach Hause, um die abendlichen Abschiedsgäste zu empfangen: Landsberg, Kaselowsky, Fürst Soutzos, der Fanny eine Zeichnung schenkt, die Hensel mit einem Gedicht beantwortet. Gounod verspricht, wenigstens bis in die Albaner Berge mitzureisen, bis zur ersten abgesprochenen Station, Bousquet wünscht ebenso, sie zu begleiten, schließlich auch noch Dugasseau. Hensel ärgert sich über die Versprechen und Unschlüssigkeiten. Die drei Franzosen kämen ihm wie Männlein aus dem Wetterhäuschen vor. Je nach Laune träten sie auf.

Am frühen Morgen, der Himmel bekam schon einen hellen Rand, waren tatsächlich alle drei zur Stelle, Bousquet hatte Gepäck bei sich, stieg zu ihnen in den Wagen, während die beiden anderen winkend, lärmend hinterherliefen, bis ihnen der Atem ausging, die Arme vom Winken zu schwer wurden.

Bis auf eine unwesentliche Verstimmung zu Beginn – das ihnen empfohlene Gasthaus in Albano war belegt und sie mussten sich ein anderes, bei Weitem luxuriöseres Quartier suchen –, gelang es Fanny, die restlichen Tage und Wochen in Italien nach ihrer Laune zu komponieren. Sie versuchte, allem, was sie bewegte, die Schwere zu nehmen, und im Tagebuch und in Briefen festzuhalten: Wie sie, und da hob sich ihre Stimme, als könnte sie ein Lied anstimmen, wie sie in Neapel ankamen und die schönste aller italienischen Wohnungen bezogen, übernahmen von einem englischen Lord, oder wie sie in einer carretta, einem Kütschchen, in die Albaner Berge fuhren und noch einmal den Blick auf Rom genossen, wie ihr Leas Freundin, Madame Viardot, die große Sängerin und Komponistin, über den Weg lief und sie, als hätte eine zaubernde Hand sie berührt, sich danach sehnte, sich in ein Lied, in eine Klaviersonate zu verwandeln, sich selbst zu hören: diesen Reichtum an Gefühlen und Ansichten. Die Tage ordneten sich wie von selbst zu Strophen, wurden, zu Beginn, eingefärbt und moduliert von den französischen Freunden, auch von Gounod, der wieder – träumte sie es? – neben ihr kniete und sie bat, aus dem »Wohltemperierten Klavier« zu spielen: Für mich allein, Madame. Die Aussichten, vor allem die neapolitanischen, öffneten sich festlich, und Hensel stapelte von Neuem Zeichnungen. Sie fuhren zum Fest der Madonna von Arvo, gerieten in einen Volksauflauf, Turbulenzen ergriffen sie, es wurde auf dem Tamburin gelärmt und Kastagnetten knatterten, Stimmen waren zu hören, heiser geworden von Rufen und Geschrei, bis sie die Kirche erreichten, die Madonna, vor ihr tanzte ein afrikanisches Kind, ein Pilger leckte den Boden, was hat die Mutter Gottes mit Bacchus zu tun?, fragte sie Hensel, der unersättlich Szenen fixierte und, derart vorbereitet, beschäftigten sie sich mit bacchantischen Scherben, antiken Fragmenten aus Pompeji und den Schatten der Toten, die, auf einmal benannt, eine Geschichte bekamen, die Frau des Diomedes zum Beispiel, deren skelettierte Hand noch eine Geldbörse festhielt – aus Geiz, fragte sie Hensel, oder um Charon, dem Fährmann in der Unterwelt, den Obolus zahlen zu können?

Als sie aus ihrer Wohnung von der riesigen Terrasse auf das Meer blicken konnten, auf die Inseln und den Vesuv, waren die Themen der weiteren Strophen schon bestimmt. Sie schifften sich ein, um Ischia zu besuchen, vom Meer aus den Vesuv zu betrachten, dabei wurde Sebastian freilich übel und Hensel tröstete ihn mit dem versprochenen Eselsritt auf der Insel, da wurde ihm noch übler, denn die Esel schwankten mehr als das Schiff. Das Gezeter war groß, als alle Passagiere in Boote heruntersteigen mussten, ins Meer zu fallen drohten und noch in der Brandung erwartet wurden von fremdengierigen Insulanern, die ihre Dienste und ihre Esel anboten. Hensel hatte verabredet, dass sie zu einem Frühstück geladen wurden, was sie auch genossen, mehr noch die Landschaft, eine Strophe, sangbar, aufgehoben für die Tage im Norden: »Die Felsen sind mit einer wildwuchernden Vegetation von indischen Feigen, die wie Bäume groß werden, Aloe, Granaten und Wein bedeckt; dazwischen immerfort der Blick auf das blaueste aller Meere.« Zum Krater des Vesuvs schleppte sie ein Träger auf seinem Rücken; vom Rand des Vulkans starrte sie, ein staunendes Kind, in die Teufelswirtschaft unten. Neapel begann ihr unheimlich zu werden. Sie genoss den Schutz der Terrasse, fürchtete sich vor dem tollen Leben in den Gassen, sehnte sich ein wenig nach dem ordentlichen Rom. Immerhin tauchte, als ein Bote der geliebten Stadt, der Cavaliere Landsberg auf, schwadronierte wie stets und lud sie zu einer Eselslustbarkeit ein, einem Ritt aufs Land und zu ländlichen Festen. Nach und nach scharten sich die römischen Freunde um sie, die drei Franzosen, Schadows. Nur Hensel scherte aus, ihn drängte es zu einer Ausstellung nach Palermo, seine Abwesenheit gab ihr die Gelegenheit, Briefe zu schreiben, sich nach ihm zu sehnen, seiner Beständigkeit. Für ihn begann Felix zu sprechen, dessen Briefe sie nachlas, die Reiseempfehlungen vor allem: »Zwischen Genua und Florenz sieh alles. Versäume die Kirche S. Francesco in Assisi nicht, um keinen Preis. Bei der Straße Chiatomone in Neapel, wenn es stürmt und das graue Meer spritzt, denke an mich.« Das tat sie, schon wieder auf dem Rückzug in die Wohnung. »Iss Broccoli als Salat und Schinken dazu und schreib mir, ob es gut schmeckt.« Was sie noch nachholen musste. Sie wollte, wie immer, ihm auch die fertigen Kompositionen schicken, damit er wusste, welche Sprache sie inzwischen gefunden hatte.

Da Hensel sie in ihren Umtrieben nicht störte, dachte sie sich mit Sebastian und Jette die Wohnung um, ließ aber alle Möbel an ihrem Platz, um nicht den Lord zu verärgern, also blieb es eine Wohnung für die Fantasie, die Sonnenluft, wie sie sagte, und auch Gounod und Bousquet waren angehalten, sich anstatt des Wohnzimmers einen Bildersaal, anstatt des Salons ein Musikzimmer zu denken.

Nach neunzehn Tagen kehrte Hensel zurück, erfüllt von sizilianischen Farben und einer Musik, die er nicht erklären konnte. Ein letztes Mal trafen sie sich mit Freunden auf dem »göttlichen« Balkon, und Fanny verglich den Abschied von Rom mit dem endgültigen von Italien, von Neapel, und stellte fest, dass ihr die Tränen nicht in die Augen stiegen. Mit leiser Furcht jedoch dachte sie an den langen Weg durchs Land, die Kutschenstrapazen, und hoffte, dass Sebastians Augenentzündung, an der er schon lange genug litt, nicht zur Reiselast werde. Die Seefahrt schadete Sebastians Augen nicht, fand sie, denn sie hatte mit Jette und ihm eine Kabine, und da es an Platz mangelte, floh der Junge meistens an Deck, selbst der Wind setzte den Augen nicht zu.

Er könnte noch eine Strophe werden, der Abschied von den Franzosen. Bousquet küsste ihr die Hand, Gounod die Wangen, und sie spürte seine Lippen wie eingraviert den ganzen Tag.

Kurz vor Genua wurde die See wüst und der Wind arg. Die Schiffswände knackten und krachten, der Tisch rutschte durch die Kabine, fiel um, Jette und Sebastian mussten beruhigt werden, sodass Fanny kaum Zeit hatte, Angst zu bekommen. Sie nahmen nach einigem Hin und Her und Auskünften, die sie nur mit Mühe sortieren konnten, Quartier im Gasthaus Croce di Malta und wurden erneut mit einer grandiosen Aussicht beschenkt. Es ist wie ein Lied, sagte Fanny, führte Hensel den Leuchtturm und die Mole vor, dachte an die wilde See und erklärte sich für außerstande, nach diesem Seegang in einem Landgang die Stadt zu erkunden. Es regnete, wie zu Beginn. Der Schirokko fiel über die Stadt her. Es gewitterte, sie gingen dennoch aus, kauften ein, Geschenke für zu Haus, und Sebastian fiel auf, dass fast alle Genueserinnen weiß verschleiert spazieren gingen. Hier ist es eben so, erklärte er, ein Vielgereister. Sie brachen erneut auf. Hensel hatte sich um Wagen und Pferde gekümmert, die Wege waren miserabel, die Passagiere wurden durchgeschüttelt, ein Rad brach und der Kutscher bat um Nachsicht. Dass sie ohne Schwierigkeit die Schiffsbrücke über den Po passierten, wunderte schließlich auch Jette. Auch dieses Mal war das Wasser hoch und reißend. In Mailand führte sie Hensel noch einmal von Bild zu Bild, von Veronese – Onkel Paul – bis zu Tizians »Anbetung der Könige«, von Mantegnas »Schreibendem Evangelisten« bis zu Bonifatio Veroneses Moses-Bild, das ein Stück Musik in ihr auslöste, die Andeutung eines Lieds: »Es scheint die Findung Moses' vorstellen zu wollen. Herren und Damen sitzen in traulicher Conversation, trinken und essen, ein dicker Koch steht neben der Prinzessin, ein Fass wird angezapft, Musik gemacht ...«. Ich kann, sagte sie sich, Bilder hören. Auch Hensel zuliebe.

In Como, ehe sie über die Berge Italien verließen, wurde Sebastian ein weiteres Mal krank, fieberte, bekam Durchfall, sie mussten einen Arzt ins Hotel bitten. Dort, vorm Abendessen, begegnete Fanny Italien noch einmal, in einer für sie wunderbaren, unvergesslichen Verkörperung. Sie wurden angesprochen von einem älteren Herrn, der sich in der Musik und Literatur als sehr kenntnisreich erwies, mit Humboldts bekannt war und sich als Graf Confalonieri vorstellte. Der Graf beeindruckte Fanny in seiner noblen Zerbrechlichkeit, er bat Hensel, ihm seine italienischen Porträts zu zeigen. Er begann, gleichsam den vielen Köpfen und Gesichtern antwortend, die sich vor ihm aufblätterten, seine Geschichte zu erzählen. Er sei wegen politischer Umtriebe gegen das Haus Habsburg gefangen genommen und auf die Festung Spielberg in Brünn verschleppt worden. Fünfzehn Jahre habe er in den Kasematten verbracht, ohne Nachrichten von außen, und als seine Frau in seinem zehnten Gefängnisjahr starb, teilte ihm das ein Wärter ohne Rührung mit. Nach seiner Entlassung sei er nach Amerika gegangen, später nach Frankreich und Belgien, Fluchten vor einer Vergangenheit, die ihm nur noch Schmerzen bereitet habe. Und vor drei Monaten, es sei noch nicht lange her, habe er die Erlaubnis bekommen, Mailand für kurze Zeit zu besuchen, da sein Vater im Sterben lag. Sein Gesuch machte den Kaiser darauf aufmerksam, dass er noch nicht amnestiert sei, nun sei der Bann gegen ihn aufgehoben und er lebe frei.

Ich lasse ihn so reden, wie Fanny und Hensel ihn hörten und wie Fanny es in ihrem Tagebuch erzählt, doch ich bin ihr, erzählend, im Vorteil, da ich den Spielberg kenne, ich als Kind Brünn oft besuchte, mit meinen Eltern und Großeltern durch den Park hinauf zur Festung spazierte und »zur Belohnung« in die Kasematten geführt wurde, das Gefängnis ansehen und Schauergeschichten anhören durfte, sodass mir über all die Jahre ein Name im Gedächtnis blieb: Silvio Pellico, der eingesperrte Dichter, der ein Buch über seine Spielbergzeit schrieb: »Meine Gefängnisse«. Nie aber wurde der Graf Confalonieri genannt. Vielleicht hielten die Erwachsenen den Namen auch für allzu kompliziert, als dass der Bub ihn sich merken konnte. Fanny erschien er zwar alt und gebrechlich, doch er war, als sie sich trafen, fünfundfünfzig Jahre alt. Ich hätte ihr von ihm erzählen können, denn ich habe Ricarda Huchs »Das Leben des Grafen Federigo Confalonieri« gelesen: »Mit dreißig Jahren war Federigo das Haupt einer Partei geworden, die sich die Italienische nannte, weil sie anstatt französischer oder österreichischer Herrschaft einen nationalen Staat als Ziel setzte, oder auch die Liberale, weil sie die alte, absolutistische Regierungsform durch eine Verfassung in moderner Art ersetzen wollte.« Sie hat den Grafen leibhaftig kennengelernt, ich habe nur über ihn gelesen.

Was sie aus Como mitnahm, hinüber über die Grenze, war die Erinnerung an ein Italien, das sie nicht nur in seinen Landschaften, Städten und Künsten hochgestimmt hatte, sondern auch in seinen Menschen, die für sie Freiheit und Würde verkörperten.

In Bellinzona schüttelte das Fieber Sebastian von Neuem. Sie nahmen sich Zeit, einen Kutscher zu finden, der sie von Airolo über den Gotthard bringen sollte. Die Felswände türmten sich vor ihnen auf und Fanny beschrieb in erwartungsvoller Angst Hensel die Serpentinen, die schmalen Pfade, die Abstürze und die Wolken, in denen sie stecken bleiben könnten. Der Kutscher bat sie des Öfteren auszusteigen, den Pferden die Arbeit zu erleichtern. Fannys Atem ging so schwer, dass sich Hensel immer wieder nach ihrem Befinden erkundigte. Es ist die Höhe, antwortete sie mit Mühe, ich bin ein Geschöpf der Ebene, Hensel. Als es bergab ging, durften sie wieder in die Kutsche. Auf einmal krachte es, der Kutscher fluchte dem Krachen hinterher, es stellte sich heraus, dass ein Bremsschuh gebrochen war. Also mussten sie von Neuem aussteigen, nicht mehr hinterherlaufen, sondern voraus. Zu Fuß erreichten sie Hospental, den ersten Ort in der Schweiz. Dem Gastwirt gab Fanny ein herbes Zeugnis: »Ein junger Bursch, ein größerer Schuft und Grobian, als wir je in Italien angetroffen.« Schimpfend lässt sie das Wunschland hinter sich.

Es ist weit von Zürich nach Berlin. Die Kutschen und Kutscher wechseln, Räder brechen, Wirte pöbeln, Koffer bleiben stehen, gehen verloren. Die ganze Fahrt über kränkelt Sebastian, kotzt in den Wagen und aus dem Wagen, bekommt die Gelbsucht, wird zum Prüfstein für Ärzte der jeweiligen Gegend. In Frankfurt halten sie für mehrere Tage, sind Gäste der Jeanrenauds, der Familie von Cécile, und Fanny stellt wiederholt fest, dass es eine Verwandtschaft »wie von selbst« gäbe, und sie besuchen die wahren

Verwandten, die Söhne von Tante Brendel, Philip und Simon, die Hensel, seine Reisemappe ein letztes Mal füllend, unverzüglich porträtiert.

Es drängt sie weiter nach Leipzig zu Felix, sie fallen sich in die Arme, doch sie spürt nicht seine Kraft, seine Energie. Er fühle sich krank. Er tritt einen Schritt zurück, mustert sie: Du aber sprühst und glühst, ruft er, ja, das ist der Segen Italiens. Aber du fühlst dich nicht wohl, entgegnet sie. Er müsse nach England, er sei eingeladen, in Birmingham seinen »Lobgesang« zu dirigieren. Und er frage sich, ob er reisen solle. Sein Arzt, Doktor Clarus, rät ihm zu, verrät ihm aber noch, zu aller Schrecken, dass er beinahe einen Nervenschlag erlitten habe. Gegen die aufkommende Grübelei setzt Felix das übliche Heilmittel ein, die Musik, und bittet Fanny, ihm vorzuspielen, was sie aus Italien mitgebracht habe. Sie spielt, was ihr einfällt. Er zieht den Stuhl neben sie, spielt an, was sie kennt: zu vier Händen. Nach einer unvergleichlichen Reise und ausgekosteter Ferne ist sie angekommen. Am nächsten Tag – bleibt doch noch ein paar Tage! Doch Sebastian kränkelt und er soll nach Haus – überrascht sie Felix mit der »Buchdruckerkantate«. Das ist der ihr vertraute Tonfall, auf den sie eingehen kann, die brüderliche Rede, von der sie träumt.

Ehe sie nach Berlin aufbrechen, erfahren sie, Albertine, Pauls Frau, habe ein totes Kind zur Welt gebracht. Fanny reagiert mit Kopfschmerzen, die sie die ganze Fahrt über plagen. Hensel hält Sebastian an, nicht den Reisekasper zu spielen. Sie holt schwer Atem gegen einen Widerstand in der Brust. Mir fehlen das Licht und die leichte Luft. Er streicht ihr mit der Hand prüfend über die Stirn. Du fieberst nicht, sagt er und fügt mit Nachdruck hinzu: Wir müssen uns an zu Hause gewöhnen. Ja, sagt sie und lacht gegen das Kopfweh, drückt den Rücken gegen die Lehne, schließt die Augen und wiederholt: zu Hause – wie einen Begriff aus einer fremden Sprache.

Sie nähern sich Berlin. Der Herbst säumt mit bunt gewordenen Bäumen den Weg. Als sie vorfahren, kommen alle, wie gerufen, aus dem Haus, dessen ausladende Front Fanny für einen Moment überrascht. Lea, Bekchen, Walter und Madame Dirichlet. In solchen Augenblicken, bei Abschied und Ankunft, verliert sie, nein, verlässt sie ihr Bewusstsein, nimmt sie, was geschieht, nur als Wärme oder Kälte, als Licht oder Dunkelheit wahr.

Welche Freude, hört sie. Gut seht ihr aus! Und das ganze Gepäck. Das ist nur eine Aufforderung, Koffer und Kisten ins Haus zu transportieren. Sofort sind auch Helfer zur Stelle, sorgen für Wirbel und Bewegung. Kommt doch hinein, hört sie, auf eine Tasse Tee. Es hat sich nichts verändert. Aber einer fehlt bei diesem Empfang, sagt sie sich, fehlt bei einem solchen Willkommen: der Vater, Abraham. Jetzt bräuchte ich Abraham an meiner Seite, hört sie Lea. Erzählt, ich bitte euch!

Alles, fragt sie mit einer Stimme, die ihr nicht geheuer ist.

Nicht von Italien, von Felix, wie habt ihr ihn angetroffen? Ist er nach England gereist?

Das kann sie erzählen. Sie beeilt sich, es drängt sie über den Hof ins Gartenhaus. Wir begleiten euch, versichern alle auf einmal, als sie sich erhebt und zur Tür schaut.

Sie geht durch den kurzen Korridor, vorbei an den Türen zum Salon, zur Küche, zum Gartensaal. Das sämige Herbstlicht füllt ihn, sie schaut hinaus in den Garten. Sie war lang und glücklich fort gewesen und nun ist sie angekommen: Auf die nächste Sonntagsmusik freue ich mich. Sie wendet sich um, hebt die Hände, als fordere sie Lea und die andern auf zu singen.

41.

Etüde als Intermezzo

Am ersten Tag nach der Heimkehr probiert Fanny das Haus aus, wandert ruhelos durch die Wohnung, besucht Hensel in seinem Atelier, der sich, wie vor der Reise, hinter seinen Studenten verschanzt, horcht, als sie über den Hof geht, auf die Stimmen rundum, freut sich, dass Sebastian und Walter gleich wieder zueinander gefunden haben, schlüpft in eine Nische, als Luise und Minna auftauchen, klopft bei der Mutter an und erschrickt, wie müde sie aussieht und schmal geworden ist, besucht Bekchen, die inzwischen auseinanderging, klein und rund, umgeben von einer melancholischen Aura. In einer Aufwallung von Liebe wünscht Fanny sich Felix her, sie sagt, als tauche sie aus einem Traum auf und halte sich, um nicht zu stürzen, an der Schwester fest: Wir könnten mit Felix musizieren. Worauf Rebecca sie sanft schüttelt: Da müssten wir nach Leipzig reisen, liebste Schwester, du träumst, scheint mir. Sie schiebt ihren Kopf über Bekchens Schulter. Ja, mir träumte so. Dirichlet kommt von der Universität nach Haus, offenbar angeregt und aufgeregt zugleich und redet auf sie ein: Der König habe den preußischen Ständen den Antrag, eine Verfassung zu bekommen, mit einem deutlichen Nein ausgeschlagen. Die beiden Frauen reagieren zweistimmig aufgebracht: Ja, der König! Der König! Er fürchtet sich vor seinem Volk. Nicht übel! Dirichlet klatscht in die Hände. Ihr könntet als Menaden auftreten und im Schlaf seiner Majestät euer Unwesen treiben. Er geht vor ihnen auf und ab, sie beraten, wer von ihren Bekannten mit Einfluss die Angelegenheit bewegen und durchsetzen könnte. Bis Fanny wütend mit dem Fuß aufstampft: Wie gesagt, der König gibt meinem Hensel als seinem Hofmaler Aufträge und womöglich bald auch Felix als seinem Hofkomponisten, aber ich bleibe mit euch bei der Meinung, dass er nicht tut, was ein König zu tun hat.

Auf dem Hof spielen die Jungen Ball. Passt auf die Fenster auf!, ruft sie ihnen zu. Im Gartensaal bleibt sie einen Augenblick stehen, lauscht in den Raum; es ist ein Rest der Musik aus dem letzten Sommer geblieben. Sie summt nach, woran sie denkt, gibt sich einen Ruck, läuft noch einmal über den Hof, bringt die Jungs durcheinander – wo kommst du denn schon wieder her? –, verlässt das Haus, geht hinüber zum Tiergarten, spaziert an seinem Rand entlang, zur Wohnung von Paul und Albertine. Paul entschuldigt sich, dass sie beide die Heimkehrer nicht am Abend hätten empfangen können, nach dieser langen Abwesenheit. Er zieht Albertine an sich, die, grau und niedergeschlagen, nichts von der Rossnatur ahnen lässt, die ihr in der Familie nachgesagt wird. Weil ich es nicht begreifen kann, macht es so hilflos. Fanny findet keine Antwort und wendet sich an Paul: Erinnerst du dich an deinen Besuch bei Ingres in Paris?

Aber ja. Vor ungefähr drei Jahren lud er mich und Felix ein, vor einem kleinen Publikum, das, so schien es mir, mehr an Malerei als an Musik interessiert war, aufzutreten. Wir spielten die Cello-Sonate, die Felix eben komponiert und ich zum Gebrauch kopiert hatte, mit erstaunlichem Erfolg. Und weißt du, Fannys Stimme wird um eine Nuance heller, wer von euch dreien dem großen Meister in Erinnerung geblieben ist? Nicht die Sonate, nicht ihr Komponist, sondern du, Paul, mit deinem Cello.

Er kann sich freuen wie ein Kind. Paul, der Jüngste, dem die Beschäftigung mit dem Geld aufgetragen ist und nicht die Lust an der Musik. Er kann sich freuen über einen gelungenen Streich, über väterliches Lob, einen finanziellen Coup, und jetzt freut er sich, indem er strahlt, die Hände flach auf die Brust legt, in sich hineinkichert und die Überbringerin der frohen Botschaft heftig umarmt. Danach zieht ihn Albertine, stolz, noch enger an sich.

Sie seien erst vor ein paar Wochen aus der Leipziger Straße weggezogen, schweren Herzens, und noch immer fehle ihnen das umtriebige Haus, Leas Regiment, Bekchens Herzlichkeit und Dirichlets mathematische Vorträge am Abend und der Garten, vor allem der Garten. Immerhin hätten sie den Tiergarten um die Ecke, die Wohnung sei hell und geräumig, die Nachbarn verständnisvoll.

Du möchtest dich sicher umsehen, Fanny, lädt Paul sie ein. Sie spaziert zwischen den beiden durch die Zimmer, freut sich über einige Bilder von Hensel an den Wänden, über ein Klavier, das sie im Vorübergehen ausprobiert, und sie rät Paul, es bei Gelegenheit stimmen zu lassen. Spiel noch einmal an, bittet er sie, beugt sich lauschend über sie: Ich höre nichts, deine Öhrchen möchte ich haben. Anstelle des verstimmten Klaviers wird eine Jungenstimme laut: Mama, hört Fanny ihren Sohn rufen.

Sebastian weiß eigentlich gar nicht, dass ich euch besuche. Sie steht vom Klavier auf, schaut Albertine und Paul fragend an: Dann muss ihn Hensel hergeschickt haben. Sie läuft zum Fenster, beugt sich hinaus. Sebastian steht auf der Straße, die Hände als Trichter vorm Mund. Sie schüttelt den Kopf, legt den Finger an die Lippen. Die ganze Straße soll nicht unbedingt erfahren, was der Junge ihr mitteilen will, was ihm auf der Seele brennt.

Ich komme hinunter, ruft sie, verabschiedet sich in aller Eile von Paul und Albertine, der sie aufträgt, sich nach dem Unglück zu schonen. Erst als Sebastian vor ihr steht und sie sieht, dass seine Augen in Tränen schwimmen, weiß sie, dass ein schlimmes Ereignis ihn zum Boten gemacht hat.

Was ist? Sie beugt sich und merkt, dass der Junge fast schon so groß ist wie sie. Was ist, Sebastian?

Oma Lea ist – ein Schluchzer fährt ihm in die Rede – Oma Lea ist hingefallen, hingestürzt und ist nicht mehr aufgestanden. Tante Bekchen und Papa haben sie wieder hingestellt und auch gleich wieder hingelegt. Sie hat sich wahrscheinlich was gebrochen, meint Papa. Der Doktor wird auch gleich kommen. Er zerrt an ihrem Arm, doch sie gibt ihm nicht nach. Warte, Sebastian, wir müssen Paul und Albertine Bescheid sagen. Sie läuft noch einmal die Treppe hoch. Paul folgt ihr, nachdem er von dem Malheur gehört hat. Sie laufen schweigend nebeneinanderher, den Jungen zwischen sich, und Paul wiederholt fragend und klagend immer wieder einen Satz: Ich hätte mir nie denken können, dass Mama je den Boden unter den Füßen verlieren würde. Nie, nein, nie.

42.

ETÜDE FÜR LEA

Sebastian hatte, zu aufgeregt, das Unglück der Großmama nicht zutreffend geschildert. Sie war nicht gestürzt, nicht hingefallen, sie war von einem unaufmerksamen Passanten angerempelt und hingeworfen worden, als sie aus dem Haus auf die Straße trat.

Ich habe das Gleichgewicht verloren, lag da, ein Häufchen Elend, und der eilige Bursche war einfach weg. Jette habe sie aufgehoben, den Doktor gerufen, der feststellte, dass sie sich den Arm gebrochen habe. Er verordnete acht Tage lang Ruhe, sie müsse liegen bleiben und der Arm mit kalten Umschlägen versorgt werden.

Sie war kaum zu halten. Fanny, Bekchen, Madame Dirichlet oder Hensel und Paul mussten sie regelmäßig mahnen, ihr erklären, dass die Schmerzen im Arm schlimmer würden, wenn sie nicht still halte. Devrient, der ebenfalls besorgt nach ihr sah, verließ grinsend das Krankenzimmer: Die Königin ist stillgelegt und ihr Hofstaat ratlos. Fanny nahm ihm diese Bemerkung für einen Moment übel, bis sie einsah, dass Devrient recht hatte, und sie ihm lachend ein »So ist es« nachschickte.

Als Lea unter dem Beifall der ganzen Familie das Bett verlassen durfte, wurde der Arm geschient. Fünf Wochen lang dürfe sie ihn um Himmels willen nicht bewegen. Ihren Witz konnte der Doktor nicht stilllegen. Nun, da der Winter komme und Schnee und Eis zu erwarten sei, werde sie, durch den steifen Arm aus dem Gleichgewicht gebracht, wahrscheinlich noch einmal stürzen und sich einen zweiten Gips holen, prophezeite sie ihm.

Das schaffte sie nicht. Doch an allem, was in der Stadt geschah, konnte sie zu ihrem Verdruss nicht teilnehmen. Friedrich Wilhelm IV. wurde in einem opulenten Fest gehuldigt, obwohl er nicht willens war, seinem Volk die Verfassung zu geben. Der Adel, die Ritterschaft, feierte, und Hensel war gebeten, die Szene im Bild festzuhalten. Tagelang brütete er in seinem Atelier. Lea fand eine Erklärung für seine tätige Abwesenheit: Wahrscheinlich macht es dem armen Hensel große Mühe, diese Kerls zu veredeln.

Fanny, die mit Hensel an allen Festlichkeiten teilnahm, im Gedränge beim König schwitzte, musste Lea haargenau berichten. Also auch, dass es bei Hofe heiß zuging und dass, stellte sie bitter fest, der König bei dieser Gelegenheit nichts, aber auch gar nichts für die Armen tat. Womit sie Leas Verachtung für den König schürte. Sie war nahe daran, mit der stillgelegten Faust auf den Tisch zu schlagen: Er hat keine Statur, ihm fehlt es an Empfindung und Verstand. Fanny hatte die Aufwallung beobachtet und den Atem angehalten, aber Lea verlor den Faden nicht: Wenn ich an den alten Fritz denke, das war ein König, der natürlich noch an keine Verfassung dachte, aber durchaus aufgeklärt auch denen am Rand half, den Refugées, sonst hätte ich nicht zwei hugenottische Schwiegerkinder, und den Juden, ja, den Juden, deinem Urgroßvater und meinem Großvater Daniel Itzig, der die Münze des Königs gründete und leitete, und der mit dem Naturalisationspatent – ein Wort, das ich mühsam buchstabieren lernte – die Rechte eines christlichen Kaufmanns und die Bürgerfreiheit erhielt. Davon profitieren wir alle. Ihr auch.

Wenn Lea auf ihre Familie und deren Geschichte zu sprechen kam, redete sie wie ein Kind, betont und trotzig.

Ja, Mama. Sie waren sich einig.

Noch zwei Geburtstage konnte Lea feiern. Die Familie tat alles, sie in Atem zu halten. Im November brachte Rebekka einen Sohn zur Welt, Ernst. Und mit einem Paul folgte ihr im Januar Cécile. Ein Grund für Fanny zu resümieren: »Das sind nun unter sechs Enkeln in der Familie 5 Jungen. Gott erhalte die Bengels gesund.«

Zwei der schon etwas älteren Bengels traten mit den Zukunftswünschen der Großmama in die Schmidt'sche Schule ein, Sebastian in die dritte Klasse, Walter in die fünfte. Auf dem Schulweg musste sie niemand begleiten, er führte geradenwegs über den Leipziger Platz. Nach der Schule jedoch wurden sie oft empfangen von der Großmutter, die sie abfragte, prüfte und für den kommenden Tag ausrüstete.

Im Sommer – Lea ließ sich nicht aufhalten, im Park nach dem Rechten zu sehen, Bäume, die mit Schrunden überwinterten, zu streicheln, zu verzärteln – zog Felix mit den Seinen in die Leipziger Straße 112, da Lea den Mietern im Herrenhaus nicht kündigen wollte und die freien Wohnungen der groß gewordenen Familie nicht passten. Fanny half beim Umzug, kümmerte sich um den Jüngsten, den kleinen Paul, ließ sich dennoch nicht abhalten, mit Felix schon die möglichen Programme auszudenken, die er als Preußischer Königlicher Kapellmeister den Berlinern bieten könnte. Immerhin hatte er inzwischen Erfahrungen als Sächsischer Königlicher Kapellmeister gesammelt. Fanny hielt den freundlichen, genügsamen Paul auf dem Schoß. Sie saß auf einer Umzugskiste und rief Felix, wann immer er vorbeikam, einen möglichen Programmpunkt zu: Beethovens Sechste.

Schumanns Erste, widersprach er.

Sie schüttelte Paul und ihren Kopf: Kenne ich nicht.

Er hielt vor ihr an: Du wirst Schumann kennenlernen, Fanny, und seine Clara. Ihr könntet auf dem Klavier wetteifern.

Wetteifern, wiederholte Fanny spöttisch, und das Wort schien Paul so zu gefallen, dass er heftig spuckte.

Es war der Rhythmus der Wortwechsel, ihr rascher Tonfall, der die alte Vertrautheit herstellte. Sie könnte ein »wie damals« einstreuen. Sie unterließ es, um Cécile nicht zu verärgern und sich nicht lächerlich zu machen. Aus den Plänen für den Preußischen Königlichen Generalmusikdirektor wurden Programme für das nächste Sonntagskonzert.

»Das Jahr«, rief sie.

Das Jahr? Schreibst du neuerdings Kalendermusik, Fenchel?

Sie drückte Paul an sich: Du ahnst mal wieder, was

du nicht ahnen solltest. Es ist ein Tagebuch für Klavier oder genauer ein Monatsbuch und – sie machte eine Pause – auf Italienisch.

Ihren Tonfall nachahmend, erwiderte er: Auf Deutsch, nicht auf Griechisch, vertone ich momentan die »Antigone« des Sophokles.

Der Herbst wiederholte sich, ein Jahr war nach der Rückkehr aus Italien vergangen. Lea kränkelte und ihre Mutlosigkeit beschäftigte die Kinder, die wiederum ihr Sorgen machten, vor allem Rebekka, die von einer Kur in Heringsdorf verschwollener und schmerzgeplagter denn je heimkehrte und sich einer elektromagnetischen Kur unterzog, die allen pessimistischen Voraussagen zum Trotz half.

Die »Antigone« sollte zum ersten Mal im Neuen Palais aufgeführt werden, in Anwesenheit des Königs und seines Anhangs. Die Familie und die Freunde sorgten dafür, dass Felix nicht ohne Begleitung erschien. An einem klaren Oktobertag fuhren sie mit der Eisenbahn nach Potsdam. Rebekka musste zu Hause bleiben, Lea, die ihr erst Gesellschaft leisten wollte, war dennoch mit von der Partie, kümmerte sich um Dirichlet, und Felix memorierte auf der Fahrt mit geschlossenen Augen die Chöre, die sie bald hören sollten. In Potsdam wurden sie von einem freundlichen Empfangskomitee auf das Dach des kleinen Bahnhofs geführt, wo sie ein Mittagsbüfett erwartete. Sie unterhielten sich vorzüglich und niemand dachte, es könnte der letzte Ausflug, das letzte Konzert Leas sein. Das Theater im Neuen Palais hinterließ bei allen einen hellen, gastfreundlichen Eindruck, und die »Antigone« wurde tagelang in der Stadt und in der Presse heftig diskutiert. In den folgenden Wochen dirigierte Felix öfter seine eigenen Kompositionen, vor allem im Schauspielhaus, doch ein anderer beherrschte musikalisch die Stadt, zum Verdruss der Mendelssohns, »bloß zu nennen brauche ich Liszt«, trägt Fanny empört in ihr Tagebuch ein, »um an ein Fieberparoxysmus zu erinnern, der ganz Berlin befiel«.

Wie stets vor Weihnachten, lud Lea, erwartungsvoll gestimmt, Gäste ins Haus. Sie schickte Rebekka in die Stadt, um nach einem langen Zettel Einkäufe zu machen. Es war ihre Zeit, sie konnte sich freuen und ihre Freude mitteilen.

Mama glüht mal wieder, Paul verfolgte ihre häuslichen Aktionen und spontanen Ausfälle in den verschneiten Garten nicht ohne Bedenken. Er und Albertine hatten die Wohnung »außerhalb« wieder aufgegeben und waren in die Zimmer über Hensels gezogen.

Fanny übte mit Sebastian vierhändig »Vom Himmel hoch«, unvermittelt sprang sie auf, bat den Jungen, auf sie zu warten, lief über den Hof ins Herrenhaus, traf Lea in großer Gesellschaft am Mittagstisch an mit Freunden, den Assings, den Woringens. Sie redeten durcheinander, lachten miteinander. Lea lud Fanny ein, ein Gedeck wurde aufgetragen, sie redete mit über die Engländer, die Kabul wiedererobert hatten, über deren Friedensschluss mit China. Aber sie fragten sich auch, wie es da und dort aussähe und wie die Menschen dort lebten. Die Stimmen folgten ihr, als sie Lea verließ und nach Sebastian sah, der inzwischen von Hensel im Atelier als Hilfskraft angestellt worden war. Abends schaute sie ein weiteres Mal hinüber zur Mutter, besorgt, dass der Tag doch über ihre Kräfte gehen könnte. Der Salon war voller Gäste, die sie alle gut gestimmt begrüßten. Henriette Solmar, deren Bücher Fanny nicht sonderlich schätzte, saß neben Lea und redete auf sie ein, und überrascht stellte Fanny die Anwesenheit Varnhagens fest, der ein Jahr, seit dem Tod Rahels, sie nicht mehr besucht hatte. Sie sah ihn, ließ sich umarmen und sagte, dass er ihr gefehlt habe, besonders als einer, der die Schrecken der Welt zu erklären und zurechtzurücken verstand. Sie unterbrach sich aber, als Henriette Solmar sich zu ihnen gesellte, sie mit einem auffordernden Händedruck um den Arm auf Lea aufmerksam machte, die zusammengesunken auf dem Stuhl saß und den Kopf zur Seite neigte. Mit einem Schritt war Fanny bei ihr, fragte: Fehlt dir etwas, Mama? Mit bebender Kinderstimme antwortete sie: Aber nein, mir ist nur ein wenig schwindelig.

Willst du dich zurückziehen, Mama?

Die Angst, die plötzlich über Fanny hereinbrach, machte sie hilflos und fitzig: Möchtest du dich zurückziehen? Ihre Frage wurde laut in einem lautlos gewordenen Raum. Alle sahen stumm zu ihnen hin. Sie und Henriette Solmar führten Lea nach nebenan. Sie ging unsicher. Fanny erzählte Hensel später, sie habe sich mit jedem Schritt vor irgendeinem Abgrund gefürchtet. Behutsam setzten sie Lea auf einem Sofa ab. Sie begann zu beben, stoßweise nach Atem zu ringen und verlor das Bewusstsein.

Fanny kniete neben ihr hin: Bleib hier, Mama, und fasste nach Leas Hand. Wir müssen sie in ihre Schlafstube bringen.

Henriette Solmar verschwand und kam mit Franz

von Woringen zurück. Er ließ es nicht zu, dass die beiden Frauen ihm halfen. Er hob Lea hoch, als hätte sie in den vergangenen Minuten ihr Gewicht verloren, und folgte Fanny, die in Leas Schlafzimmer vorausging. Vorsichtig legte er die Kranke ab und verließ mit Henriette Solmar Fanny. Sie zog einen Stuhl neben das Bett. Mit der flachen Hand strich sie über Stirn und Wangen Leas, versuchte, ihre Unruhe, die schrill zu werden drohte, zu bändigen, und war erleichtert, als Hensel auf Zehenspitzen hereinkam: Ruf den Arzt, bitte. Schläft sie, fragte er. Als wolle sie seine Frage beantworten, richtete Lea sich auf, würgte und erbrach sich auf ein Tuch, das Fanny geistesgegenwärtig unter ihrem Kinn ausbreitete. Mit der Hand fuhr sie unter Leas Kopf und hielt ihn hoch. Gleich, gleich, murmelte Fanny und fand, dass dies nichts mit der Zeit, mit ablaufenden Minuten zu tun hatte. Lea schlug die Augen auf, blinzelte: Mir ist noch immer schwindelig.

Hensel kam mit zwei Ärzten, Doktor Orthmann und Doktor Melicher aus der Nachbarschaft. Orthmann empfahl, nachdem sie beide Lea hastig untersucht und ausgefragt hatten, eine Tasse russischen Tees. Den verschmähte die Patientin, nachdem die beiden Ärzte sie wieder verlassen hatten. Geh schlafen, bat sie Fanny. Ich will es auch. Mit Skrupeln ging sie und ließ Marie, die Haushälterin, bei Lea zurück. Die rief in der Nacht über den Hof, so erschrocken und dringlich, dass alle, auch die Kinder, auf den Beinen waren. Lea lag bewusstlos und Krämpfe schüttelten sie. Die beiden Ärzte, die offenbar Marie rufen ließ, waren ebenfalls zur Stelle und entschlossen sich, nach einer kurzen Beratung, zu einem Aderlass. Der schien sie zu beruhigen. Sie schlief. Fanny spürte, wie Leas Hände wieder warm wurden. Die Familie stand um das Bett, in einem eng geschlossenen Halbkreis. Mit einem Mal jagte ein Krampf durch den leichten Körper der Kranken. Sie ruhte, ohne Atem, weiter. Nicht, sagte Paul leise. Bitte nicht. Rebekka und Fanny gingen hinaus in den Hof, um zu weinen.

Sie geht mir aus meiner Erzählung verloren, Lea Mendelssohn, geborene Salomon. Dennoch war sie ihr geheimes Zentrum durch das, was sie ihren Kindern mitgab, was sie von ihnen erwartete. Von Kind auf war sie reich beschenkt worden und schenkte. Als sie mit zwanzig Abraham Mendelssohn heiratete, der an Frankreich hing, von Paris schwärmte, zog sie nach Hamburg, wurde dort nicht warm, sehnte sich nach ihrem Kinderberlin. Der Park und der Küchengarten, die Gewächshäuser der Meierei Bartholdy hinterm Schlesischen Tor waren ihr Arkadien, wie sie einmal schrieb. Und ihre Eltern, der Bankier Jacob Salomon und die Mutter Bella, sorgten dafür, dass sie tun konnte, was ihr gefiel, und dass alles, was ihr gefiel, vorhanden war. Sie spielte, lernte, lernte spielend. Sie lernte Noten lesen, bevor sie Buchstaben lesen konnte, saß bald am Klavier, sang gemeinsam mit der Mama. Ihr Klavierlehrer, Johann Philipp Kirnberger, hatte noch bei Johann Sebastian Bach gelernt, und so lernte sie Bach durch Kirnberger. Er sollte ihre musikalische Praxis beherrschen und die Vorstellung, die sie von Musik hatte. Ihre Tante, Sara Levy, Bellas Schwester, wurde bewundert als Cembalistin, reiste durch Europa, gab Konzerte und hatte eine Vorliebe für Carl Philipp Emanuel Bach. Als Lea nach den Noten auch Wörter lesen konnte, verfiel sie der Poesie, las Wieland, Goethe und Schiller, lernte Altgriechisch, um Homer lesen zu können. Wie sie überhaupt ohne Mühe sich Sprachen aneignete, Englisch, Französisch, Italienisch. Später begann sie, auf Reisen, auch noch zu zeichnen. Ihre Neugier auf Menschen verband sich mit beständiger Freundlichkeit. Gesellschaft regte sie an, gab ihrem Verstand Auftrieb. Sie wollte wissen und gab ihr Wissen, ohne besser wissen zu wollen, weiter. Diese Haltung entwickelte sie zum pädagogischen Prinzip. Abraham unterstützte sie darin. Die Kinder profitierten davon. Sie bildeten sich, natürlich angeleitet von den Hauslehrern, Stenzel, Heyse und Droysen, am Interesse der Mutter. Alles was Lea beschäftigte, was sie umtrieb und beseelte, fand sich bei den Kindern wieder: die Musikalität, die Liebe zu Bach, die Sprachfertigkeit, der Hang, sich in Gärten, in Parks zu flüchten, der Eigensinn und die Anfälligkeit für Melancholien. Wilhelm Hensel hat sie 1823 mit dem Bleistift gezeichnet. Ein typisches Henselporträt. Sie ist sechsundvierzig, bekleidet mit Häubchen und einer üppigen Halskrause. Das kleine, sehr feine Gesicht verschwindet beinahe in der modischen Umhüllung. Vielleicht hat er sie mit dem Wunsch überrascht, sie zu zeichnen, für ein späteres Gemälde. Nur ein Entwurf, hat er sie beruhigt und gleich überredet. Sie nimmt dort, wo er sie anspricht – auf dem Weg durchs Esszimmer –, Platz. Sie bleibt ganz ernst und diese Ernsthaftigkeit hellt ihre Züge eigentümlich auf, macht sie jünger. Ich sehe nicht in das Gesicht einer Frau, sondern in das eines Mädchens. Oder ist es das Gesicht einer Frau, die das Mädchen in sich nicht vergisst? Die dunklen, tiefen Augen sind die Augen, die sie ihren Töchtern schenkt. Augen, die Heine nicht vergaß. Aber es sind auch die Augen, die Hensel in vielen seiner Bildnisse wiederholt, Brunnenaugen, die Augen der Epoche. Lea tut sich nie hervor und ist deshalb auf wunderbare Weise frei. Es fällt mir schwer, sie aus meiner Erzählung zu verlieren.

Der Himmel war von durchsichtiger Bläue, der Schnee knirschte unter den Schuhen, als Lea Mendelssohn-Bartholdy auf dem Dreifaltigkeitskirchhof beerdigt wurde.

43.

INTERMEZZO AUF EIN
KALENDARIUM IN MUSIK

Lea hat Fannys Erinnerungskalendarium »Das Jahr« noch hören können, und sie verstand die zwölf oder – mit dem Epilog – dreizehn Stücke auch als eine Erinnerung an die Zeit in Italien, von der Fanny ihr gesagt hatte, es sei ein Jahr des Lebens gewesen, und das Leben sei ihr nie lieber gewesen als damals. Fanny hatte daran angefangen zu komponieren, als Bousquet auftauchte und sie sich gegenseitig die römischen Tage erzählten, Hensel die Veduten, die seinerzeit entstanden, in der Wohnung aufhängte, Ansichten, die mit ihnen zu reden begannen. Warum nicht die Buchstaben mit den Noten wechseln, die Wörter mit den Motiven? Als sie am Klavier im Zimmer saß, kam es ihr vor, als säße sie in einer Kulisse, die sich gleich öffnen und eine Gegend sichtbar machen würde, in der die Erinnerung zusammenfasste, was sie auf der italienischen Reise gesehen hatte. Warum sollte sie nicht – quasi una fantasia – in einem Adagio träumen, in einem musikalischen Brief an Felix von der Reise erzählen, ihn anreden: Hör zu! So fing »Das Jahr« an. Sie hatte lange gebraucht, den Beginn für den musikalischen Kalender zu finden. Der Januar ist das drittletzte

Stück, das sie schreibt. Im Februar, den sie vorher komponiert, macht sie sich auf den Weg, überlässt sich drängenden Achteln. Alles, was sie in ihr Tagebuch eintrug, alle diese raschen Bewegungen, das Staunen und Verblüfftsein, die überwältigenden Ansichten, das Glück, mit der eigenen Musik Bewunderung einzuholen, die Wut auf die Kardinalsmusik, das alles lässt sich wiedergeben, findet Entsprechungen. »Das alte Jahr vergangen ist« hört sie sich mit Kinderstimme im Nachspiel singen. Es könnte auch Rebekka sein.

Sie weiß, Lea bestätigt sie auch darin, dass ihr ein einzigartiges Kunststück gelungen ist: Ein musikalisches Abbild des Jahrs für Klavier hat bisher noch keiner versucht. Hensel nimmt sich der Reinschrift an, schmückt sie mit Vignetten und lässt sie kostbar binden. »O du schönes Italien! Welch einen unvergleichlichen Schatz trag ich im Herzen zu Haus.«

44.

Etüde mit Nachlass

Paul hatte alle in Leas Salon geladen, zu einer Rechenschaft, wie er ankündigte. Bis auf Felix und Cécile, die wieder einmal für ein paar Wochen in die Leipziger Wohnung gezogen waren, fand sich die ganze Familie ein. Sie versammelten sich nicht um den großen Esstisch, sondern sie zogen die Stühle an die Wand, saßen zwischen Schrank und Kommoden, gleichsam in einer nervösen und erwartungsvollen Unordnung, und warteten auf die von Paul angekündigte Rechenschaft. Da er in den letzten Jahren auf Wunsch von Lea das Vermögen verwaltet habe, wolle er darlegen ... Fanny, die zugesehen hatte, wie er als Einziger am Kopfende des Tisches Platz nahm, merkwürdig steif und darum gedrungen wirkte, wie er Papiere vor sich ausbreitete und in einem Ordner blätterte, indem er ständig die Finger mit der Zunge befeuchtete, Fanny rückte auf dem Stuhl etwas von Hensel weg und hin zum Tisch, unterbrach Paul, sodass der kurz nach Luft schnappte und sie fragend ansah: Ach, darlegen, das ist ein Wort, das sich fürchterlich zwischen uns und dich schiebt. Mir wär's lieber, du spieltest uns auf dem Cello das zu Darlegende vor.

Ein Lächeln kroch von den Augenwinkeln über Pauls Gesicht: Da Fanny die Peinlichkeit der Situation aufheben und mir auf ihre Weise helfen möchte, gestehe ich, was euch bekannt ist, Noten und Zahlen haben bisher mein Leben bestimmt. Albertine – sie hatte es sich direkt in seinem Rücken auf einem Diwan bequem gemacht – leidet gelegentlich darunter. Und ihr wohl auch. Womit er einen vielstimmigen Widerspruch hervorrief.

Er trug vor, was Fanny später, zustimmend, in ihrem Tagebuch festhielt. Das hinterlassene Vermögen betrug 60 000 Reichstaler, das Haus war jedoch zu niedrig geschätzt. Ums Haus ging es, ob sie darin noch ein Jahr wohnen bleiben könnten. Überhaupt stellten sie alle fest, dass ihnen das Haus an der Leipziger Straße unendlich viel bedeute, es umschließe wunderbar und vielräumig die Erinnerung an Abraham und Lea. Der Park dazu, wie Rebekka ausrief, der, unabhängig von Vermögen und Legaten, das eigentliche Vermächtnis Leas sei, ihre Idee vom Leben mit der Natur.

Sobald ein Käufer sich findet – Paul lässt den Satz als Frage offen und nimmt Fanny und Hensel für die Dauer einiger Wörter die Aussicht auf ein erprobtes Zuhause und Fanny vor allem das Glück und die Anstrengung der Sonntagskonzerte. Paul ordnet nachdenklich die Papiere, erhebt sich: Ihr habt wohl keine Einwände, sagt er und zieht die Schultern hoch.

Nein, Rebekkas Antwort fällt etwas heftig aus, nein, Paul, du hast unser Vertrauen und wir sind dir dankbar für die Mühe, die du dir machst.

Nachdem Fanny und Hensel am Abend darauf besprachen, mit welcher Klugheit die Eltern in ihrem Testament vorgesorgt hatten und wie souverän Paul mit diesen Weisungen umgegangen war, schrieb Fanny in ihr Tagebuch, dass es gelungen sei, einfach und klar jeder unangenehmen Auseinandersetzung aus dem Weg zu gehen.

Und doch, als fehle dem großen Haus nun der schützende Geist, scheint es verwundbar zu werden. Es trifft zugleich die Person, die, kränklich und leicht erregbar, sich so gut wie nicht wehren kann. In die Wohnung der Dirichlets wurde eingebrochen. Fanny und Hensel hörten nichts. Es war kalt, sie hatten Kissen hinter die Fenster gestopft, die vermutlich die Geräusche von außen dämpften. Dirichlet stellte den verdammten Schweinehunden nach und Walter rief »Haltet den Dieb«, wobei er von Sebastian lauthals unterstützt wurde. Dirichlet beruhigte die Seinen schließlich und prüfte mit Hensel den Schaden. Die Einbrecher kannten sich offenbar aus oder hatten die Situation vorher erkundet. Sie waren durch den Park gekommen, wahrscheinlich zwei Kerle. Ein Dritter, den sie unter der großen Kastanie vor dem Gartensaal postiert hatten, stand dort Schmiere und vergaß einen gewaltigen Knüppel. Die Tür zum Gartensaal schoben sie anscheinend ohne Mühe auf, entzündeten auch noch ein Licht und schlichen die Treppe zu Dirichlets Wohnung hoch. Mit einem Brecheisen, das sie zurückließen, hebelten sie die Wohnungstür auf, rafften aus einer Truhe einen Packen Wäsche und öffneten leise die Tür zum Schlafzimmer, vergaßen freilich die Laterne abzudecken und weckten Rebekka durch das Licht. Sie fragte schlaftrunken:

Wer ist denn da? Worauf die Einbrecher die Flucht ergriffen und die Treppe hinunterpolterten.

Sie gingen zu viert durch die Wohnung, Rebekka immer wieder am Arm Fannys aufschluchzend, schauten nach, was die Diebe mitgenommen und vielleicht auch zerstört hatten. Bloß die Wäsche fehlte merkwürdigerweise. Als sie miteinander die Treppe zum Hof hinuntergingen, dabei das Brecheisen fanden, schlichen ihnen mit finsteren Gesichtern die beiden Jungen entgegen, nahmen ihre Eltern nicht wahr, versuchten mit gesenkten Köpfen an ihnen vorbeizukommen. Dirichlet hielt sie auf: Was habt ihr vor, ihr beiden? Wir spielen Einbrecher, trompetete Walter, was seine Mama erneut erschreckte, und Hensel kam Dirichlet mit einem knappen Wunsch zuvor: Ihr verschwindet jetzt schleunigst im Bett.

Rebekka konnte sich nicht beruhigen. Es sei etwas Fremdes, etwas Gewalttätiges in der Wohnung geblieben. Das mache sie krank. Fanny reagierte wütend auf diese Schwächen, diese eingeredeten Schwächen. Dabei merkte sie, dass die Ängste der Schwester sich übertrugen. Die Fremden hatten ihr tatsächlich das Haus vergällt.

Sie suchte Zuflucht am Klavier und spürte, dass die Musik sie verlassen hatte. Wenn sie aus dem Haus müssten, wäre es, nahm sie an, aus. Um sich selber auf die Spur zu kommen, wanderte sie durch den Park, besuchte Leas Lieblingsbäume, die strengen Pappeln am Rand der großen Wiese, setzte sich in den Pavillon und ging von dort zum Grab Leas auf dem Dreifaltigkeitskirchhof.

45.

Etüde mit Gounod

Mit Gounod wiederholen sich die römischen Erinnerungen. Ganz und gar unerwartet – sie sind auf dem Weg zu Paul und Albertine – steht er vor ihnen, schwer atmend, als sei er, eine Art Götterbote, direkt aus dem Elysium nach Berlin gerannt. Nur Flügel hat er keine an den Schuhen.

Hier bin ich. Bonjour Madame, bonjour Monsieur. Er küsst ihr die Hand, verbeugt sich artig vor Hensel. Die Verlegenheit macht seine Bewegungen knapp und spitz. Ihr ist die Szene nicht geheuer. Sie wünscht ihn einfach fort, doch Hensel beruhigt sie und ihn, indem er gelassen, als hätte ihn die plötzliche Präsenz nicht auch überrumpelt, nach dem Grund fragt, weshalb er nach Berlin gekommen sei. Der kleine, erregte Mann beschämt sie mit der Auskunft: Ihretwegen. Ich bin ihretwegen hergereist. Ich habe mir Sehnsucht erlaubt. Fanny versteht ihn erst nicht, schließlich begreift sie das ungewöhnlich verwendete »erlaubt«; es stimmt sie mit einem Mal um und heiter. Hensel lädt ihn ein, gleich mitzukommen. Paul Mendelssohn kenne er ja schon aus den Gesprächen in Rom. Gounod hat ihn nicht vergessen: Oh, Ingres' Cellist, ruft er. Er begleitet sie den ganzen Tag, auch ins Theater, und am Abend zieht er, nachdem er seinen Koffer aus der Station geholt hat, in die Gästestube ein. Er kündigt an, vorm Ende der Woche abzureisen, darum dränge die Zeit, Fanny nimmt sich seiner an, sie spazieren im Park, sie musizieren miteinander, sie findet, er müsse unbedingt ein Oratorium komponieren, Judith wäre der geeignete biblische Stoff. Offenbar hält er sich nicht sonderlich begabt dafür.

So etwas wie Ihre Faustmusik, Madame, liegt mir näher. Nur nicht Faust II, sondern das erste Stück. Wegen der Liebe.

Solche verbalen Berührungen oder Berührungsversuche mag sie nicht. Sitzen sie nebeneinander am Klavier, zieht sie sich zurück und bittet ihn, ihr vorzuspielen, was ihm auch einfalle. Zwischen abendlichem Austausch von römischen Erinnerungen und einem verabredeten morgendlichen Gang durch den Park wird Gounod von einem Grippeanfall heimgesucht und derart geschwächt, dass er beschließt, im Bett zu bleiben und die Abreise auf alle Fälle zu verschieben. Doktor Melicher sieht nach ihm, bestätigt ihm seine Reiseunfähigkeit und Fanny, der es unangenehm ist, mit dem Gast so umzugehen, als wäre er ein krankes Kind, schickt Sebastian zur Unterhaltung vor. Mit Erfolg. Gounod lobt den Jungen, als Hensel nach ihm sieht, er sei für seine dreizehn Jahre erstaunlich reif und es rühre ihn sehr, dass er Maler werden wolle wie sein Vater.

Warum verrät er uns das nicht, fragt sie Hensel, und Jette, die zufällig dabei ist, da sie mit Fanny den Küchenzettel besprechen will, findet eine überaus lakonische Erklärung: Der Herr Gounod ist eben keine

Respektsperson, wie Sie beide. Wie wir beide, wiederholt Hensel und seine Ironie hilft ihnen aus der zugewiesenen Rolle. Und sie lernen voneinander.

Ich möchte nicht wissen, was. Wie immer, wenn sie sich nicht wohlfühlt, sie einer Ansicht oder Einsicht auszuweichen versucht, läuft Fanny zum Fenster und schaut hinunter in den Hof.

Du verstehst mich falsch, Fanny, ich meine, Gounod lernt von Sebastian Deutsch und Sebastian von Gounod Französisch. Es gelingt ihm nicht, Fanny das Unbehagen auszureden. Sebastian bestätigt es unbefangen und aufgeregt, als er ihr am nächsten Tag im Park über den Weg läuft, nicht auf der Suche nach ihr, sondern nach Walter. Er nutzt die Gelegenheit loszuwerden, was ihn umtreibt, was einer Erläuterung bedarf.

Kommst du noch mit, Mama? Er zerrt an ihr, sie macht sich unwillig los: Wohin denn?

Er lässt nicht ab von ihr: Zu Walter, ich suche ihn, und – ich muss dir unbedingt etwas erzählen. Sie gibt nach: Wenn es dir so wichtig ist. Sie gehen nebeneinanderher, am Pavillon vorbei auf die Ansammlung strammer Buchen zu, er einen halben Schritt vor ihr, immer wieder zu ihr zurückblickend.

Du musst nicht rennen, Sebastian. Erzähl schon, was dir auf der Seele brennt.

Die Frühlingssonne nimmt den Sommer voraus. Im Vorbeigehen und mit einem Anflug von Glück sieht sie die ersten Maiglöckchen und Veilchennester. Sebastian hält nun Schritt mit ihr, er scheint Walter, das Ziel seiner Suche, vergessen zu haben. Er fasst nach ihrer Hand: Weißt du, Mama, was es bedeutet, einen Korb zu bekommen?

Ja, das weiß ich.

Es ist ihm wichtig, auf seinem Wissen zu bestehen: Aber ich weiß es auch. Das geht so mit dem Korb: Wenn jemand eine Frau gernhat und die das nicht will und ihm das auch zeigt, kriegt er einen Korb. Den aber sieht man nicht. Weil es eine Redensart ist. Fanny legt eine Hand auf die Schulter ihres Sohns und steuert mit ihm auf eine Bank zu: So ist es. Nur musst du mir auch erzählen, wie du darauf kommst.

Sie ahnt längst, was er ihr antworten wird.

Gounod hat nämlich einen Korb bekommen, weißt du, von einer Frau in Rom. Das ist schon eine Weile her. Er ist, sagt er, da noch stürmisch und unbesonnen gewesen. Die Frau hat er eigentlich gar nicht gernhaben dürfen. Sie hat nämlich schon einen Mann gehabt und auch ein Kind. Nur habe sie sehr schön musiziert und auch komponiert, genau wie du, Mama. Sie hat ihm trotzdem einen Korb gegeben.

Der Junge redet, sucht nach Worten, und jeder Satz bekommt einen Nachhall, täuscht eine andere Bedeutung vor, sie fühlt sich getroffen, die Wut steigt heiß in ihr hoch, sie beugt sich nach vorn und redet auf den Weg ein zu ihren Füßen: Das also hat dir Herr Gounod erzählt und was hat er über die Dame in Rom gesagt?

Sebastian schweigt, sie sieht, wie ihrer beider Schatten auf dem Weg in den Sand sickert, da die Sonne hinter den Wolken verschwindet.

Kannst du dich nicht erinnern?

Doch, erwidert er sehr entschieden. Die Dame hat sich wahrscheinlich nicht getraut, ihn auch gernzuhaben, darum hat sie ihm den Korb gegeben, meint Herr Gounod. Sebastian rutscht hin und her, die Unterhaltung ist ihm anscheinend zu heikel geworden: Kann ich jetzt gehen?

Sie gibt ihm einen Schubs. Lauf los und suche Walter. Sie steht auf, sieht ihm nach. In diesem Augenblick ergreifen sie Angst und Ekel in einer merkwürdigen Mischung. Es ist etwas in die Welt gesetzt worden – und auch noch durch ihren Sohn –, gegen das sie sich nicht wehren kann. Als sie sich noch am Abend Hensel anvertraut und fürchtet, er könne verächtlich oder zornig werden, ihr unterstellen, dass sie die Fantasie Gounods geschürt habe, lacht er, umarmt sie, wenn auch nur flüchtig, zum Trost: Er benimmt sich kindisch, spielt und benützt auch noch Sebastian, um deine Aufmerksamkeit zu gewinnen. Wir jagen ihn entweder unverzüglich vom Hof oder du hältst sein Spiel noch eine Weile nach deinen Regeln durch.

Das tat sie. Die Musik half. Ihre Unterhaltungen über Berlioz, Liszt ließen Fanny den Korb vergessen, sie fand Gounod im Urteil ungleich reifer und offener als in Rom, auch in seinen Ansichten über die eigene Musik. Bach beschäftigte und beunruhigte ihn. Er konnte nicht genug hören und mit Fanny über Mach- und Spielart reden. Wurde er jedoch anzüglich, freute er sich über einen zweideutigen Satz, ging sie darauf nicht ein und schickte eine Welle Frost aus, die ihn, empfindlich wie er war, einschüchterte. Seine Musikalität half ihm, in kürzester Zeit Deutsch zu verstehen und, vorsichtig, zu sprechen. So las er, nachdem Fanny einige Proben aus der »Antigone« von Felix gespielt hatte, große Partien des Textes hingebungsvoll vor. Ihr und Felix zuliebe.

Hensel brachte ihn, nach einem gelassenen Abschiedsabend, am Morgen zur Eisenbahn. Sein Gepäck war das leichte Köfferchen, das er sich bei der Ankunft von der Station geholt hatte. Er hatte vor, Felix in Leipzig zu besuchen. »Empfohlen ist er bestens«, nach Fannys Meinung. Und er hatte sie in einem Plan bestärkt, der nicht nach dem Geschmack ihres Bruders sein würde. Zufällig war Gounod dabei, als, nach einem Besuch bei dem Bildhauer Rauch, der Verleger Schlesinger sie in der Akademie aufhielt und sie bat, ihm doch ihre Kompositionen zu schicken, zum Beispiel die Lieder und Quartette, die in den Sonntagskonzerten zu hören gewesen seien. Dafür gebe es genügend Interesse. Gounod nahm zur Kenntnis, was Fanny aus Gewohnheit nicht hören wollte, fing an, sie zu sekkieren: Der Mann hat recht, Madame Hensel, Sie komponieren nicht nur für Ihre wenigen erlesenen Gäste, sondern für alle musikhungrigen Ohren. Wer hat Ihnen denn nur eingeredet, Ihre Kunst sei bloß für den Hausgebrauch?

Sie könnte ihm eine lange Geschichte erzählen, die zum Gebot verhärtete: Wie schon der Vater ihr deutlich machte, dass es sich für eine Hausfrau und Mutter nicht gehöre, mit der Kunst an die Öffentlichkeit zu treten, und wie ihr geliebter Bruder, Felix, sie ständig an dieses Verdikt erinnere. Weshalb, könne sie sich auch nicht erklären. Denn sie beide verständigten sich seit ihrer Kindheit mit Musik, liebten sich durch Musik, seien durch sie miteinander verbunden.

Schlesingers Anfrage und Gounods Mahnung ließen ihr keine Ruhe. Sie zog Hensel ins Vertrauen. Er verblüffte sie mit einem aufatmenden Endlich.

Schlesinger sei als Verleger nicht zu verachten, und endlich könnte ihre Musik auch an anderen Orten gespielt und gesungen werden, bliebe keine Gartensaalmusik mehr.

Da fiel sie ihm ins Wort: Sie ist immer noch und immer wieder Gartensaalmusik, Hensel.

Sie gab ihr opus 1 – »Sechs Lieder für eine Singstimme mit Pianoforte« – am Ende doch nicht Schlesinger, sondern Bote und Bock, die ebenfalls drängten.

46.

Intermezzo mit Clara

Im Gewandhaus hörte Fanny zum ersten Mal Clara Schumann spielen. Felix hatte sie in das Konzert eingeladen. Da er als Hausherr Clara in der Garderobe begrüßte und Fanny mitnahm, lernten sich die beiden Frauen kennen. Clara war um sechzehn Jahre jünger, hatte in diesem Jahr ihre zweite Tochter auf die Welt gebracht, überragte Fanny um einen Kopf, war groß und schön und nicht schief, wie Fanny neidlos feststellte, und sie spielte auch außerordentlich gut Klavier, allerdings Stücke, die ihr nicht gefielen, Fantasien Schumanns. Felix ärgerte sich über ihr abschätziges Urteil. Sie stritten darüber die ganze Zeit bis zu ihrer Abreise. Sie hatte die »Papillons« Schumanns im Gepäck und, kaum zu Hause, saß sie am Klavier, hörte in die Stücke hinein, fragte sich, weshalb sie so widerwillig auf diese ausschweifende und vielstimmige Musik reagierte.

Die beiden Frauen versprachen einander, sich bald wiederzusehen, miteinander zu musizieren und über allerlei anderes zu schwätzen, über die Kinder auch. Da Felix öfter auf Robert zu sprechen kam, dachte Fanny ebenso oft an Clara, fragte nach ihr, erfuhr von ihren Tourneen nach England, Dänemark und

Russland und beneidete die Jüngere um diese Erfahrung, erklärte sich aber ihr Leben als ebenso reich mit den Konzerten im Gartensaal, den Freunden, die in der Leipziger Straße einkehrten, mit Hensels Bildern, der Erinnerung an Abraham und Lea und den täglichen Aufregungen mit Sebastian.

Der wollte von der Schule gehen und an der Akademie Malerei studieren. Hensel, den dieser Wunsch rührte, überließ es Fanny, mit dem Jungen über dessen Zukunft zu reden. Sebastian ging ihr aus dem Weg, nur bei den Mahlzeiten konnte sie das heikle Thema anschneiden: Mit dem Abitur kannst du dann doch auf die Akademie und hast einen festen Rückhalt, Sebastian. Überleg dir's doch. Er hatte sich offenkundig vorgenommen, auf alle ihre Ratschläge, Forderungen und Wünsche mit Schweigen zu antworten. Dabei war ihr elend zumute. Sie versuchte Sebastian die Malerei auszureden. Felix, der zwischen den Reisen nach Berlin kam, nahm ihr die Veröffentlichung der »Sechs Lieder« übel. Sie setze sich der Kritik aus, warf er ihr vor. Sie habe den Schonraum Gartensaal verlassen und vergehe sich gegen die Bitte des Vaters, sich nicht der Öffentlichkeit zu stellen. Sobald er, gewunden und umständlich, auf opus 1 zu sprechen kam, wurde sie spitz und spürte, wie sie sich und ihn kränkte. Sie versuchte, die missliche Geschichte aufzuschieben, aber nun war ihr opus 1 in der Welt und würde vermutlich besprochen werden, was sie, wenn die Kritik böswillig sein würde, nach der Voraussage von Felix, aushalten müsste. Als der Bote die Belegexemplare brachte, lief sie zu Hensel ins Atelier, drückte ihm das Heft wie ein Schild auf die Brust: Das ist von der Komponistin Fanny Hensel!

Weil es Sommer war und der Sommer sie jedes Jahr mit der Üppigkeit des Parks beschenkte, bereiteten sie – Abraham und Lea sollten mitfeiern – ein Gartenfest vor, packten eine Flasche Wein und Gläser in einen Korb, Fanny begrüßte, als sie den Musiksaal durchquerten, mit einer übertriebenen Verbeugung den Flügel, und miteinander rannten sie zum Pavillon hin, Hensel ließ sie voraus, und sie konnte, tief Atem holend, auf der Bank niedersinken: Ich bin die Erste! Die will sie sein.

Felix wusste, dass Bote und Bock ihr Verlag sein würde, sie hatten darüber geredet, oder er hatte mit ihr geredet, sie vor allem gewarnt, was sie von der Öffentlichkeit zu erwarten hätte. Dennoch sollte er an ihrer Freude teilnehmen. Sie schenkte ihm das Heft über Cécile, an die sie die Sendung adressierte. Und musste nicht lange auf Antwort warten. Nach wenigen Tagen bekam sie Post von der Mittlerin und dem Beschenkten. Felix gab ihr, nach allem doch gleichsam con sordino, seinen Segen, seinen »Handwerkssegen«:

»Mein liebster Fenchel,

erst heut, kurz vor meiner Abreise komme ich Rabenbruder dazu, Dir für Deinen lieben Brief zu danken. Und Dir meinen Handwerks-Seegen zu Deinem Entschluss zu geben, dich auch unter unsre Zunft zu begeben. Hiermit erteile ich ihn Dir, Fenchel, und mögest du Vergnügen und Freude davon haben, dass Du den andern so viel Freude und Genuss bietest, und mögest Du nur Autor-Plaisirs und gar keine Autor-Misere kennenlernen und möge Dich das Publicum nur mit Rosen und nicht mit Sand bewerfen und möge die Druckerschwärze Dir niemals drückend und schwarz erscheinen – eigentlich glaube ich, an alle dem ist gar kein Zweifel denkbar. Warum wünsche ich dir's also erst? Nur so von Zunft wegen, und damit ich auch meinen Seegen dazu gegeben haben möge, was hierdurch geschieht.

Der Tafelschneidergeselle Felix Mendelssohn-Bartholdy.«

Sie las Hensel, Bekchen, Dirichlet und Paul den Brief vor, durchaus vergnügt und in der Sache bestärkt, und fragte dann, in einem kurz aufflackernden Zorn: Warum wurde ihm das nie gewünscht? Ihm, dem Meister, der sich als Geselle maskiert? Paul, als der kleine Bruder, der immer zusah, wusste die Erklärung und musste nicht einmal herumreden: Ach Fanny, er war immer der Prinz und alle deine Anstrengungen, Prinzessin zu sein, schienen den Betrachtern als ein schönes, unterhaltsames Kinderspiel. Dirichlet fand, das sei genau und freundlich beobachtet, doch Bekchen hielt diese geschwisterliche Rivalität einfach für schnöde.

Im Nachhinein meldete sich auch die Mittlerin, Cécile, gleichsam in Vertretung des Publikums:

»Herzlichen Dank für die schönen Lieder, die mir große Freude gemacht haben, besonders als sie uns Felix mit seiner wunderlichen Stimme sehr angenehm vorsang. Die blassen Rosen habe ich mir nicht nehmen lassen, obgleich ich über ein Jahr nicht gesungen hatte, so betrachte ich das als *mein* Lied. Aber die andern sang Felix und schwor immer dazwischen, er wolle sich rächen. Auch Mutter lässt Dir sagen, sie sei ganz entzückt und gar nicht so egoistisch wie Felix, der der Welt etwas so Schönes gar nicht gönnen wollte ...«

Bekchen hatte ihr Stichwort bekommen und sang, ohne Klavier »Warum sind denn die Rosen so blass«.

Und wenn Felix nun in Berlin geblieben und nicht wieder nach Leipzig gezogen wäre, um das Gewandhaus zu übernehmen, hätte er dir dann seinen schriftlichen Segen gegeben oder dir gesagt, was er von deinem opus hält? Wäre das anders ausgefallen? Kein Segen, eher ein Austausch? Oder? Pauls Grübeleien gingen ihr nach. Bis zu opus 7 hatte sie mit dem Verlag die Veröffentlichung vereinbart. So würde sie die Attacke auf die brüderliche Abwehr steigern. Und am Ende schriebe er ihr vielleicht den Meisterbrief.

Sebastian sorgte für die Unruhe in den kommenden Wochen, für Misstöne zwischen den Sonntagsmusiken. Sie erfuhr, höchst schulamtlich, dass der Bursche schwänze, und, gestellt von den Eltern, gab er unterm größten Gefühlsaufwand kund, dass er die Schule, zumal die höhere, für unnötig halte und sich auf seine Künstlerschaft vorbereite. Kopfschüttelnd hörten die Eltern ihm zu. Hensel und die Schule sorgten fortan für einen »ständigen Begleiter«, der mit dem Jungen lernte, Hausaufgaben durchnahm und sogar über Nacht im Haus blieb. Ein Wärter! Sebastian trotzte über Wochen, strafte seine Eltern für diese Freiheitsberaubung damit, dass er mit ihnen nur über seinen Wärter als Dolmetsch redete: Sag ihnen, Frau Decker hat mich zu ihrem Konzert eingeladen.

Wir könnten dich mitnehmen, meinte Fanny.

Er wendete sich an seinen Wärter: Sag ihnen, ich möchte ohne Begleitung hingehen, das heißt, du wirst ja als mein Wärter dabei sein.

Dass Hensel nach England reisen musste, führte nicht zu peinigenden Auseinandersetzungen zwischen Fanny und Sebastian, vielmehr entspannte sich das Verhältnis. Sebastian begann, zwar zaghaft, als verzichte er nur ungern auf den Dolmetsch, mit seiner Mutter zu reden. Er folgte ihr auf den Hof, wo sie nach den Lichtern schaute, die für das Sonntagskonzert vorbereitet wurden, stellte sich neben sie, und sie begann vor lauter Anspannung zu zittern.

Kann ich, fragte er – und sie fiel ihm voreilig ins Wort: Du kannst.

Kann ich dir beim Konzert die Noten umblättern?

Sie reagierte misstrauisch, denn sie traute ihm zu, mit solchen Fragen gut Wetter machen zu wollen.

Aber – sie schaute ihn fest an: Du müsstest vorher noch die Stücke studieren.

Gut. Er nickte. Gibst du sie mir?

So, ging es ihr durch den Kopf, fängt womöglich eine Glückssträhne an. Komm mit, ich geb sie dir. Und frag mich, wenn du nicht durchblickst.

Sie wünschte sich Hensel an ihre Seite. Er könnte, wie sie, die Wandlung Sebastians feststellen, sie schrieb ihm, was zu Hause geschah, und er schrieb ihr über seine Erfolge, er hatte gute Geschäfte gemacht, war auf der Rückreise vom belgischen König empfangen worden, was sogar in der Zeitung gestanden hatte, und schließlich kam er mit der Eisenbahn von Leipzig in Begleitung von Felix nach Berlin. Als Geschenk brachte er ihr einen Ring, den er von der belgischen Königin überreicht bekommen hatte. Sie fand es aber »zu schön und zu kostbar, so sieben- bis achthundert Reichstaler am Finger zu tragen«.

Im Herbst wurde Sebastian mit guten Zensuren versetzt. Die Krise schien überwunden. Paul verhandelte noch einmal über den Verkauf des Hauses. Im Herbst brachen Rebekka und Dirichlet nach Florenz auf, nach Italien. Fanny kam es vor wie eine Einladung, Italien zu wiederholen. Sie redete sich die Gedanken aus und stürzte sich in die Vorbereitungen für das nächste Sonntagskonzert. Felix hatte seine jüngste Arbeit, ein Klaviertrio, mitgebracht, das sollten die Berliner unbedingt kennenlernen.

Was in der Stadt geschah, wurde ihr vor und nach dem Sonntagskonzert zugetragen, regte sie auf und brachte sie dazu, sich mit manchen Gästen in Gesinnung und Erwartung auseinanderzudividieren. Varnhagen und den beiden Arnims vertraute sie sich an, sie teilten ihren Widerwillen, ihre Wut: Wenn einige feine Herren sich über die Spekulation mit Eisenbahnaktien händereibend vergnügten, wenn die Not der schlesischen Weber als Randerscheinung angesehen wurde, wenn an den Universitäten aufmüpfige Studenten mit Karzer bestraft wurden. Aufgebracht und ein wenig schief stellte sie sich vor Varnhagen auf, wurde fest und steif wie eine Wurzel: Warum schafft der Mensch sich immerfort sein Elend? Und sie bekommt eine kühle, sie untröstlich stimmende Antwort: Wir sind, Madame, von Grund auf unbelehrbar in Neid und Besitzgier.

Von Clara Schumann überreichte ihr Felix in Anspielung auf ihr veröffentlichtes opus 1 deren opus 11: Sechs Lieder, so wie dein opus 1.

Wir wären, dachte sie, zusammen stark, könnten dem Publikum vorführen, dass wir keiner Meisterprüfung bedürfen. In Gedanken redete sie mit Clara, anstatt ihr zu schreiben. Und sie hoffte auf eine zweite Begegnung.

Neidisch und mit einer Spur von Hoffnung hatte sie die Dirichlets verabschiedet: Ich beneide dich, Bekchen, um das italienische Licht, aber auch um ein mögliches Hochwasser und die Abenteuer, die ihm folgen.

Rebekka, die Adieu-Enthusiasmus nicht mochte, meinte, sie könnten nachkommen, Hensel habe mit seinen englischen Verkäufen doch genügend für eine solche Reise verdient. Überlegt es euch!

Dazu kam sie nicht. Die Sonntagsmusiken nahmen sie wieder in Anspruch, das gemeinsame Musizieren mit Felix. Er hielt sich erneut in Berlin auf, während Cécile mit den Kindern zu den Eltern nach Frankfurt gezogen war. Fanny forderte den Bruder förmlich heraus, über seine Erfahrungen auf Reisen und als Musikdirektor, über seine Begegnung mit Musikern zu sprechen. Erzähl von Gade, erzähl von Liszt, erzähl von Hiller, bettelte sie wie ein hungriges Kind, renitent und ohne Scham. Und alle vierzehn Tage die Sonntagsmusiken. Ein junger Geiger, Josef Joachim, die langen schwarzen Haare rahmen ein blasses Engelsgesicht, wird ihr vorgestellt, er spielt ihr eine Solosonate Bachs vor, »unter uns«, sie ist nah daran, so vor ihn hinzuknien wie Gounod vor ihr. Doch ehe er auftrat, nahm Felix sie gefangen, rief ihr vom Hof aus zu, er schreibe Variationen für Klavier zu vier Händen, für den kommenden Sonntag, es flutscht, rief er, und sie holte sich Seite für Seite, las, übte, schließlich wurde das Werk von ihnen uraufgeführt, zum großen Vergnügen des Publikums, das allerdings die handgeschriebene Widmung in der Partitur nicht zu sehen bekam: »Komponiert im Hause Hensel von der (alten) Witwe Felix.« Fanny las den Satz wie eine Vorschrift für die Musik. Kurz bevor sie auftraten, fragte sie ihn: Wie kommst du auf alte Witwe? Du bist gottlob kein Witwer und erst recht nicht alt.

Ja, wie komme ich darauf?

Das war der Ton, der sie klein werden ließ, zu einem kindlichen Fragezeichen: Soll es ein Rätsel sein, Felix?

Aber du bist nervös und in Rätseln unschlagbar, Fenchel.

Vielleicht ist es auch nur albern.

Womit das Rätsel gelöst ist.

Sie traten heiter in den Saal und stimmten das Publikum ein.

Das Programm einer der nächsten Musiken sprach sich mir nichts, dir nichts herum, sodass vor dem Beginn die Leute in den Gartensaal drängten und zweiundzwanzig Kutschen in den Hof einfuhren. Die Arnims kamen, Schadow, die Humboldts, Franz Liszt und elf Prinzessinnen – elf, als wollten sie dieses Sonntagsmärchen sprengen.

Zu Beginn sang Pauline Decker Lieder von Felix und er begleitete sie am Klavier, danach spielte Joachim Variationen von Ferdinand David und schließlich, nach einer Pause, sammelte sich der Chor um den Flügel. Fanny wünschte die »Zweite Walpurgisnacht«, die Felix achtzehn Jahre zuvor komponiert hatte, zu dirigieren. Die Ouvertüre spielten beide am Klavier. Danach ließ er sie allein, setzte sich ins Publikum, und sie übernahm das Regiment.

Florenz, die Sehnsuchtsstation, wurde zur Quelle von Hiobsbotschaften. Dirichlet litt unter Fieberanfällen und von Rebekka hörte sie, die Gelbsucht habe sie »furchtbar entstellt«. So, ständig in Gedanken bei den siechen Italienern, hatte sie für sie die neue Wohnung in der Leipziger Straße eingerichtet und konnte gar nicht erwarten, sie hineinzuführen. Entweder die beiden hier oder wir nach Italien, sagte sie sich. Bekchen wollte ihre Niederkunft in Florenz abwarten. Ein Grund aufzubrechen, ihr beizustehen. Felix riet zu, Paul riet ab, und sie geriet in die brüderliche Klemme. Wir sind noch gar nicht weg, schlichtete sie den Zwist. Paul jedoch gab nicht auf, im Winter zu reisen, sei nicht ungefährlich und vor allem anstrengend. Bleibt hier, die beiden werden gesund und mit einem kleinen Dirichlet nach Hause kommen. Bleibt hier.

Nein, mir macht der November keine Angst. Noch im Dezember konnte sie ihre Furchtlosigkeit behaupten. Sie feierten Weihnachten, und am 2. Januar verabschiedeten sie sich. Genau genommen wollten sie vorher abreisen, doch da begann Fannys Nase zu bluten. Sie blutete drei Tage lang.

Mit Eisenbahn und Kutsche im Wechsel erreichten sie München, wo sie sich vier Tage aufhielten, den Brenner überquerten sie bei »einer halben Stunde leichten Schnees«, erleichtert über die reisefreundliche Witterung. Bis Mantua blieben sie unbehelligt, doch dann kam ihnen wieder der Fluss, der Po, in die Quere. Als sie vorm Hotel in die Kutsche stiegen, bockte das Pferd, es drängte zurück in den Stall, der Kutscher brauchte die Peitsche, aber die half wenig – am Fluss, als sie aufs Schiff wollten, sprang das Tier ins Wasser, riss beinahe den Wagen samt seinen Insassen mit, wurde noch aufgehalten, und gegen Mitternacht kamen sie übermüdet und hungrig, »mit Kot über und überspritzt«, in Bologna an, wo Hensel im Hotel erfuhr, dass er sich sogleich beim Polizeidirektor melden müsse, um die Erlaubnis für die Weiterreise zu bekommen. Widerwillig machte er sich auf den Weg, Fanny trotzte dem Wirt noch das Versprechen ab, so spät zur Nacht speisen zu können, Sebastian war vom Hunger schwindelig. Diese grenzenlose Grenzwirtschaft, murrte Hensel, als er zurückkam, und Fanny war sicher, dass der Wirt diese Verwünschung verstand, denn er grinste und nickte. Er brachte sie aufs Zimmer, in eine karg eingerichtete, kalte Kammer. Sie zog sich um, wickelte sich in eine Decke, fror und dachte an das Italien ihrer Erinnerung. Dass es noch vorhanden war, trotz der winterlichen Zumutungen, bewies ihr Hensel, als er mit der Reiseerlaubnis zurückkehrte: Selbst in der tiefsten Nacht, sagte er, gibt es Grenzöffner, die Dokumente ausschreiben und Lack für ein Siegel schmelzen können.

Florenz empfing sie mit einer Sonne, die sie sich gewünscht hatte. Sie fuhren in die Via della Scala, der Wagen polterte, der Kutscher knallte mit der Peitsche, was Publikum an die Fenster rief. So kamen sie durch ein Spalier von Neugier an. Sie waren auf ein Schattenkomitee gefasst, eine Versammlung hohlwangiger, bleicher Pflegefälle, doch Walter war immerhin so kräftig und munter, dass er ihnen auf der Straße winkend und rufend entgegenrennen konnte. Rebekka hingegen erschreckte sie, das Gesicht gedunsen und gelb, stand sie neben Kaselowsky, Hensels römischem Schüler, und es war leicht zu erkennen, dass sie bald niederkommen müsste. Dirichlet hatte bereits dafür gesorgt, dass sie unmittelbar gegenüber in eine kleine Wohnung ziehen konnten. Fanny und Rebekka probten auch gleich, unter der kundigen Leitung ihrer Vermieterin, Maria Calamandrei, das landesübliche Gespräch über die Gasse.

Bist du zufrieden?

Die Wohnung gefällt mir.

Ihr seid zum Frühstück eingeladen. Bei uns ist genügend Platz und die Kinder werden sich über die Abwechslung freuen.

Wilhelm lässt sich entschuldigen. Er muss sich noch auf die Reise nach Rom vorbereiten.

Schon jetzt?

Jetzt gleich. Die Freunde erwarten ihn, ein Atelier und Modelle, wie er sie braucht.

Das haben alle hören können, rief Rebekka, die im Fenster wie in einem Bild stand.

Und nur wenige haben's verstanden. Fanny beugte sich aus dem Fenster hinaus, schaute die Gasse hinauf und hinunter und entdeckte so gut wie keinen Zuhörer.

Sie fügte sich dem freundlichen Diktat der Dirichlets, ordnete sich deren Tageslauf unter, so, wie es Kaselowsky, der ein kleines Atelier in ihrem Haus bewohnte, ohnehin tat. Frühstück »drüben«, Mittagessen ebenfalls, beide allerdings zu verschobenen, für Fanny verschrobenen Zeiten, Mittagessen um fünf Uhr nachmittags, Frühstück um zwölf Uhr Mittag. Am Abend wird nur Brot zum Wein oder zum Wasser gegessen und ausgeschlafen wird ausgiebig. Das galt jedoch nicht für Dirichlet, der mit den Kindern aus den Federn musste und sie den Vormittag über beschäftigte, den beiden größeren Jungen, Walter und Felix, Rechnen, Schreiben und Lesen beibrachte und den kleinsten, Ernst, mit schrulligen Erzählungen und Malereien unterhielt. Den Mittwoch und den Samstag reservierte Fanny für die Kunst. Kaselowsky führte sie in Kirchen und Galerien, zu Skulpturen und Gemälden von Michelangelo, und die Bilder Ghirlandaios nahm sie mit in ihre Träume. Rebekka gab sie die Noten ihres Klaviertrios zu lesen, das sie als eigenes Echo auf das zweite Klaviertrio von Felix geschrieben hatte. Ich kann ihm noch immer so antworten, dass ihm blümerant wird.

Die Vertrautheit, die sich einstellte, wenn sie sich unterhielten, sich in Andeutungen vorsangen, miteinander lasen, diese Vertrautheit genossen sie sehr. Sie wechselten, von ihr getragen, die Rollen, gewannen die Nähe nicht mehr als Schwestern, sondern als zwei Frauen, deren Erinnerung körperlich wurde und sie sich in einer Art Schöpferlaune beistanden.

Nach drei durch die Kinder und die Kunst rhythmisierten Wochen war es bei Bekchen so weit. Fanny beobachtete aus dem Fenster, dass drüben ein alter Herr ins Haus eingelassen wurde, Doktor Manzini, wie sie später erfuhr, der nach Bekchen sah. Er versprach wiederzukommen, zusammen mit der Hebamme, denn es sei mit der Geburt bald zu rechnen.

Fanny blieb.

Dirichlet und die beiden Frauen unterhielten sich, öfter unterbrochen vom Ächzen Rebekkas, über die Umstände dieser Niederkunft. Dirichlet riet Fanny hinüberzugehen, sich etwas zu entspannen, er werde sie holen. Die Zeit wurde spürbar als Unruh, Fanny lief im Zimmer hin und her, warf immer wieder einen Blick hinüber, ob sich nichts rühre. Schließlich hielt sie nichts mehr, sie nahm Dirichlet kaum wahr, setzte sich ihm gegenüber auf die andere Seite des Bettes. Was Rebekka nun litt, kannte sie. Doch die Schwester erstickte förmlich in ihrem Elend. Bekchen schrie und atmete stoßweise.

Sie könnte sterben. Fanny dachte, was sie nicht denken wollte. Lauter unerlaubte Gedanken. Das Kind könnte tot auf die Welt kommen, nach all dem, was die Mutter durchgemacht hatte. Sie beruhigte ihre Schwester, atmete mit ihr, redete auf sie ein: Das schaffst du, Bekchen. Dirichlet stand auf, bat um eine Pause, ging vor die Tür, ließ sie allein. Angst und Anstrengung schlossen sie ein in einen Raum voller Geräusche, plötzlicher lauschender Stille, voller sinnverlorener Wörter: Still, still. Wehr dich nicht. Ganz ruhig, Bekchen. Bist du noch da?

Dirichlet kam mit dem Arzt. Ein Handaufleger, fand Fanny. Wir haben so dringlich auf Sie gewartet, Dottore Manzini. Da bin ich, erklärte er, zog einen Stuhl an Bekchens Bett, beugte sich über sie, legte, was Fanny voraussah, seine Hand auf ihren Kugelbauch, schien dem Ankömmling ein Zeichen zu geben, und er kam zur Welt mit einem Schrei seiner Mutter. Manzini bat um Tücher, um warmes Wasser. Auf einmal waren alle in Eile, Dirichlet und Fanny kamen sich in die Quere, lachten erleichtert. Ein Mädchen, befand der Doktor, hob das kleine, klagende Geschöpf hoch, ein Mädchen, und Bekchen und Dirichlet gaben ihr zweistimmig einen Namen, über den sie sich wohl schon vorher geeinigt hatten: Florentine! Erstaunt und fragend wiederholten Fanny und Manzini den Namen und Dirichlet kommentierte: So wird in Florenz ein Berliner Mädchen getauft.

Es war kalt. Vorher hatten sie zu heizen versucht. Doch der eisige Wind hatte die Feuer ausgepustet. Nun, als Dirichlet mit aller Macht den Holzstoß in Brand zu setzen versuchte, drückte der Wind den Rauch ins Zimmer und alle, auch Florentine, begannen zu husten. Geräuchert zogen sie sich ins Wohnzimmer zurück. Dirichlet wickelte seine Allerjüngste in seine Jacke, legte sie Fanny in den Schoß. Sie drückte das Bündel an sich, schickte Wärme aus, und eine wunderbare Ausgelassenheit ergriff sie. Sie strahlte Bekchen an, bat Dirichlet, einen Tee aufzubrühen, Manzini stellte fest, dass es zwei Uhr sei und er sich zu Hause melden müsse, Florentinchen begann zu greinen, und Fanny übergab sie der Mutter. In den nächsten Tagen wechselte sie vom Klavier, wo sie ein Lied ohne Worte fantasierte, zum Sekretär, wo sie an Hensel schrieb, den sie unbedingt in Rom besuchen wollte, nun, da sicher war, dass Dirichlets Jüngste den Anfang mit Lust und Geschrei bewältigen würde. Sie musste Rom wiederholen.

An der ponte molle möchte ich erwartet werden, schrieb sie an Hensel, so wie wir uns von Rom verabschiedet haben. Sie lebte mehr und mehr in Motiven, musikalisch, brauchte Wiederholungen, die sie nur minimal veränderte, manchmal wissentlich, manchmal zufällig.

Sie wollte, wie gewohnt, eine Kutsche mieten, doch das erwies sich als zu kostspielig. So musste sie mit der Post, mit der Diligence, vorliebnehmen. Ihre

Wirtin, Signora Calamandrei, begleitete sie und Sebastian zur Station. Der Wagen war hoch, ihn zu erklimmen fiel ihr schwer, ein fremder Mann und Sebastian schoben an ihr, bis sie endlich in der Kutsche saß, die sie allein mit Sebastian in Beschlag nehmen konnte, bis an der nächsten Station ein Berliner und drei Russen zustiegen und sie die Plätze tauschen mussten. Während sie sich mit ihnen über Belangloses unterhielt, ging ihr ein Lied, ein Reiselied, durch den Kopf und sie musste sich zurückhalten, nicht lauthals zu singen. Ihre unsteten Gedanken, gebettet auf den Fahrtgeräuschen, wechselten das Reiselied in ein Segenslied: Am Tag vor ihrer Abreise war Florentinchen getauft worden, und sie und Sebastian – er in Vertretung von Felix – waren Paten gewesen.

An der ponte molle war nichts von Hensel zu sehen. Sebastian sauste in die Posthalterei, wo er seinen Vater ebenfalls nicht entdeckte. Sie entschlossen sich, mit der Post in die Stadt hineinzufahren, und an der nächsten Station, an der Dogana stiegen sie aus, da hörten sie schon das Empfangskomitee aus der Ferne singen und rufen, Hensel und seine Freunde, sie winkten mit Blumen, mit Ölzweigen. Das Willkommen war, trotz des Lärms, gedämpft, denn Hensel hatte die Tage zuvor unter einem grässlichen Durchfall und Fieber gelitten, glich einem Gespenst und strengte sich an, Freude zu zeigen. Das Gepäck wurde umgeladen, und sie stiegen um.

Fanny musterte Hensel besorgt. Was sie dachte, sprach sie aus: Das ist die römische Krankheit. Ich fürchte, du bist anfällig für sie. Er musste aus der alten Wohnung, die, kalt und feucht, auch noch seine

Lunge angriff, umziehen in eine bei weitem hellere und trockenere Wohnung an der via San Nicolo Tolentino. Er hatte nicht die Kraft, sie auf der Schwelle willkommen zu heißen, verschwand im Bett, und sie avancierte zur Krankenschwester, pflegte ihn tagelang, brachte ihn, wenn sie sich entschlossen, in die Stadt zu fahren zu einem Konzert, als Elendsmann nach Hause, speiend und stöhnend, er hatte, wie der römische Arzt konstatierte, eine Leberentzündung, und dies nach einer Lungenentzündung. Ich frage mich, Hensel, sagte sie laut in das abgedunkelte Krankenzimmer, was du ohne mich angestellt hast. Eine Antwort bekam sie nicht.

Sie nahm sich Zeit, die alten Orte aufzusuchen, traf sich mit der norwegischen Pianistin Charlotte Thygeson in deren schönen Villa Paulsen, die sie magisch anzog, weil es dort zwei ausgezeichnete Flügel gab. Sie musizierte mit Charlotte und entschuldigte sich für ihre steifen Krankenschwesterhände, die aber, kaum auf den Tasten, wieder geschmeidig wurden. Sie spielten das zweite Klaviertrio von Felix und ihres, das sie im Nachhinein korrigierte. Hensel gewann allmählich, angespornt von ihren berlinischen Flüchen, die Kraft, ins Atelier zu gehen oder mit Freunden im Caféhaus zu debattieren. Sebastian, stellte sie fest, war während dieser Wochen groß und kräftig geworden und hatte Stimmbruch.

Luigi Latini, ihr römischer Kutscher, war willens, sie bis Freiburg zu bringen, mit längerem Halt in Florenz, wo eine zweite Kutsche und die Dirichlets hinzukämen, zu Sebastians Freude auch sein Cousin und Freund Walter. Als die Pferde sich in Bewegung setzten und die Kutsche mit einem kleinen Holperer folgte, sagte Fanny, ohne hinauszuschauen: Ein letztes Mal Rom.

Ein solcher Satz ist eine Sünde, widersprach ihr Hensel.

Ich weiß es besser, sagte sie.

Länger hielten sie sich in Assisi auf, denn sie legte Wert darauf, dem heiligen Franz einen Besuch abzustatten. Die kleine Reisegesellschaft ließ sich von einem kundigen Mönch führen, bestaunte Giottos Fresken in der Oberkirche, scharte sich um die Tomba des Heiligen, die Fanny für scheußlich modern hielt, worin sie von dem Cicerone bestätigt wurde: Sie sei, weil ihr alter Zustand missfallen habe, erst unlängst erneuert worden. Noch unterwegs beklagte Fanny, begleitet von dem Gelächter ihrer Mitreisenden, dass ein Heiliger seinen Grabstättenverwaltern nicht durch ein Zeichen, sagen wir mal durch ein himmlisches Grollen, Einhalt gebieten könne.

Mitte Juli erreichten sie Freiburg. Anfang des Jahres waren sie in Berlin aufgebrochen. Fanny hatte sich ein zweites Italien gewünscht. Sie hatte ihre Reisezeit, wie sie ironisch bemerkte, als Hebamme und Krankenschwester verbracht: Und nun bleiben wir allesamt, rief sie, nachdem sie die Grenze hinter sich hatten, wir Großen und Kleinen, gesund und munter. Dabei war ihr nicht wohl zumute. In kurzen, heftigen Wellen suchten sie Kopfschmerzen heim, aus ihren Händen und Füßen wich das Gefühl. Sie ging wie auf Federn. Die Post, die sie erwartete, trieb sie zur Eile: Felix und seine Familie ziehe wieder um nach Leipzig. Wir müssen sie abfangen, zum Abschied. Unter Hensels Anleitung wechselten sie routiniert Kutsche und Eisenbahn, doch in Halle klebte sich noch einmal das Pech an ihre Fersen. Es regnete stark, und Rebekka hatte sich entschlossen, in die Postkutsche umzusteigen. Die stürzte unterwegs um, Bekchen erlitt Verletzungen an Kopf und Hals. Nach diesem übelsten aller Reisetage, wie Fanny befand, konnten sie Felix noch nachwinken.

Die Dirichlets zogen in die Wohnung, die Fanny für sie vorbereitet hatte, dankbar ein. Das Gartenhaus entzückte alle seine Bewohner mit einem funkelnden Sommerlicht. Hensel kränkelte eine Weile weiter, Fanny bereitete ihre opera zum Druck vor und plante die nächsten Sonntagskonzerte. Am Tag nach ihrer Heimkunft stellte sie sich in die Mitte des Gartensaals und schloss die Augen, wartete, bis sie Musik hörte, und begann zu dirigieren. Sie dachte an Lea, die ihr zuhören könnte.

Jetzt meldet sie sich wieder, auf die ich mit Fanny eine Reise lang gewartet habe: Clara Schumann, der jüngere Contrapart, die Freundin für morgen.

Fanny hat beschlossen, die Sonntagskonzerte noch auszusetzen, musiziert aber mit einem kleinen Chor, den sie zusammenrief, nicht im Gartensaal, sondern im Park, damit wir von den Vögeln und die Vögel von uns singen lernen. An Gounods Stelle, als Anbeter, Bewunderer und jugendlicher Held, ist der Jurastudent Robert von Keudell getreten, der ihr musikalisch beisteht, ihr als Bote dient und von der Familie akzeptiert ist.

Gounod beabsichtige, hört sie, Geistlicher zu werden: »Heut fällt mir sein zartes liebes Liedchen in die Hände, was er damals für mich schrieb, so melancholisch und so natürlich, so gar nicht für die Kutte.«

Zum letzten Mal singt sie mit ihrem Chor im Freien. Die Vögel, die hätten lernen sollen, sind schon fortgezogen. Zu Fannys Geburtstag bringen die Herren ihres Chors ihr ein Ständchen, und mit Keudell memoriert sie vierhändig ihre vergangenen Jahre. Bekchen könnte singen, wenn sie nur wollte. Das Erscheinen ihrer opera im Druck stimuliert Fanny, stärkt ihr Selbstbewusstsein, sie und Hensel empfangen beinahe täglich Gäste.

»Die Schumanns sind hier«, schreibt sie. Clara besucht sie beinahe jeden Tag. Fanny merkt, dass sie erst jetzt, nachdem ihre Kompositionen öffentlich wurden, der Jüngeren gewachsen ist. Du, sagt sie und berührt beim Vierhändigspielen Claras Hände. Du, antwortet die und schlägt eine klirrende Quart an. Sie messen sich. Clara erzählt von ihren Reisen, ihrem Robert, schüttelt sich manchmal, wenn sie Robert alleine zu Hause lässt mit den Kindern oder wenn sie an die Auftritte mit ihrem Vater denkt, bei Goethe!, sagt sie, und Fanny holt ihr Kompositionsheft mit der Vertonung des Gedichts, das Goethe ihr über Zelter geschickt hatte. Sie spürt, dass ihnen die Zeit fehlt, sich zu erklären, Freundinnen zu werden, und Clara macht Fannys Schroffheit noch zu schaffen. So bedrängen sie einander mit Fragen und Geschichten: Fanny erzählt von Rom, Clara von Petersburg: dort bin ich alleine gewesen, sagt sie. Sie erzählt von den Abenden mit Robert und Felix. Warum haben wir uns da nie gesehen, fragt Fanny. Als sie feststellen, einander versäumt zu haben, spielen sie sich Stücke von Clara und Fanny vor, bringen sie durcheinander, kichern atemlos und tauschen Seufzer aus.

Bis Fanny aus dem von beiden gewünschten und

gedachten Mädchenzirkel ausbricht, um als Gastgeberin aufzutreten. Und bis Clara und Robert Fanny in der Singakademie empfangen. Dort wird das Oratorium »Das Paradies und die Peri« aufgeführt.

Sollen wir danach einladen, fragt Hensel.

Jetzt, gerade jetzt, setzt Rebekka wütend nach. Das Militär hält unsere Stadt besetzt.

Selbst die Jungen wissen, worum es geht. Sie hatten sich unter die aufgebrachte Menge gemischt. Auf dem Gendarmenmarkt hatten die Bauern Kartoffeln zu erhöhten Preisen angeboten, nachdem vorher bereits die Brotpreise gestiegen waren. Das sorgte für Empörung. Es kam zum »Kartoffelaufstand«, zu Auseinandersetzungen zwischen Bürgern und Militär, das schließlich die Stadt in Gewahrsam nahm.

Fanny hört zu, wie diskutiert wird, mischt sich nicht ein. Ungerechtigkeit kränkt sie, macht sie krank. Immer schlagen sie auf die Schwachen ein. Nur diesen einen Satz erlaubt sie sich, und schon lenkt Hensel sie ab. Es müssten Einladungen für das nächste Sonntagskonzert ausgetragen werden und ob sie die Musiker verständigt habe, fragt er.

Es folgt, in dem vom Militär beherrschten Berlin, eines ihrer glänzendsten Feste. »Große Soiree bei Hensels – das elegante Berlin«, notiert Robert Schumann. Und Clara ist mit von der Partie. Sie und Fanny präsentieren am Klavier Werke ihrer Nächsten: Clara spielt Roberts »Papillons«, Fanny die »Lieder ohne Worte« von Felix, und Melitta Behrend singt Lieder von beiden. Die Arnims hören zu, Varnhagen, der englische Gesandte Earl von Westmoreland, die Radziwills, die Sängerinnen Henriette Sonntag und Pauline Decker, beide erkältet.

Clara revanchiert sich mit einem Konzert mit Pauline Viardot-Garcia, deren Stimme und Kompositionen Fanny sehr bewundert.

Keudell taucht hier wie dort auf, blättert die Noten um, hilft als Geiger aus, transportiert Gaben und Billetts.

Er kann mir gefallen, findet Fanny.

Die Zeit hat allen Glanz, alle Klänge mitgerissen. Fanny wehrt sich gegen die aufsteigende Müdigkeit. Clara kommt, sich zu verabschieden. Sie stehen voreinander, Clara zögert, die Ältere zu umarmen, die hält sich ebenso zurück, doch eine große innere Spannung drängt sie aufeinander zu. Sie streicheln sich, reiben die Gesichter aneinander, lächeln, lachen sich los. Leb wohl, sagt die eine, die Junge, Adieu, die Ältere, die Müde.

47.

Etüde für Fanny

Sie kann nicht wissen, was ich schon weiß: dass ihre Geschichte in ein paar Sätzen endet. Vielleicht hat sie geahnt, dass ein neuer Anlauf nicht mehr hilft. Sie hat die Vorzeichen, die leisen Erschütterungen, nicht wahrhaben wollen. Alles geschieht zum letzten Mal – ein Lied, ein Sonntagskonzert, die Uraufführung eines Klaviertrios, die Geburtstagsfeier für die Schwester, ein Gang durch den Park, das Öffnen der Tür im Gartensaal, die Umarmung Hensels, Sebastians überraschende Höflichkeit, auch der genossene Anflug von Glück, auch die Wut über die Hilflosigkeit der Regierung in der Auseinandersetzung mit den hungernden Arbeitern; auch die vertrauten Stimmen und Geräusche im Gartenhaus wird sie zum letzten Mal hören. Sie weiß es nicht. Ich, der ich ihr nacherzähle und dabei alles vorausweiß, halte mich an alle Kleinigkeiten in Briefen, Berichten, Rezensionen. Und ich nenne nun, gegen den Brauch meiner Erzählung, Tage und Jahre.

Im Dezember 1846 kommt Felix zu Besuch. Er hat viel zu erzählen, von einer Aufführung des »Elias« in Birmingham, und dass er im Frühjahr noch einmal nach England müsse, da für London ebenfalls der »Elias« geplant sei, den er unbedingt noch überarbeiten wolle. Kommt, fordert er Fanny und Rebekka auf, wir könnten noch ein paar Passagen probieren. Er schwenkt die Notenblätter wie Fahnen. In den Gartensaal ist, wie immer, der Winter eingebrochen, an den Scheiben blühen Eisblumen und der Flügel ist erkältet. So ziehen sie sich zurück in Fannys Zimmer, an das Klavier, wo sie bis zum Abend bleiben, Hensel gelegentlich nach ihnen schaut, die beiden Jungen ihre Köpfe in die Tür stecken und fragen, wie lange es noch dauere, und Onkel Felix sie mit einem für sie untauglichen Satz vertröstet: Noch eine kleine Ewigkeit.

An einem der letzten Abende dürfen sie dabei sein, an den sprunghaften, erinnerungssüchtigen Gesprächen der Erwachsenen teilnehmen. Über Rom wird geredet und unter Gelächter der hochwässerige Po apostrophiert: Wie wir da ankamen, pudelnass, schmutzig, frierend, oder wie das Pferd mitsamt der Kutsche in die Tiefe wollte, ein Flusspferd, ein Poross! Sie lachen und die Jungen haben ihren Spaß. Von Festen und Familienfeiern ist die Rede, übermütig fragt Paul, ob Felix tatsächlich zu Weihnachten bei der Familie in Leipzig sein werde oder in Paris oder in Mailand. Und Felix verzieht in gespielter oder tatsächlicher Entrüstung das Gesicht: Was denkt ihr von mir?

Dass du gefragt bist.

Es kommt eben darauf an, wer nach mir fragt.

Und ich, fragt Fanny.

Wieso du? Du verbringst doch die Weihnachtstage mit deinem Wilhelm und Sebastian.

Sie überrascht ihn mit einer Feststellung, die mit

Weihnachten nichts zu tun hat: In den letzten Jahren warst du nie an meinem Geburtstag da.

Er sieht sie an. Sie macht sich unter seinem Blick klein.

Ja, sagt er und beugt sich nach vorn. Es stimmt. Dann richtet er sich auf seinem Stuhl auf, drückt den Rücken gegen die Lehne, sieht sie von Neuem an: Bei deinem Geburtstag im November bin ich ganz gewiss dabei. Er macht eine Pause und fügt leise und liebevoll hinzu: Fenchel.

Sie lacht: Darauf freue ich mich.

Er nimmt Abschied, in Eile, er hat ihn redend, mit den Kindern spielend, hinausgezogen, möchte nicht zur Bahnstation begleitet werden. Fanny winkt ihm nach. Sie spürt, wie die Wärme seiner Umarmung nachlässt, vergeht. Adieu. Sie macht kehrt und Hensel fängt sie auf.

Die Heiterkeit, die Beschwingtheit, mit der sie den Frühling erwartet, kann sie sich nicht erklären. Es ist eine Stimmung, die sie Glück nennt, im Gespräch und im Tagebuch. Hensel bestätigt ihr, was sie empfindet, sie verdiene dieses Glück, habe es sich verdient. Ihr nachgefragtes Womit wird zu einer musikalischen Wendung, die sie in dem Stück, an dem sie wieder arbeitet, im Klaviertrio, wiederholt. Ihr Glück wird zum Gegenglück, zu einem gelebten Widerspruch. Die Zeit fügt es so. Die »allgemeine Teuerung und Not, die sie mit Sorge und Wut beobachtet«, lässt sie fragen, weshalb sie zu den wenigen Glücklichen in der Welt gehöre. Eine Erklärung dafür findet sie: »Ich kann wohl nicht leugnen, dass die Freude an meiner Herausgabe der Musik auch meine gute Stimmung erhöht, bis jetzt habe ich, unberufen, keine unangenehme Erfahrung damit gemacht, und es ist sehr pikant, diese Art von Erfolg zuerst in einem Alter zu erleben, wo sie für Frauen, wenn sie sie je gehabt, gewöhnlich zu Ende sind.«

Die Kritik auf opus 1 und 2 liest sie, vorbereitet auf Vorurteile, manchmal Hensel mit Betonung vor: »Von den vorliegenden 4 Liedern, welche der äussern Fassung nach durchaus eine weibliche Hand nicht verraten, sondern vielmehr ein männlich-ernstes Kunststudium verraten lassen ...« Da unterbricht sie sich: Männlich-ernst, Hensel, das habe ich mir weiblich unernst stets gewünscht nicht zu sein.

Sie plant und freut sich im Voraus. So überspringt sie Momente, in denen sie nach Atem ringt, ihr Blut aus der Nase schießt und ihr schwindelt. Rebekka soll zu ihrem 36. Geburtstag eine Sonntagsmusik geschenkt bekommen und eines der Werke, das dann zu hören sein wird, ist ihr Klaviertrio, das sie der Schwester widmet. Paul, der Cellist, und Neffe Adolf, der Geiger, haben, mit der Bitte um äußerste Verschwiegenheit, bereits die Noten bekommen, zum Einlesen und zum Üben. Überdies stehen Lieder auf dem Programm, Chöre aus dem »Elias«. Es soll ein Fest werden. Und es kündigt sich ein Sommer an, der Dauer verspricht. Der Gartensaal sammelt wieder Licht ein, der Flügel lässt sich stimmen.

Alle Freunde kommen, Rebekka zu gratulieren. Henriette Sonntag, Pauline Decker, Johanna Kinkel, Kreudell, Varnhagen, die Arnims, selbstverständlich die ganze Familie, bis auf die Leipziger – das Geburtstagskind nimmt das Defilee ab; Dirichlet und Walter ordnen Geschenke und Blumengebinde auf dem für die Gaben frei geräumten Nähtisch. Rebekka strahlt und Fanny genießt diese Kraft. Ehe sie ihre Partner vors Publikum bittet, tritt sie noch einmal hinaus in den Park, lehnt sich an die laue Luft, wie sie Hensel, der sie holt, zuflüstert. Dann hört sie, was sie Rebekka zueignet und womit sie Felix antwortet. Schon im ersten Satz beginnt das Thema mit einer aufsteigenden Quarte, so wie Felix in seinem Klaviertrio. Aber gegen den dämmernden Einsatz, den der Bruder wählt, explodiert bei ihr Helligkeit, schreibt sie die Stimmung der vergangenen Wochen fest. Und mit dem dritten Satz, den sie überraschend als »Lied« bezeichnet, spielt sie, für alle Kundigen hörbar, ebenfalls auf den Bruder an, auf Obadjas Arie im »Elias«: »So ihr mich von ganzem Herzen suchet«. Danach verlässt sie das Klavier, dirigiert den Chor, die Lust schießt ihr in die Finger: »Ein Sforzando ihres kleinen Fingers fuhr uns wie ein elektrischer Schlag durch die Seele und riss uns ganz anders fort, als es das hölzerne Klopfen eines Taktstocks auf ein Notenpult tun kann. Wenn man Fanny Hensel ansah, wenn sie ein Meisterwerk spielte, schien sie größer zu werden. Nüchtern betrachtet war nichts regelmäßig schön an ihr als das schwarze Auge und die Stirn; doch der Ausdruck überwog alles«, erinnert sich Johanna Kinkel, und sie vergisst auch nicht die offenen Türen hinaus in den Park, die Gänge in den Pausen, die Treffen in den Pavillons. Diese Bewegung der Musik, die sich in den Gesten und Bewegungen des Publikums fortsetzt.

Nachdem die Gratulanten das Fest verlassen haben, trifft sich die Familie in Fannys Salon. Bekchen glüht und packt mit den Kindern die Geschenke aus.

Ein Jubel folgt dem andern und dazu Lobpreisungen derer, die schenkten.

Paul, der sich um die Zukunft des Hauses zu kümmern hat, berichtet zum falschen Zeitpunkt, wie er ausdrücklich bemerkt, über den Stand der Verhandlungen, über die Zukunft. Graf Pourtalès, der mit Familie und Gesinde ins Vorderhaus schon eingezogen war, als Lea noch lebte, plane das Haus zu kaufen, doch sicher sei das nicht, da sich der Wert des Grundstücks verringern werde durch den Bau einer Straße, die durch den Garten geführt werden solle.

Unser Haus, unser Kinderhaus, sagt Rebekka.

Und Paul setzt nüchtern einen Punkt hinter ihr Sentiment: Paradiese sind bekanntlich nur auf Zeit bewohnbar, liebe Schwester.

Und was meinst du, wendet er sich an Fanny.

Wir bleiben hier, antwortet sie, als frage sie sich selbst.

Der große Erfolg der Geburtstagsmusik für Rebekka spornt sie an. Auch der ausdauernde Sommer, selbst wenn ihr die Hitze manchmal zu schaffen macht. Sie öffnet überall die Fenster, und es melden sich, wie sie sagt, die Sommergäste: Die Türen schlagen bei dem geringsten Luftzug.

Sie hat vor, am 15. Mai in einem Sonntagskonzert Chöre aus der »Walpurgisnacht« von Felix aufzuführen und Beethovens Hammerklaviersonate: als Gedächtnis-Spiel.

Am Tag zuvor besuchen sie Paul und Albertine. Ihr ist danach ein wenig übel und sie fürchtet, von Neuem Nasenbluten zu bekommen, wie vor einer Woche. Ehe sie sich mit Hensel und Sebastian zum Essen trifft, geht sie ans Klavier, spielt und singt in

Andeutungen nach, was sie aus schierem Sommerglück komponiert hat, ein Gedicht, das sie bei Eichendorff fand, »Bergeslust«:

»O Lust vom Berg zu schauen,
Weit über Wald und Strom,
Hoch über sich den blauen,
Den klaren Himmelsdom.«

Sie jubelt ein Da capo, wiederholt singend die Reisen über die Berge, den Blick nach Italien.
Hensel ruft sie zum Mittagstisch.
Sie zögert: Der Chor kommt zur Probe.
Es eilt nicht, beruhigt er sie.
Aber ich brauche noch Zeit für mich.
Sie isst hastig, läuft in den Garten, es ist ihr heiß und sie atmet schwer. Der Seidenschal, der die Hitze speichert, wird ihr lästig, sie reißt ihn sich vom Hals. Sie bittet die Herren vom Chor, alle Türen zu öffnen, den Flügel an eine offene Tür zu schieben. Ich muss atmen können, erklärt sie und schickt dem Satz ein atemloses Lachen nach.
Nur einen Moment noch, ruft sie den Sängern zu, spielt einen Akkord, hebt die Hände von der Klaviatur, schaut sie an, als wären es nicht die ihren. Ach, sagt sie und schüttelt den Kopf, läuft ohne Erklärung hinaus. In der Küche gießt sie Essig über die Hände und sagt Jette, die hinzukommt: Sie sind taub und gefühllos. Sie müssen geschmeidig werden.
Langsam, wie in Gedanken, kehrt sie zurück, nickt dem Chor zu, der sich aufstellt, legt die Hände auf die Tasten und sinkt zur Seite weg. Erschrocken eilen ihr die Männer und Frauen zur Hilfe, Jette läuft zum

Arzt, der gleich mit Hensel zur Stelle ist. Sie tragen sie in ihr Schlafzimmer. Sie hat musizieren wollen. Das scheint in ihr nachzuklingen. Lauschend hebt sie den Kopf. Hensel kniet neben dem Bett nieder, hilft ihr, sich aufzurichten: Ja, hört er, ja.

Der Arzt stellt den Tod fest.

Im Gartensaal wird sie aufgebahrt. Der Flügel steht noch immer an der Stelle neben der offenen Tür. Die Geräusche aus dem Park, Vogelgesang, Kinderstimmen und der Wind in den Zweigen dringen in die Stille ein. Blumen werden gebracht, Kränze, wunderbare Gebinde. Rebekka hat Sebastian zu sich geholt und weint mit ihm. Er wird bei ihr bleiben. Hensel sitzt an der Wand des Gartensaals, ein Wächter, tränenlos und verloren im Andenken. Noch einmal kommen die Freunde zu Besuch, der junge Keudell, die Decker, Varnhagen. Die Geschwister suchen ihre Nähe.

Es kann sein, dass Henriette Sonntag, nun Gräfin Rossi, für Fanny gesungen und Bekchen sich für sie ans Klavier gesetzt hat. Vielleicht die letzte Strophe ihres letzten Lieds:

»Die Wolken ziehn hernieder,
Das Vöglein senkt sich gleich.
Gedanken gehen und Lieder
Bis in das Himmelreich.«

Am 17. Mai 1847 wird sie auf dem Dreifaltigkeitskirchhof beerdigt, in Anwesenheit fast aller, die Gäste bei ihren Sonntagsmusiken waren. Felix, eben aus England zurückgekehrt, erfährt an diesem Tag, dass seine Fenchel gestorben ist.

48.

Intermezzo als Coda

Auf diese Mitteilung ist er nicht gefasst: Vor drei Tagen ist Fanny gestorben, hört er, das Blut in seinen Adern stockt, er verliert das Bewusstsein, Céciles Eltern helfen und pflegen ihn, er weint und kann nicht aufhören damit, am andern Morgen reist er nach Hause, nach Leipzig, verliert nach der Ankunft zum Schrecken Céciles erneut das Bewusstsein, Ärzte helfen ihm auf, er redet sich in die Erinnerung, lässt von Cécile das Lied singen, das sie von allen Liedern Fannys am meisten liebt, »Warum sind die Rosen so blass,/O sprich mein Lieb warum?«, er schreibt an Hensel, schickt den Brief voraus, denn er plant, nach Berlin zu reisen: »Wenn Dich meine Handschrift im Weinen stört, so tue den Brief weg, denn Besseres gibt es wohl jetzt nicht für uns, als wenn wir uns recht ausweinen können. Wir sind glücklich miteinander gewesen, nun wird's ein ernstes, trauriges Leben. Du hast meine Schwester sehr glücklich gemacht, ihr ganzes Leben hindurch, so wie sie es verdiente. Das danke ich dir heute – nicht mit bloßen Worten, sondern mit bitterer Reue darüber, dass ich nicht mehr für ihr Glück getan habe, dass ich sie nicht mehr gesehen, nicht mehr bei ihr gewesen bin.« Er besucht, begleitet von Paul, Fannys Grab, es ist mit Blumen geschmückt und mit Steinen. Er holt sich vom Weg einen Kiesel und legt ihn zu den anderen, sie ist, sagt er, eben doch die Enkelin von Moses Mendelssohn, und wieder kämpft er gegen die Tränen, gegen eine Schwäche, als er dann in den Gartensaal tritt, der Flügel abseits steht, wie sie ihn verlassen hat, und auf dem Pult noch die Noten seiner »Walpurgisnacht« liegen, klagt er von Neuem, bricht in Tränen aus, so aufgewühlt kommt er nach Haus, und die Ärzte, die ihn mit Blutegeln quälen, raten ihm, sich in der Schweiz zu erholen, Cécile und die Kinder begleiten ihn, aber auch Paul und Albertine, schließlich stößt Hensel zu ihnen, sie schweigen miteinander und brechen das Schweigen, um von Fanny zu reden, doch er zieht sich zurück, spricht auf seine Weise mit der Schwester, komponiert zu ihrem Andenken ein Streichquartett in f-Moll, mit einem fordernden, dämonischen Scherzo, mit dem er sich an seinen Wunsch erinnert, Fanny solle doch ein Scherzo serioso probieren, das sie nicht wagt, so fasst er komponierend zusammen, was ihn und die Schwester verband, die Musik, die zum Leben wird, und das Leben, das zur Musik wird – er fühlt sich erholt genug, um heimzukehren, täuscht sich aber, zwei Schlaganfälle brechen ihn, er stirbt in den Armen Céciles, und Leipzig trauert um ihn, das Gewandhaus sagt ein Abonnementskonzert ab, Hensel reist aus Berlin an, um ihn zu zeichnen, vorm Haus halten ungezählte Bürger Totenwache, mit einem Sonderzug wird er nach Berlin gebracht, und der Leichenwagen wiederum fährt durch ein Spalier von Trauernden zum Dreifaltigkeitskirchhof, wo er neben Fanny beerdigt wird. Am 14. November, an Fannys Geburtstag. Er hat sein Versprechen gehalten, da zu sein, bei ihr.

LITERATUR

Fanny Hensel: *Tagebücher*. Herausgegeben von Hans-Günter Klein und Rudolf Elvers. Breitkopf & Härtel, Wiesbaden 2002

Fanny Mendelssohn: *Italienisches Tagebuch*. Herausgegeben und eingeleitet von Eva Weissweiler. Societäts-Verlag, Frankfurt 1982

Fanny Hensel: *Briefe aus Paris*. Herausgegeben von Hans-Günter Klein. Reichert-Verlag, Wiesbaden 2007

Fanny und Felix Mendelssohn: Briefwechsel 1821–1846. Herausgegeben von Eva Weissweiler. Propyläen Verlag, Berlin 1997

Fanny Mendelssohn: Ein Porträt in Briefen. Herausgegeben und mit einem Nachwort versehen von Eva Weissweiler. Ullstein Verlag, Berlin 1991

Fanny Hensel, geb. Mendelssohn-Bartholdy: Das Werk. Herausgegeben von Martina Helmig. Edition text + kritik, München 1997

Ute Büchter-Römer: *Fanny Mendelssohn-Hensel*. Rowohlt Taschenbuch Verlag, Reinbek bei Hamburg 2001

Francoise Tillard: *Die verkannte Schwester. Die späte Entdeckung der Komponistin Fanny Mendelssohn-Bartholdy*. Kindler Verlag, München 1994

Jutta Rebmann: *Fanny Mendelssohn. Biographischer Roman*. Stieglitz Verlag, Mühlacker 1991

Das verborgene Band. Felix Mendelssohn-Bartholdy und seine Schwester Fanny Hensel. Herausgegeben von Hans-Günter Klein. Reichert-Verlag, Wiesbaden 1997

Sebastian Hensel: *Die Familie Mendelssohn 1729 bis 1847.* Zwei Bände. Vereinigung wissenschaftlicher Verleger. Walter de Gruyter, Berlin und Leipzig 1921

Felix Mendelssohn-Bartholdy: *Briefe 1830 bis 1847.* Zwei Bände. Herausgegeben von Paul Mendelssohn-Bartholdy. Verlag Hermann Mendelssohn, Leipzig 1864

R. Larry Todd: *Felix Mendelssohn-Bartholdy. Sein Leben – Seine Musik.* Carus-Verlag, Stuttgart/ Philipp Reclam jun., Stuttgart 2008

Felix Mendelssohn-Bartholdy. Ein Almanach. Herausgegeben von Hans-Günter Klein. Henschel-Verlag, Berlin 2008

Heinrich Eduard Jacob: *Felix Mendelssohn und seine Zeit.* S. Fischer Verlag, Frankfurt a. M. 1959

Lea Mendelssohn-Bartholdy: *Ewig die deine. Briefe an Henriette von Pereira-Arnstein.* 2 Bände. Herausgegeben von Wolfgang Dinglinger und Rudolf Elvers. Wehrhahn Verlag, Hannover 2010

Thomas Lackmann: *Der Sohn meines Vaters. Biographische Studie über Abraham Mendelssohn-Bartholdy.* Wallstein Verlag, Göttingen 2008

Robert und Clara Schumann: *Briefwechsel mit der Familie Mendelssohn.* Herausgegeben von Kristin R. M. Krahe, Katrin Reyersbach und Thomas Synofzik. Verlag Christoph Dohr, Köln 2009

Jutta Rebmann: *Die schöne Friederike. Eine Schwäbin im Biedermeier.* Biographischer Roman über

Friederike Robert. Stieglitz Verlag, Mühlacker 1989

J. F. Schulte: *Johanna Kinkel. Nach ihren Briefen und Erinnerungs-Blättern*. Verlag Heinrich Schöningh, Münster 1908

Heinrich Heines Briefwechsel. In drei Bänden herausgegeben von Friedrich Hirth. Georg Müller, München und Berlin 1914

Ausgewählte CDs mit Werken von Fanny Hensel

Das Jahr. Zwölf Charakterstücke. Mit Lauma Skride (Piano). Sony Classical.

Klaviersonaten in c-moll und g-moll. Mit Heather Schmidt (Piano). Naxos

Klavierwerke. Mit Sontraud Speidel (Piano). Sound star-Ton

Oratorium auf Worte aus der Bibel. Mit Ulrike Sonntag (Sopran), Helene Schneiderman (Alt), Robert Wörle (Tenor), Wolfgang Schöne (Bariton), Philharmonia Chor Stuttgart, Philharmonia Orchester Stuttgart, Leitung: Helmut Wolf. Carus-Verlag, Stuttgart

Songs 1. Mit Dorothea Craxton (Sopran), Babette Dorn (Piano). Naxos

Frühe französische Lieder für Singstimme und Gitarre. Mit Anne-Lisa Nathan (Mezzosopran), Ulrike Merk (Gitarre). Ars Produktion Schumacher

Chorlieder, Duette, Terzette. Mit Michaela Krämer (Sopran), Gerhild Romberger (Alt), Anastair Thompson (Tenor), Gerrit Miehlke (Bass), Richard Braun (Piano), Kammerchor der Universität Dortmund, Leitung: Willi Gundlach. Thorofon

Liededition 2. Mit Anne Grimm (Sopran), Roswitha Müller (Mezzosopran), Kobie van Rensburg (Tenor), Maarten Koningsberger (Bariton), Kelvin Grout (Piano). Trouba Disc

Lieder & Trio. Mit Donna Brown (Sopran), Francoise Tillard (Piano), Trio Brentano. Opus 111

Fanny Hensel: Trio für Klavier, Violine und Violoncello d-moll, opus 111. Felix Mendelssohn-Bartholdy: Trio für Klavier, Violine und Violoncello d-moll, opus 49; Trio für Klavier, Violine und Violoncello c-moll, opus 66. Mit Abegg Trio: Ulrich Beetz (Violine), Birgit Erichson (Violoncello), Gerrit Zitterbart (Piano). Intercord

Inhalt

1. Etüde über Anfänge — 7
2. Etüde über den Berliner Anfang — 16
3. Etüde über Aufbrüche — 20
4. Intermezzo: Buchstaben wie Noten — 30
5. Etüde über Gnade — 33
6. Etüde mit Gefühlen — 38
7. Intermezzo mit einem öffentlichen Knaben — 45
8. Intermezzo mit Fluchtgedanken — 50
9. Etüde übers Komponieren — 53
10. Etüde über Etüden — 61
11. Intermezzo: Konfirmation oder Stille Einsegnung — 66
12. Etüde über Träume — 72
13. Etüde für eine Mannsperson — 79
14. Intermezzo mit Reisegesellschaft — 85
15. Intermezzo mit einem gefälschten Brief — 99
16. Etüde für den Bräutigam — 102
17. Etüde mit Geschwistern — 109
18. Intermezzo in Bad Doberan — 114
19. Abschiedsetüde — 120
20. Intermezzo mit einem Reisenden — 123
21. Ein Intermezzo über Bilder — 127
22. Etüde über ein mögliches Paradies — 129
23. Etüde mit Bach — 139

24.	Etüde für junge Eheleute	143
25.	Etüde für zwei Stimmen	153
26.	Etüde für alte Hochzeiter	157
27.	Intermezzo mit Knaben	169
28.	Etüde über Sterbefälle	188
29.	Etüde über Niederlagen und Aufbrüche	192
30.	Etüde mit Meeresrauschen	203
31.	Etüde für Abraham	218
32.	Intermezzo mit falschen Tönen	229
33.	Schwesternetüde	234
34.	Intermezzo als Selbstgespräch	248
35.	Etüde in Erwartungen	251
36.	Intermezzo mit Hochwasser	264
37.	Erste römische Etüde	267
38.	Zweite römische Etüde	276
39.	Intermezzo als hastiges Adieu	289
40.	Etüde als italienische Reise	293
41.	Etüde als Intermezzo	306
42.	Etüde für Lea	311
43.	Intermezzo auf ein Kalendarium in Musik	322
44.	Etüde mit Nachlass	324
45.	Etüde mit Gounod	328
46.	Intermezzo mit Clara	335
47.	Etüde für Fanny	357
48.	Intermezzo als Coda	365

Peter Härtling im dtv

»Die Hilflosigkeit angesichts der Liebe, die Sehnsucht und die Jagd nach der Liebe, die Furcht und die Flucht vor der Liebe – daran leiden Härtlings unheroische Helden. Das sind die Motive, die er immer wieder aufgreift, seine Leitmotive.«
Marcel Reich-Ranicki

Nachgetragene Liebe
ISBN 978-3-423-11827-9

Hölderlin
Ein Roman
ISBN 978-3-423-11828-6

Ein Abend, eine Nacht, ein Morgen
ISBN 978-3-423-11837-8

Das Windrad
Roman
ISBN 978-3-423-12267-2

Božena
Eine Novelle
ISBN 978-3-423-12291-7

Hubert oder Die Rückkehr nach Casablanca
Roman
ISBN 978-3-423-12439-3

Waiblingers Augen
Roman
ISBN 978-3-423-12440-9

Die dreifache Maria
Eine Geschichte
ISBN 978-3-423-12527-7

Schumanns Schatten
Roman
ISBN 978-3-423-12581-9

Große, kleine Schwester
Roman
ISBN 978-3-423-12770-7

Eine Frau
Roman
ISBN 978-3-423-12921-3

Schubert
Roman
ISBN 978-3-423-13137-7

Bitte besuchen Sie uns im Internet: www.dtv.de

Peter Härtling im dtv

»Ich schreibe, weil der Mensch ohne seine Geschichte
nicht leben kann.«
Peter Härtling

Leben lernen
Erinnerungen
ISBN 978-3-423-13288-6

**Hoffmann oder
Die vielfältige Liebe**
Eine Romanze
ISBN 978-3-423-13433-0

Die Lebenslinie
Eine Erfahrung
ISBN 978-3-423-13535-1

Sätze von Liebe
Ausgewählte Gedichte
Hg. v. Klaus Siblewski
ISBN 978-3-423-13692-1

Das ausgestellte Kind
Mit Familie Mozart unterwegs
ISBN 978-3-423-13717-1

Liebste Fenchel!
Das Leben der Fanny Hensel-
Mendelsohn in Etüden und
Intermezzi
ISBN 978-3-423-14195-6

Zwettl
Nachprüfung einer
Erinnerung
ISBN 978-3-423-19121-0

Janek
Porträt einer Erinnerung
ISBN 978-3-423-61696-6

**»Wer vorausschreibt, hat
zurückgedacht«**
Essays
ISBN 978-3-423-61848-9

Bitte besuchen Sie uns im Internet: www.dtv.de

Eveline Hasler im dtv

»Eveline Haslers Figuren sind so prall voll Leben, so anschaulich und differenziert gezeichnet, als handle es sich samt und sonders um gute Bekannte.«
Klara Obermüller

Ibicaba
Das Paradies in den Köpfen
Roman
ISBN 978-3-423-10891-1

Die Wachsflügelfrau
Roman
ISBN 978-3-423-12087-6

Der Jubiläums-Apfel
und andere Notizen vom Tage
ISBN 978-3-423-12557-4

Novemberinsel
Erzählung
ISBN 978-3-423-12707-3

Die Vogelmacherin
Die Geschichte von Hexenkindern
Roman
ISBN 978-3-423-12914-5

Der Zeitreisende
Die Visionen des Henry Dunant
Roman
ISBN 978-3-423-13073-8

Der Riese im Baum
Roman
ISBN 978-3-423-13231-2

Tells Tochter
Julie Bondeli und die Zeit der Freiheit
Roman
ISBN 978-3-423-13498-9

Stein bedeutet Liebe
Roman
ISBN 978-3-423-14138-3

Und werde immer ihr Freund sein
Hermann Hesse, Emmy Hennings und Hugo Ball
ISBN 978-3-423-14201-4

Anna Göldin
Letzte Hexe
Roman
ISBN 978-3-423-14267-0

Engel im zweiten Lehrjahr
ISBN 978-3-423-21327-1

Bitte besuchen Sie uns im Internet: www.dtv.de

Klassiker der deutschsprachigen Literatur
im dtv

Bettine von Arnim
Goethe's Briefwechsel mit einem Kinde
Hg. v. Wolfgang Bunzel
ISBN 978-3-423-13719-5

Dies Buch gehört dem König
Hg. v. Wolfgang Bunzel
ISBN 978-3-423-13720-1

Georg Büchner
Werke und Briefe
Neuausgabe
Hg. v. Karl Pörnbacher u.a.
ISBN 978-3-423-12374-7

Johann Peter Hebel
Die Kalendergeschichten
Sämtliche Erzählungen aus dem Rheinländischen Hausfreund
Hg. v. Hannelore Schlaffer
ISBN 978-3-423-13861-1

Friedrich Hebbel
Meistererzählungen
Hg. v. Monika Ritzer
ISBN 978-3-423-14193-2

Theodor Fontane
Effi Briest
Roman
Hg. v. Helmuth Nürnberger
ISBN 978-3-423-12499-7

Cécile
Roman
Hg. v. Helmuth Nürnberger
ISBN 978-3-423-14000-3

Grete Minde
Roman
Hg. v. Helmuth Nürnberger
ISBN 978-3-423-14087-4

Frau Jenny Treibel
oder »wo sich Herz zum Herzen find't«
Roman
Hg. v. Helmuth Nürnberger
ISBN 978-3-423-14241-0

Irrungen, Wirrungen
Roman
ISBN 978-3-423-12615-1
ISBN 978-3-423-19137-1

Der Stechlin
Roman
Kommentierte Ausgabe
Hg. u. mit einem Nachwort v. Helmuth Nürnberger
ISBN 978-3-423-14325-7

Bitte besuchen Sie uns im Internet: www.dtv.de

Klassiker der deutschsprachigen Literatur im dtv

Johann Wolfgang von Goethe
Werke
Hamburger Ausgabe in
14 Bänden
Hg. v. Erich Trunz
ISBN 978-3-423-59038-9

H. J. Chr. von Grimmelshausen
Der Abenteuerliche Simplicissimus Teutsch
Hg. v. Alfred Kelletat
ISBN 978-3-423-12379-2

E. T. A. Hoffmann
Die Elixiere des Teufels
Roman
Mit einem Nachwort von
Gerhard Hay
ISBN 978-3-423-12377-8

Lebens-Ansichten des Katers Murr
Roman
Mit einem Nachwort von
Peter Härtling
ISBN 978-3-423-13473-6

Heinrich von Kleist
Sämtliche Werke und Briefe
in drei Bänden
Münchner Ausgabe
Hg. v. Roland Reuß und
Peter Staengle
ISBN 978-3-423-59084-6

Sämtliche Werke und Briefe
Hg. v. Helmut Sembdner
ISBN 978-3-423-12919-0

Sämtliche Erzählungen und Anekdoten
Hg. v. Helmut Sembdner
ISBN 978-3-423-12493-5

Georg Christoph Lichtenberg
Sudelbücher
Materialhefte und Tagebücher
Register zu den Sudelbüchern
Gesamtausgabe in 3 Bänden
Hg. v. Wolfgang Promies
ISBN 978-3-423-59075-4

Bitte besuchen Sie uns im Internet: www.dtv.de

Klassiker der deutschsprachigen Literatur
im dtv

Gotthold Ephraim Lessing
Werke
in drei Bänden
Hg. v. Herbert G. Göpfert
ISBN 978-3-423-59059-4

Robert Musil
Die Verwirrungen des Zöglings Törleß
Roman
ISBN 978-3-423-14222-9

Joseph Roth
Die großen Erzählungen
ISBN 978-3-423-14297-7

Friedrich Schiller
Sämtliche Werke in 5 Bänden
Hg. v. Peter-André Alt, Albert Meier und Wolfgang Riedel
5 Bände in Kassette
ISBN 978-3-423-59068-6

Arthur Schnitzler
Die großen Erzählungen
ISBN 978-3-423-14094-2

Johann Gottfried Seume
Spaziergang nach Syrakus
Hg. v. Albert Meier
Illustr. v. Karl-Friedrich Schäfer
ISBN 978-3-423-12378-5

Aus meiner Welt
Ein Spaziergang
Hg. v. Heide Hollmer
ISBN 978-3-423-13888-8

Adalbert Stifter
Sämtliche Erzählungen
nach den Erstdrucken
Hg. v. Wolfgang Matz
ISBN 978-3-423-13369-2

Witiko
Roman
ISBN 978-3-423-13954-0

Stefan Zweig
Die großen Erzählungen
Hg. v. Edda Ziegler
ISBN 978-3-423-14236-6

Bitte besuchen Sie uns im Internet: www.dtv.de